프랑스가 본 한국근대사

프랑스가 본 한국근대사

초판 1쇄 발행 2019년 7월 25일

지은이 | 현광호
펴낸이 | 윤관백
펴낸곳 | 도서출판 선인

등 록 | 제5－77호(1998.11.4)
주 소 | 서울시 마포구 마포대로 4다길 4 곶마루 B/D 1층
전 화 | 02)718－6252 / 6257 팩스 | 02)718－6253
E-mail | sunin72@chol.com
Homepage | www.suninbook.com

정가 24,000원
ISBN 979-11-6068-284-7 93910

· 잘못된 책은 바꿔 드립니다.

프랑스가 본 한국근대사

현 광 호

책머리에

1880년대 조선은 미국, 영국, 독일, 러시아, 프랑스 등 구미국가들과 차례로 통상조약을 체결했다. 고종은 주변 강대국의 침략으로부터 국권을 수호하려 했기 때문에 수교 이후 구미 국가들과 긴밀한 관계를 맺으려 시도했다. 청은 1882년에 발발한 임오군란을 계기로 조선의 외교, 내정에 극심한 간섭을 자행했다. 그에 고종은 '탈청자주'를 주요 외교 과제로 설정했다. 고종은 탈청자주정책을 추진하는 과정에서 군사강국으로 인식한 프랑스에 접근했다. 조선은 프랑스가 청불전쟁에서 승리하자 적극적으로 프랑스에 접근했다. 오랫동안 천주교 선교 문제로 프랑스와 갈등을 빚은 바 있던 조선 정부가 천주교의 선교를 묵인하면서까지 프랑스와 조약을 체결하려 한 것은 프랑스의 군사, 외교적 중요성을 인식했기 때문이었다. 그 결과 조선은 1886년 프랑스와 조불수호통상조약을 체결했다.

프랑스는 한반도와 직접적 이해관계를 인식하지 못했으므로 수교 이후 한동안 러시아에 조선 외교 업무를 맡겼다. 그러나 프랑스는 점차 한반도의 전략적 중요성을 인식하고 조선을 중시하는 방향으로 입장이 변했으며, 청·일이 적극적인 조선 진출 정책을 추진하자 더욱 조선을 중시했다. 그에 따라 프랑스는 1888년 조선에 외교 사절을 파견했다. 프랑스는 1886년 조선과 수교했으나 실제 조선에 자국 대표를 파견한 것은 2년 뒤였다. 프랑스는 조선을 주권국으로 인정하며 조선 주재 자국 대표를 청·일 주재 자국대표와 동등하게 대우했다. 고종도 프랑스 대통령에게 조선의 독립을 천명하는 서한을 보내는 등 프랑스와 긴밀한 외교관계를 맺으려 기도했다.

프랑스 외교관은 조선을 중시하는 입장으로 변화했으며, 그 연장선상에서 고종에게 서구식 근대화를 단행하여 부강을 달성하기를 권고했다. 프랑스는 조선의 독립에 특별한 의미를 부여하고 청·일·영의 조선 지배를 원하지 않았다. 그 같은 입장에서 프랑스 외교관은 청일전쟁 발발을 전후한 시기 주권보호를 요청하는 고종의 요구에 대해 성실히 응했다. 프랑스 정부는 1896년 아관파천을 계기로 동맹국인 러시아가 조선에서 영향력을 강화하자 플랑시를 공사로 파견하여 조선에 대한 영향력을 강화하려 했다. 플랑시는 1897년경부터 적극적으로 고종에게 접근하였고, 고종은 프랑스가 중립적인 견지에서 조선을 보호해줄 수 있다고 인식하게 되었다. 그러므로 고종은 1897년 한반도 분할설이 유포되자 민영환을 프랑스에 특명전권공사로 파견하여 조선 독립에 관한 비밀협정을 체결할 것을 지시하기도 했다.

1897년 10월 대한제국 수립 이후 러·일은 대한제국을 둘러싸고 첨예하게 대립했다. 고종은 이 같은 러·일의 대립을 인지했으므로 프랑스의 지원을 얻어 국권을 수호하고자 했다. 프랑스는 1898년 4월 로젠-니시협정 체결 이후 러·일이 대한제국 내정에 직접적인 간섭을 하지 않을 것을 약정하자 적극적인 대한외교를 전개했다. 프랑스는 러시아의 후원 하에 대한제국에 세력을 확장해 나갔다.

고종은 1900년 의화단사건 진압과정에서 드러난 일본군의 실력을 확실히 인식했고, 그 결과 러일전쟁이 발발할 경우 대한제국의 생존을 우려했다. 이에 고종은 대한제국의 영세중립국을 추진하는 한편 러·일 이외의 국가와 긴밀한 관계를 맺어 유사시 원조를 받으려 했다. 고종은 이상과 같은 외교 과제를 실현하고자 프랑스와 접촉했다. 프랑스도 적극적인 대한정책을 전개했다. 그것은 프랑스가 극동에서의 현상유지를 기대했고, 대한제국의 중립정책은 이와 같은 프랑스의 극동정책에 부합했기 때문이었다. 프랑스인들 중에서도 대한제국 외교에 기여한 인물은 플랑시 공사, 마르텔 법어학교 교사, 크레마지 법부 고문 등이었다. 이들은 대한제국의 주권이 유린될 때마다 중요한 외교적 역할을 수행했다. 특히 플랑시는 1896년 4월 재차 주한 공사로 부임하여 1905년 11월까지 재직함으로써 대한제국의 부침을 경험했다. 고종은 국내외 중요 사안이 발생할 때마다 플랑시에게 수시로 자문을 구했다. 그러므로 플랑시의 외교적 비중은 매우 높았다고 할 수 있다.

고종은 1901년 프랑스에 상주공사관을 설치하는 한편 전권공사를 파견했다. 프랑스 주재 대한제국 공사는 벨기에 공사를 겸직함으로써 국제기구와 긴밀한 접촉을 할 수 있었다. 대한제국은 프랑스를 교두보로 국제사회에 접근하여 주권 수호를 추구했던 것이다. 대한제국은 러일전쟁 발발 직전인 1904년 1월 하순 주한 프랑스 대표 퐁트네의 지원을 얻어 국외중립선언문을 전세계에 타전하는데 성공했다.

한편으로 대한제국은 프랑스를 근대화 모델로 상정했다. 고종은 프랑스와의 제휴로 자신의 근대화 구상을 실현하고자 했다. 그러므로 은행 설립, 광산 개발, 철도 부설, 무기 제조, 우표 발행 등 대한제국의 제반 근대화 사업은 프랑스인의 도움을 받은 것이었다. 대한제국은 1901년 4월 화폐 개혁과 경의철도 부설을 추진하고자 프랑스 회사와 거액의 차관계약을 체결하였다. 고종이 프랑스와 차관계약을 체결한 것은 근대화 재원 조달 외에도 러·일 사이에 갈등이 있을 경우 프랑스를 조정자로 끌어들인다는 외교적 목적도 개재했다.

프랑스는 고종의 신임으로 광산채굴권 획득, 차관 교섭, 안남미 공급계약, 우편협정 체결 등을 통해 급속히 영향력을 신장할 수 있었다. 그 밖에 프랑스인은 군사고문직에 해당하는 기기창사관 및 무기조사원·서북철도국 감독·궁내부 도기소기사·궁내부 검찰관·궁내부 광산기사 등 요직에 속속 취임했다. 이에 따라 대한제국 정부에서 근무한 고문은 프랑스인이 절대 다수를 차지했다.

프랑스는 1905년 11월 '을사조약'이 강제 체결되자 '을사조약'을 묵인하는 입장을 보였고, 대한제국의 독립에 무관심한 태도를 표출했다. 프랑스 정부는 '을사조약' 체결 직후 대한제국 주재 프랑스 공사관을 총영사관으로 격하하는 한편 1905년 12월 플랑시 공사에게 대한제국에서 철수할 것을 명령했으며, 1910년 8월 한일 강제병합 이후에는 총영사관을 영사관으로 격하시켰다.

프랑스가 조선에 자국 대표를 파견하기 전까지 조선에 대한 보고는 주로 일본 주재 프랑스 외교관들이 담당했다. 1888년 자국 대표 파견 이후 조선에 대한 보고는 주로 조선 주재 프랑스 외교관들이 담당했다. 프랑스 외교관들은 조일수호조규, 방곡령, 갑오개혁, 을미사변, 아관파천, 칭제 운동, 독립협회운동, 제주민란, '을사조약', 의병전쟁, 105인 사건 등 한국 근대사의 주요 사건들에 대해 나름대로의 분석을 가했다. 또 이 시기 주요 인물의 동향에 대해 논평을 했다. 프랑스 외교관들이 작성한 보고서에는 한국 자료들에서는 결코 찾아볼 수 없는 한국 근대사의 이면들이 많이 들어 있다. 그러므로 프랑스 외교 자료의 분석은 한국 근대사를 보다 심층적으로 이해시킬 수 있을 것으로 평가된다.

프랑스의 시각이 반드시 객관적이라고만 볼 수는 없다. 프랑스 외교관들은 때에 따라 중국, 일본에 편향된 시각을 표출하기도 했다. 그러나 그 와중에도 프랑스 외교관들은 중·일의 조선 침략을 예리하게 비판했다. 그러므로 프랑스 외교 자료를 한국은 물론 다른 외국 자료들과 비교, 분석하는 것이 필요하다고 보여진다. 제3국의 입장에서 이 시기 한국 사회를 분석한 것은 한국근대사 연구를 풍요롭게 하는데 기여할 수 있을 것으로 평가된다. 따라서 이 책을 기존의 한국 근대사 논저들과 비교하며 일독하는 것은 한국 근대사를 보다 깊이 있게 이해하는 데 도움이 되지 않을까 기대해본다.

본서는 『프랑스외무부문서』, 『근대 한불 외교자료』 등을 주자료로 활용했다. 『프랑스외무부문서』는 국사편찬위원회에서 번역을 담당했고, 『근대 한불 외교자료』는 성균관대학교 프랑스어권연구소에서 번역을 담당했다. 두 자료 모두 조선 주재 프랑스 외교관과 프랑스 외무부 사이에 왕복한 문서를 모아 놓은 자료집이다. 그러나 두 자료는 보고서 작성 시기가 달라 서로 중복되지 않는다. 따라서 두 자료를 모두 검토하면 전반적인 프랑스의 조선 인식을 파악할 수 있다.

세계화시대를 맞이하여 한반도는 세계와 더욱 긴밀하게 연결되고 있다. 이러한 때 본서가 제3국이 한국을 어떻게 인식했고, 어떤 방식으로 한반도에 접근을 시도했는지를 이해하는 데 기여하기를 기대한다. 아울러 한국 근대사를 이해하는 데 약간이나마 기여하기를 기대한다. 끝으로 이 책의 출판을 흔쾌히 허락해주신 선인의 윤관백 사장님, 편집을 맡아 수고해주신 팀장님 외 편집부 분들께도 감사를 드리는 바이다.

2019년 7월 25일

저자 현광호

※ 일러두기

이 책은 1897년 10월 12일 이전은 조선이라 기재하고 대한제국 수립 이후는 한국으로 기재한다.

차 례

3부 프랑스가 본 일제의 대한정책

7장 프랑스의 통감 정치 인식

8장 프랑스의 105인 사건 인식

1부

프랑스가 본 문호개방기 조선과 청일

1장
개항기 프랑스의 조일관계 인식*

1. 머리말

조선은 일본과 1876년 조일수호조규를 체결하고 근대 국제법적 질서의 틀 내에서 교섭을 하기 시작했다. 한편으로 조선은 조일수호조규 체결을 계기로 세계 자본주의 체제에 편입됐다. 과거 부산 지방으로 국한됐던 교역은 부산 이외의 지역으로 확대됐다. 수교 이후 조·일 교류에 적극적인 태도를 보인 국가는 일본이었다. 일본 정부는 개항 이후 조선에 대한 정치, 경제, 군사적 압박을 가했다. 일본 상인들도 불평등조약에 기초하여 약탈적 무역을 자행했으며, 교역량을 급격히 늘려나갔다. 그러므로 조선 정부는 불평등조약을 개정하고자 일본과의 교섭을 추진했다.

조선은 일본의 진출을 견제하는 한편 일본을 통해 서구적 근대화의 가능성을 모색했다. 그 과정에서 조·일은 더욱 긴밀한 관계를 맺게 됐다. 그러나 조일관계는 청일전쟁을 계기로 본질적인 변화를 겪게 되었다. 일본은 1894년 동학농민전쟁의 진압을 구실로 조선에 군대를 파

---

* 이 논문은 2017년 대한민국 교육부와 한국연구재단의 지원을 받아 수행된 연구임 (NRF-2017S1A5B5A07065030)

견했으며, 조선을 실질적인 보호국으로 편입하고자 획책했다. 그 과정에서 일본은 청일전쟁을 도발했으며, 청일전쟁이 끝난 뒤에도 자국 군대를 조선에 주둔시켰다. 그리고 그 일본군은 대한제국 수립 이후에도 한반도에 주둔하다가 러일전쟁 발발 직후 대한 침략의 첨병이 됐다. 그런 관점에서 청일전쟁 이후 시기는 일본이 조선을 보호국으로 편입시키려 획책한 시기라 규정할 수 있다. 그렇다면 개항 이후 청일전쟁 발발 이전까지 일본의 대조선정책은 어떻게 보아야 할지가 주목된다. 이 시기의 조일관계에 대해서는 많은 연구 성과가 축적되었다.[1)]

기존의 연구들은 대체로 조선 혹은 일본의 입장에서 조일관계를 분석했다. 그러나 개항기 조일관계를 객관적으로 이해하기 위해서는 제3국의 시각에서 접근할 필요가 있다고 보여진다. 당시 조 · 일은 미국, 영국, 프랑스, 러시아, 독일 등 구미 국가들과 수교를 한 상태였다. 구미 국가들은 제각기 이해관계를 가지고 조일관계를 주시했다. 따라서 구미 각국이 조일관계를 어떤 시각으로 보았는지를 분석하는 것은 매우 중요한 과제라 할 수 있다. 특히 프랑스는 1866년 강화도 침략 이래 조선에 대해 지대한 관심을 보였다. 프랑스 외교관들은 일본은 조선에 대해 어떤 이해관계를 가지고 접근했고, 조선은 일본에 대해 어떤 이해관계를 가지고 접근했는지를 주시했다. 그 과정에서 프랑스 외교관들은 조일수호조규, 조일 무역, 임오군란, 조 · 일의 상호 공사 파견, 외국인 고문 고빙, 방곡령, 전환국, 어업 분쟁 등 조 · 일 현안에 주목했다.

프랑스가 주목했던 조 · 일의 현안들에 대해서는 여러 각도에서 연구가 이루어졌다. 조일수호조규에 대해서는 일본의 팽창주의에 의한

---

1) 개항기 조일관계에 대한 연구사는 심기재, 「개항기의 회고와 전망」, 『한일관계사 연구의 회고와 전망』, 국학자료원, 2002; 최혜주, 「근대 한일관계사 연구의 현황과 과제」, 『일본의 한국침략과 주권 침탈』, 경인문화사, 2005 참고.

타율적 성격을 주장한 연구,[2] 조선의 주체적 결단에 의한 자율적 개항을 주장한 연구가 있다.[3] 또 조일수호조규의 성격에 대해서는 불평등을 주장하는 입장과[4] 불평등성에 대해 재검토를 요구하는 입장도 있다.[5] 개항 이후 조일무역에 대해서는 약탈적 무역을 시정하고자 시도됐던 불평등조약 개정에 대한 연구들이 있다.[6] 또 르장드르의 고빙,[7] 방곡령 배상 담판,[8] 어업 협정의 개정 협상[9]에 대한 연구 성과들도 제출됐다. 그리고 청일전쟁 이전 일본의 대외정책에 대해서는 일본이 장기간 청일전쟁을 준비했다는 팽창주의설과,[10] 청과 협력을 추구했다는 비팽창주의설이 제기됐다.[11]

본 연구는 프랑스 외교관은 개항기 조일관계를 어떤 시각으로 보았는지를 분석하고자 했다. 분석 대상 시기는 1876년 조일수호조규 체결부터 1894년 청일전쟁 발발 때까지이다. 아울러 본 연구는 1887년 주일 공

---

2) 하원호, 「강화도조약과 개항의 역사적 의미」, 『일본의 한국침략과 주권 침탈』, 경인문화사, 2005.

3) 윤소영, 「조일수호조규의 역사적 위치」, 『한일관계사연구』 18, 2003.

4) 김민규, 「조일수호조규의 역사적 의미」, 『한일수교 50년 상호 이해와 협력을 위한 역사적 재검토 2』, 경인출판사, 2017.

5) 김흥수, 「조일수호조규 부속 조약의 겉과 속」, 『조일수호조규, 근대의 의미를 묻다』, 청아출판사, 2017.

6) 김경태, 「불평등조약 개정교섭의 전개」, 『한국사연구』 11, 1975; 하원호, 「강화도조약과 개항의 역사적 의미」, 『일본의 한국침략과 주권 침탈』, 경인문화사, 2005.

7) 김현숙, 「한말 고문관 러젠드르에 대한 연구」, 『한국근현대사연구』 8, 1998.

8) 하원호, 「방곡령 실시의 원인에 대한 연구」, 『한국사연구』 50, 51, 1985.

9) 강만생, 「한말 일본의 제주 어업 침탈과 도민의 대응」, 『제주도연구』 3, 1986; 김희연, 「1892년 조일 어업관련 조약개정 교섭과 국제관계」, 『한국사연구』 170, 2015.

10) 최석완, 『근대 일본과 동아시아의 조공체제』 혜안, 2002.

11) 中塚明, 『日清戰爭の研究』, 青木書店, 1968; 박종근, 『청일전쟁과 조선』, 일조각, 1989.

사 파견을 전후한 시기로 구분하여 조일관계를 심층적으로 분석했다.

본 연구는 먼저 프랑스 외교관은 조일수호조규 체결 이후 조일관계를 어떤 시각으로 보았는지를 분석하고자 했다. 구체적으로 프랑스 외교관의 조일수호조규 인식, 조일 교섭 인식, 주일 공사 파견 인식으로 구분하여 분석했다. 다음으로 본 연구는 프랑스 외교관은 주일 공사 파견 이후 조일관계를 어떤 시각으로 보았는지를 분석하고자 했다. 먼저 프랑스 외교관은 조선의 대일 정책을 어떻게 평가했는지를 분석하고자 했다. 구체적으로 차관 교섭 인식과 전환국 인식으로 구분하여 분석했다. 이어 프랑스 외교관은 일본의 대조선 정책을 어떤 시각으로 보았는지를 분석했다. 구체적으로 방곡령 협상, 어로협상, 절영도 조차 시도, 조선 공사의 교체로 구분하여 분석했다.

2. 조일수호조규 체결 이후 조일관계 인식

1) 조일수호조규 인식

프랑스는 1886년 조선과 수교했고, 1888년 자국 대표를 조선에 파견했다. 프랑스가 조선과 수교하기 전까지 조선에 대한 보고는 주로 일본 주재 프랑스 외교관들이 담당했다. 본 글은 일본 주재 프랑스 외교관을 통해 수교 이후 프랑스는 조 · 일 관계에 대해 어떻게 인식했는지를 살펴보기로 한다.

일본 주재 프랑스 외교관이 조 · 일간의 관계에서 가장 먼저 관심을 보인 것은 1876년 2월 체결된 조일수호조규(朝日修好條規)였다. 한국에서는 교과서 등 모든 역사서에 조일수호조규의 성격에 대해 조선이 외국과 체결한 최초의 근대적 조약이라고 기술하고 있다. 그러나 최근 들어 최초의 근대 조약은 조일수호조규가 아니라 1882년 5월 체결된 조미수호통상조약으로 보아야 한다는 주장이 제기됐다. 이 같은 주장은 조선 정부가 조미수호통상조약을 조선이 최초로 맺은 조약이라고 공표한데 근거를 두고 있다. 또 이 같은 입장에서 조일수호조규를 조약이 아니라 일본과 구호관계를 회복한 문서로 해석하고 있다.[12)]

프랑스 외교관들은 조일수호조규를 조일수호통상조약으로 기술했다. 프랑스 외교관은 본국 정부에 조일수호조규의 내용을 다음과 같이 보고했다.

> 제1조 조선의 주권과 독립을 승인하고 있습니다. 조선과 일본 사이의 우호관계에 장애가 될 수 있는 앞서 시행중인 규정들은 모두 폐기될 것입니다.
>
> 제2조 일본은 그들이 적절하다고 판단되는 때에 서울에 임시 혹은 상주사절을 파견할 권리를 가질 것입니다. 조선은 외교관들에게 일본 외무경 주재 신임장을 주어 파견할 수 있을 것이며, 그러한 목적으로 도쿄에 가게 되는 외교관들은 원한다면 그곳에서 체류할 권한을 지니게 될 것입니다.
>
> 제3조 일본 왕실이 조선 정부에 보내는 공문은 일본어를 사용하게 될 것이며, 조선 정부는 한문을 사용하게 될 것입니다.
>
> 제4조와 제5조 부산이 통상에 개방되는 항구가 될 것입니다. 이전의 제한 조치들은 폐기될 것입니다. 그 외 연안지방 두 개의 다른 항구들이 일본인들에게 출입이 허가될 터인데 그곳에서 통상하기를 원하는 일본인들은 토지를 임대하여 건물을 짓고, 조선인 소유 건물을 임차할 권한을 가질 것입니다.
>
> 제6조 불가항력의 경우, 일본 선박들은 생필품을 확보하거나 피난처를 구하기 위하여 조선의 어떤 항구라도 들어갈 수 있을 것입니다. 그

12) 김민규, 「조일수호조규의 역사적 의미」, 『한일수교 50년 상호 이해와 협력을 위한 역사적 재검토 2』, 경인출판사, 2017, 279쪽.

들은 구입하는 물건의 값을 은화로 지불할 것입니다. 그리고 조선 정부는 그들이 필요로 하는 모든 것을 마련할 수 있도록 우호적으로 그들을 도울 것입니다. 조선이나 일본 어느 쪽이든 한 국가에 소속된 선박이 조선 연안이나 일본 연안에서 조난을 당했을 경우 국민들은 선원을 도와야 하며 가장 인접한 정부당국은 그들의 본국 송환을 보장하는데 필요한 조치들을 취할 것입니다.

제7조 일본 해군은 자유로이 조선 연안의 수로도를 작성할 수 있습니다.

제8조와 제9조 일본 정부는 조선의 각 개항장에 자국민들의 보호에 신경을 쓰고, 조일에 관련된 분쟁을 지방 행정당국과 협력하여 해결할 목적으로 한명의 대표를 임명할 것입니다. 통상은 자유로울 것입니다. 밀수나 지불해야 할 금약을 체납한 경우, 조일의 담당 관리들은 조일 정부가 회수되지 않을 채무에 대한 책임을 질 수 없으므로 경범자를 추적하고 채무를 회수하기 위하여 노력할 것입니다.

제10조 일본인들이 개항장에서 조선인에 대해 위법 행위나 범죄를 저지르는 경우, 그는 일본 당국에 의해 재판받을 것입니다. 반대의 경우, 조선인은 조선 당국에 의해 재판받을 것입니다. 경범자들에게 적용되는 법은 그들 국가의 법이 될 것입니다.

제11조 조일 사이의 관계를 용이하게 하고 확대시키는데 필요한 통상 규칙들은 6개월 내에 서울이나 강화부에서 열릴 특별 협상의 주제가 될 것입니다.[13]

이상을 통해 일본 주재 프랑스 외교관은 조일수호조규 원문을 충실하게 보고한 것을 보여준다. 프랑스 외교관은 아울러 "부산항이 곧 일본인들에게 개방될 것입니다. 27개월 후에는 다른 두 항구도 그들에게 개방될 것입니다. 15개월 후에는 일본 공사관이 조선의 수도에 개설될 것인데, 전문위원들을 통해 그곳에서 6개월 동안 통상 법규와 필요하다면 조약의 추가조항들을 협상하게 될 것입니다. 일본은 일본 신민들에 대한 재판권과 연안 탐색의 전적인 자유와 조난자 보호, 일본 선박

13) 『프랑스외무부문서』 1, 국사편찬위원회, 2002, 〈조일수호통상조약의 내용 분석〉, 6쪽.

들의 생필품 부족 및 조난의 경우 이들의 자유로운 출입을 확보했습니다."라고 보고했다.[14] 이상을 통해 프랑스 외교관은 조일수호조규의 핵심 내용을 3개 항구의 개항, 서울에 일본 공사관 개설, 통상에 대한 추가 협상으로 인식한 것을 보여준다. 프랑스 외교관은 조일수호조규의 핵심 내용을 기술했을 뿐 조일수호조규의 의미에 대해 평가하지는 않았다.

조 · 일은 조일수호조규가 체결된 지 6개월 뒤인 1876년 8월 조일수호조규 부록과 무역규칙을 체결했다. 조일수호조규 부록과 무역규칙은 무관세 무역, 방곡령, 일본화폐 유통 허용 등 독소조항이 다수 포함되어 일본의 경제 침략을 가속화시켰다.[15] 프랑스 외교관들은 조일수호조규 부록과 무역규칙에 대해서는 별도로 언급하지 않았고, 조일수호조규 그리고 조일수호조규 부록과 무역규칙을 모두 묶어서 조일수호통상조약으로 기술했다.

프랑스 외교관은 조일수호조규가 체결된 지 7년이 경과한 1883년 비로소 조일수호조규의 의미에 대해 평가를 내렸다. 프랑스 외교관은 조일수호조규에 대해 "조일수호통상조약은 1876년 2월 26일 체결됐다. 그리고 6개월 뒤 이 합의를 완결했는데, 일본인들은 조선 영토 여러 곳에서 통상을 하고 토지를 빌리고 거주하는 것을 허락받았다. 특별조항으로 일본은 일본군의 깃발을 단 난파선 승무원에게 선처할 것을 명기했다. 그 외 일본 영사관들은 그들을 본국으로 송환하는 일을 맡을 것이다. 일본 정부가 조일조약에 이 같은 규정을 넣은 것은 일본을 조선에서의 유럽의 개척자로 여기고 있음을 나타내는 것이다."라고 평가

---

14) 『프랑스외무부문서』 1, 〈조일수호통상조약 체결로 얻은 일본의 이익〉, 1876년 4월 15일, 4쪽,

15) 국사편찬위원회, 『신편 한국사』 39권, 137~139쪽.

했다.[16] 아울러 프랑스는 조일수호통상조약은 조·일간의 통상을 확대시키고 조선에 많은 일본인들을 오게 했다고 평가했다.[17] 프랑스는 일본 정부는 통상 개시, 토지 임대, 거주 자유, 난파선 구조 조항을 조일수호조규에 명문화하여 유럽을 대신해서 조선을 개척하고 있다고 평가한 것을 보여준다.

과거 한국사학계는 조일수호조규를 불평등조약으로 규정했다.[18] 그러나 최근 들어 조일수호조규에 대해 대등한 조약으로 보는 주장이 제기됐다. 이상의 주장에 따르면 일본이 대등한 조약을 체결한 것은 일본의 협상 대표였던 온건파 미야모토 코이치(宮本小一)가 조선에 대한 타협을 지향했기 때문이었다. 일본 정부는 정한론 대두 등 국내 정치적 상황으로 인해 조약의 내용보다는 조약 체결 자체에 비중을 두었으며, 세부사항은 11조의 규정에 따라 조일수호조규 부록으로 넘겼다.[19] 한편 조일수호조규 부록과 무역규칙에 대해서도 불평등조약으로 볼 수 없다는 주장이 제기됐다. 이 주장에 따르면 일본은 조선과의 협상에서 처음에 제의한 설관주경, 내지통행권을 모두 철회했다. 또 불평등조약의 핵심으로 지목된 일본 화폐 유통, 무관세 무역 등은 실제 불평등한 것은 아니었다고 해석했다. 즉 일본 화폐 유통의 경우 조선 화폐로 교환했으며, 실제 거래는 없었다고 주장한다. 무관세 무역도 동등

16) 『프랑스외무부문서』 1, 〈개항 전후로부터 현재까지 조선의 상황에 대한 보고서〉, 1883년 8월 6일, 24~30쪽.

17) 『프랑스외무부문서』 1, 〈조영조약의 의미, 조독, 조영조약 체결에 따른 일본의 통상규칙 수정 포고령 첨부〉, 1883년 12월 20일, 37~40쪽.

18) 김경태, 「병자 개항과 불평등조약 관계의 구조」, 『이대사원』 11, 1973; 김민규, 「조일수호조규의 역사적 의미」, 『한일수교 50년 상호 이해와 협력을 위한 역사적 재검토 2』, 경인출판사, 2017.

19) 김흥수, 「조일수호조규 부속 조약의 겉과 속」, 『조일수호조규, 근대의 의미를 묻다』, 청아출판사, 2017, 140~145쪽.

한 조건이었으며, 조·일의 무역확대를 야기했다고 주장한다.[20)]

프랑스 외교관은 조일수호통상조약에 대해 일본에게 더 많은 이익을 보게 했지만, 전반적으로 조·일에 모두 평등한 조약으로 평가했다. 프랑스 외교관은 이후에도 조일수호통상조약에 대해 10조에 있는 일본에 정주하거나 일본 여행 중인 조선인의 법적 관할권에 대해 매우 모호한 구절을 제외하면 조·일간의 호혜조약으로 볼 수 있다고 평가했다.[21)] 프랑스 외교관은 조일수호통상조약에 대해 일본이 강요한 것으로 인식하기는 했다.[22)] 그러나 프랑스 외교관은 조일수호통상조약에 대해 불평등조약으로 평가하지는 않았다.

2) 조일 교섭 인식

프랑스는 조일수호조규 체결 이후 일본의 조선정책에 대해 어떤 입장을 보였는지를 검토하고자 한다. 일본 정부는 1879년 하나부사 요시타다(花房義質)를 조선 변리공사로 임명하고 조선에 파견했다. 하나부사는 동래부를 넘어 서울 진출을 획책했다. 하나부사는 개항후보지를 물색하고자 군함을 타고 전라도 해안지방을 거쳐 서울로 향했다. 조선 정부는 일본 공사의 수도 주재를 불허하는 방침이었다.[23)] 하나부사는 청을 견제하고자 조선 정부에 인천 개항을 요구했다. 조선 정부는 인천은 수도 부근에 소재한다는 이유로 인천 개항을 거부하고 그 대신

---

20) 김흥수, 앞의 글, 153쪽.

21) 『프랑스외무부문서』 4, 국사편찬위원회, 2005, 〈조일어채장정에 관하여〉, 1890년 2월 28일, 93쪽.

22) 『프랑스외무부문서』 1, 〈조병호 조선 특사의 일본 도착 이후의 행적 등 보고〉, 1881년 12월 8일, 12쪽.

23) 『고종실록』 권14, 고종 14년 10월 12일.

1880년 원산을 개항했다.

일본은 부산, 원산의 개항 이후 더욱 조선과의 무역을 확대했다. 그 결과 일본은 조일수호조규가 체결된 1876년부터 미국과의 통상조약이 체결된 1882년까지 조선의 국제 무역을 독점했다.[24] 그 기간 중인 1881년 경 프랑스 외교관은 "일본은 조선의 부산, 원산에 영사관을 가지고 있고 곧 개항할 인천에도 영사관을 소유할 예정이며, 조선과의 무역을 매년 크게 확대시키고 있다."고 보고했다.[25] 이후 일본의 하나부사는 인천을 개항하면 일본 선박이 자주 왕래하여 조선은 외침으로부터 안전할 것으로 설득했고,[26] 조선 정부는 1883년 인천을 개항했다. 프랑스 외교관은 부산, 원산, 인천의 개항은 조·일간의 통상을 크게 확대했다고 평가했다. 아울러 조선과 유럽 간의 무역 중개상이었던 일본은 그 특권적 상황을 무기한 유지하려 한다고 인식했다.[27] 이상과 같이 프랑스 외교관은 일본 정부의 조선에 대한 기본 입장은 교역을 확대하는 것이라고 분석했다. 그 같은 태도는 임오군란에 대한 일본의 대응에 관한 1882년 10월의 보고에서도 나타났다.

일본 주재 프랑스 외교관 메이에르(Meyer)는 일본 군부는 임오군란으로 일본이 피해를 입자 전쟁을 준비했지만 외무경 이노우에(井上馨) 등이 군사행동을 반대하여 전쟁을 개시하지 않았다고 보고했다.[28] 일본은 임오군란에서 입은 피해를 보상받고자 1882년 7월 조선에 제물포

---

24) 『신편 한국사』 39권, 149쪽.

25) 『프랑스외무부문서』 1, 〈조병호 조선 특사의 일본 도착 이후의 행적 등 보고〉, 1881년 12월 8일, 11~13쪽.

26) 『고종실록』 권16, 고종 16년 4월 19일; 『고종실록』 권16, 고종 16년 7월 8일.

27) 『프랑스외무부문서』 1, 〈조영조약의 의미, 조독, 조영조약 체결에 따른 일본의 통상규칙 수정 포고령 첨부〉, 1883년 12월 20일, 37~40쪽.

28) 『프랑스외무부문서』 1, 〈임오군란 후 일본의 동정에 대한 보고서 동봉〉, 1882년 10월 3일, 17~20쪽.

조약을 강요했다. 조선 대표들은 일본 공사의 무력 외교에 굴복하여 일본의 배상 요구를 그대로 수용했다. 그에 못지않게 중요한 것은 같은 날 조일수호조규의 속약 2개 조항에 동의한 것이었다. 이 속약은 조규 이후 일본 정부가 통상 범위를 대폭 확대하고자 수차 요구한 내용이어서 조선이 완강히 거부한 것들이었다. 프랑스 외교관은 일본은 제물포조약 체결로 몇 개 항구의 개항과 넓게 경계 지어진 지역에서 상인들이 여행할 권리, 자국민 보호 차 영사관원들이 개입할 권리를 얻어냈다고 보고했다. 아울러 일본은 조선 국왕의 주권을 인정하고 있다고 보고했다.[29] 프랑스 외교관은 일본이 군란을 이용하여 조선 정부로부터 교역 확대 조치를 이끌어 냈다고 평가한 것을 보여준다.

조선 정부는 1882년 들어서 미국, 영국, 독일과 통상조약을 교섭했다. 일본 주재 프랑스 공사관은 조선과 구미 국가들의 교섭에 대한 일본의 반응을 주시했다. 프랑스 외교관은 청이 러 · 일을 저지하고자 조선에 조미조약을 중재하고 있다고 판단했다. 또 그는 미국은 청으로부터 조선의 독립을 인정하고 있다고 이해했다. 프랑스 외교관은 일본은 조선에서의 독점적 이익을 추구하고자 유럽 국가들의 대조선 무역을 견제하고 있다고 판단했다. 프랑스 외교관은 그 연장선상에서 일본 정부는 미국의 조미수교 중재 요청을 거절했다고 인식했다. 또 그는 일본은 독점적인 이익을 얻고자 조선과 지속적으로 협상했으며, 그 결과 1882년 관세를 제정하는 책임을 맡은 조선 사절단을 일본에 파견해도 좋다는 허가를 얻어냈다고 파악했다.[30]

---

29) 『프랑스외무부문서』 1, 〈개항 전후로부터 현재까지 조선의 상황에 대한 보고서〉, 1883년 8월 6일, 24~30쪽.

30) 『프랑스외무부문서』 1, 〈개항 전후로부터 현재까지 조선의 상황에 대한 보고서〉, 1883년 8월 6일, 24~30쪽.

조선 정부는 1882년 5월 미국과 조미수호통상조약을 체결했으며, 1883년 11월에는 영국과 조영수호통상조약, 독일과 조독수호통상조약을 체결했다. 조선은 조미수호통상조약에 방곡권과 관세부과권을 규정했다. 일본 주재 프랑스 공사관 직원인 시엥키에비츠(Sienkiewicz)는 조선과 구미 국가들의 통상조약에 대한 일본의 반응을 주시했다. 시엥키에비츠는 조영수호통상조약, 조독수호통상조약은 일본이 조선에서 누리던 정치적, 상업적 독점을 박탈하는 결과를 가져올 것으로 판단했다. 시엥키에비츠는 일본 정부가 조영수호통상조약, 조독수호통상조약 체결로 특권적 상황이 변화했다고 인식한 것을 간파했다.[31] 시엥키에비츠는 "일본은 조선이 구미 국가들과 조약을 체결할 때까지 조선과 자유로운 통상을 해왔다. 일본과 중국은 영국이 조영수호통상조약을 통해 한반도를 자유롭게 여행하고 상업 활동을 보장받은 것을 불안해하고 있다."고 인식했다. 또 그는 일본 언론은 조선이 유럽 열강에게 과도한 이권을 넘겨주었다고 불평하고 있다고 평가했다.[32]

일본은 조미수호통상조약, 조영수호통상조약, 조독수호통상조약에 대한 대응책으로 1883년 7월 조선과 방곡령과 수입품에 대한 세율을 규정한 통상장정 및 해관세칙을 체결했다. 그에 대해 프랑스 외교관은 일본은 조선과의 무역에서 주도권을 행사하려 한다고 해석했다. 프랑스 외교관은 본국 정부에 "일본은 조영수호통상조약, 조독수호통상조약 체결을 계기로 조선과의 무역을 주도적으로 만들어야 한다고 판단한 결과 1883년 11월부터 관세와 통상규칙을 시행하고 있다. 그 때까

31) 『프랑스외무부문서』 1, 〈조영조약의 의미, 조독, 조영조약 체결에 따른 일본의 통상규칙 수정 포고령 첨부〉, 1883년 12월 20일, 37~40쪽.

32) 『프랑스외무부문서』 1, 〈조영조약에 대한 일본의 관심, 조독, 조영조약의 체결 의도 등 보고〉, 1884년 1월 15일, 43쪽.

지 원산지 증명을 갖추기만 하면 일본에 면세로 유입되고 있는 조선산 물품에 관세를 매기지 않을 수 없게 됐다."고 보고했다.[33] 프랑스 외교관은 일본은 조미수호통상조약, 조영수호통상조약, 조독수호통상조약에 대응하여 선제적으로 통상장정을 체결했다고 인식했다.

프랑스 외교관은 일본 정부는 조선에서의 경제적 이익을 확고히 하고자 조선에 대한 정치적 접근을 시도하고 있다고 분석했다. 프랑스 외교관은 일본 정부는 그 같은 입장에서 조선의 독립을 지지한다는 제스처를 취한다고 평가했다. 프랑스 외교관은 1883년 12월 현재 일본만이 조선의 독립을 승인한 유일한 국가라고 인식했고,[34] 1884년 1월에도 일본만이 조선의 독립을 승인한 국가라고 평가했다.[35]

한편 프랑스는 조선 정부가 조일수호조규 체결 이후 일본에 대해 어떤 입장을 보였는지를 검토하고자 한다. 일본은 조일수호조규 체결 이후 동래 왜관을 통해 쌀 수만 섬을 수입했다.[36] 조선 서민들은 곡가가 폭등하자 일본인들에게 적대 행위를 보였다.[37] 고종은 동래부사에게 일본인이 밀수, 밀상을 하지 못하게 잘 무마하라고 지시하는 한편,[38] 일본에 과다한 미곡이 수출되지 않도록 관세를 제정하고자 했다. 그에 따라 고종은 1880년 8월 김홍집을 제2차 수신사로 임명하고, 일본 정부와 관세에 대한 협상을 하라고 지시했다. 수신사 파견은 조일수호조규

---

33) 『프랑스외무부문서』 1, 〈조영조약의 의미, 조독, 조영조약 체결에 따른 일본의 통상규칙 수정 포고령 첨부〉, 1883년 12월 20일, 37~40쪽.

34) 『프랑스외무부문서』 1, 〈조영조약의 의미, 조독, 조영조약 체결에 따른 일본의 통상규칙 수정 포고령 첨부〉, 1883년 12월 20일, 37~40쪽.

35) 『프랑스외무부문서』 1, 〈조영조약에 대한 일본의 관심, 조독, 조영조약의 체결 의도 등 보고〉, 1884년 1월 15일, 43쪽.

36) 『고종실록』 권15, 고종 15년 5월 28일.

37) 『고종실록』 권16, 고종 16년 3월 13일.

38) 『고종실록』 권16, 고종 16년 6월 10일.

제2조에 법적 근거를 두었다. 김홍집은 일본과 인천 개항, 미곡 수출문제, 세관문제 등을 교섭했지만 성과를 거두지 못했다. 이후 고종은 1881년 10월 조병호(趙秉鎬)를 3차 수신사로 임명하고, 일본 국왕에게 서한을 전달하고 일본 정부와 관세를 정하는 협상을 개시하라고 지시했다.[39] 조병호는 일본 외무경 이노우에에게 신수통상장정초안과 조선국해관세칙초안을 제시하며 불평등조약을 개정하고자 시도했다. 그러나 이노우에는 하나부사와 논의하도록 지시하며 협상을 기피했다.[40]

프랑스 외교관 로크트(Roquette)는 조병호의 동향에 대해 다음과 같이 보고했다.

> 장군 신분의 조병호가 조선 국왕의 특사 자격으로 일본을 방문했다. 그는 조선 국왕의 서신 전달과 관세율을 정하는 협상 개시의 임무를 지녔다. 조일은 자유무역이 이루어지고 있고 지난해 통상수지는 조선이 유리하다. 수출액이 수입액보다 훨씬 우위에 있다. 그러나 수출 주요 품목이 세계 어느 나라보다 조선에서는 여전히 낮은 가격인 쌀이기 때문에 조선 정부는 가격 등귀를 피하고 기근에 대비하고자 이미 수차례나 쌀의 수출을 금지하려 했으나 허사였다. 조선은 목적을 이루고자 관세를 제의했으나 일본은 통상의 장애라 여기는 것 같다. 조선은 일본의 반감에도 협상을 요구하여 협상이 개시됐다. 앞서 파견됐던 특사들처럼 이번 특사도 청나라 대표 외 다른 외국 대표들과 교류가 없다. 조선 국왕은 일본 황제에게 보낸 서한에서 중국만이 천자인 것을 인정했다. 하나부사가 그에 강력히 항의하자 조선 국왕은 일본 천황이라는 호칭을 사용하기 시작했다. 일본인들은 이미 한반도의 부산, 원산 두 항구에 영사관을 설치했으며, 인천이 개항 예정이다. 조선은 쌀, 잠두, 가죽, 금을 주로 수출하며, 통상은 급속히 확장되고 있다.[41]

---

39) 『고종실록』 권18, 고종 18년 윤7월 7일.

40) 국사편찬위원회, 『신편 한국사』 38권, 170쪽.

41) 『프랑스외무부문서』 1, 〈조병호 조선 특사의 일본 도착 이후의 행적 등 보고〉, 1881년 12월 8일, 11~13쪽.

1876년 일본을 방문했던 제1차 수신사 김기수는 일본 국왕이나 제3국 공사와의 접견에 대해서는 경계하거나 응하지 않는 모습을 보인 바 있었다.[42] 프랑스 외교관은 조병호 역시 청 대표를 제외한 다른 외국 대표와의 교류를 기피한다고 인식했다. 프랑스 외교관은 조선은 일본 국왕을 천황이라고 지칭하기를 기피했고, 청과만 접촉하는 등 일본과의 외교에 소극적인 자세를 보였다고 평가했다. 프랑스 외교관은 조선은 기본적으로 일본과의 통상 확대를 원하지 않는다고 평가했다. 프랑스 외교관은 조선은 일본과의 무역에서 흑자를 보았음에도 불구하고 일본에 대한 과다한 쌀 수출을 방지하고자 관세 설정을 추진하고 있다고 분석했다.

한편 프랑스 외교관은 조선 서민들은 조선에 건너온 일본인들을 크게 경계한다고 인식했다. 일본 주재 프랑스 공사 트리콘(Tricon)은 조선 국왕이 매일같이 벌어지는 개항장내 일본 거류민들의 과격 행동을 개탄하며 일본 정부에 처벌을 요구한 것은 일리가 있다고 평가했다. 아울러 일본 정부는 그들을 처벌하도록 자국 영사들에게 추방권을 부여하는 법령을 주었다고 파악했다.[43] 프랑스 외교관은 조선인들은 1885년 4월 천진조약 체결을 계기로 일본의 무기력을 인식하고 일본을 냉대했다고 인식했다.[44] 프랑스 외교관은 전반적으로 조선은 일본에 대해 크게 경계하고 있다고 평가했다.

---

42) 김선영, 「제1차 수신사 사행의 성격」, 『한국사론』 63, 2017, 178쪽.

43) 『프랑스외무부문서』 1, 〈치외법권에 관한 일본 문서 동봉〉, 1883년 4월 15일, 21~22쪽.

44) 『프랑스외무부문서』 5, 국사편찬위원회, 2006, 〈서울 주재 일본 대리공사의 교체〉, 1891년 3월 16일, 31~32쪽.

3) 주일 공사 파견 평가

프랑스는 1888년 조선에 프랑스를 대표하는 외교관을 파견했다. 초대 프랑스 대표는 프랑스 정부위원(Commissaire) 플랑시(Collin de Plancy)였다. 플랑시는 1888년 6월 서울에 도착한 뒤 고종을 알현했다. 이 때부터 프랑스 정부에 보내는 조선 보고서는 주로 조선 주재 프랑스 대표가 작성했다.

조선 주재 대표로 근무했던 프랑스 외교관은 플랑시(Collin de Plancy, 1888.6.6~1891.6.15), 로셰(E. Recher, 1891.6.15~1892.3.6), 프랑댕(H. Frandin, 1892.4.9~1894.3.1), 르페브르(G. Lefevre, 1894.3.1~1896.4.27) 등이었다. 그 중에서 플랑시는 1896년 4월 재차 조선 공사로 부임하여 1905년 11월까지 재직했다.

고종은 1887년 9월 해외에 공사관을 설치하기로 결심하고 내무부 협판 민영준(閔泳駿)을 주일판리대신, 내무부 주사 김가진(金嘉鎭)을 주일참찬관으로 임명, 파견했다. 민영준은 몇 달 뒤 귀국했고, 김가진이 대리공사에 취임했다. 김가진은 1888년 10월부터 1890년 1월까지 재직했다. 이후 고종은 일본 주재 조선 공사의 지위를 대리공사로 변경했고, 미국과 유럽에는 2품인 내무부 협판을 임명한데 비해 일본에는 4품의 하급 관리를 임명했다.

플랑시는 주일 공사의 격하 조치에 대해 청의 항의에 기인한 것으로 해석했다. 플랑시는 일본 정부는 김가진이 고종의 총애로 조정에 대해 큰 영향력을 행사하는 것으로 판단하여 경의를 표하고 있다고 판단했다. 그럼에도 불구하고 플랑시는 김가진은 서자이기 때문에 관직의 승승장구는 불가능하다고 인식했다.[45] 김가진은 귀국한 뒤 1890년 2월 여주목사, 1891년 3월 안동부사로 재직했다. 김가진은 7월 주일 공사로 재부임했으나 얼마 지나지 않아 귀국했고 강계 지방의 목사에 임명됐다.

플랑시는 김가진이 주일 공사로 재발령 받지 못할 것으로 내다봤다. 플랑시는 주일 공사관은 하급 관리가 공사관을 운영하고 있다는 사실에 주목하고, 향후 주일 공사 파견이 불투명하다고 예측했다. 아울러 플랑시는 고종은 청의 압력으로 미국, 유럽에 공사를 파견하지 못할 것으로 확신했다.[46] 플랑시는 일본 정부의 기대와는 달리 주일 공사 파견에 대해 중요성을 부여하지 않았다.

3. 주일 공사 파견 이후 조일관계 인식

1) 조선의 대일 정책 인식

조선 정부는 주일 공사관을 설치했음에도 불구하고 일본에 대해 적극적인 정책을 펴지는 않았다. 그것은 전신선 문제에서 잘 드러났다. 청은 1885년 6월 조선과 의주전선조약을 체결하고, 25년간 조선의 전신부설권과 관리권을 독점하고자 했다. 그에 맞서 일본은 나가사키와 부산을 연결하는 해저전신선을 설치하여 더 많은 이익을 얻고자 했다. 그에 일본 정부는 조선 정부에 일본이 설치비를 부담하는 조건으로 해저전신선을 서울과 연결시키자고 제의했다. 플랑시는 전신선 부설을 큰 이익을 남길 수 있는 사업으로 평가했다. 플랑시는 조선 정부는

45) 『프랑스외무부문서』 4, 〈일본 주재 조선 공사의 귀환과 르장드르 장군에 대한 소문〉, 1890년 2월 17일, 74~75쪽.

46) 『프랑스외무부문서』 4, 〈일본 주재 조선 공사 김가진의 귀환〉, 1890년 3월 22일, 114~115쪽.

1885년 부설한 서울과 북경간의 전신선이 청의 감독을 받고 고가를 지불하며 영토의 유린을 받는데 불만을 가졌다고 인식했다. 그러므로 조선은 청에 대한 선례를 반복하지 않고자 일본의 제의를 거부하고 독자 부설을 택했다고 평가했다. 실제 조선 정부는 1888년 7월 영국인 핼리팩스(T. E. Hallifax)를 고빙하여 경부간의 전신선을 가설했다.[47] 플랑시는 조선은 영토의 유린을 저지하고자 일본의 전신선 설치 제의를 거부하고 독자 부설을 택했다고 평가했다.

조선 정부가 일본에 대해 적극적으로 접근한 것은 1890년 초였다. 조선 정부가 일본에 접근한 것은 일본을 활용하여 근대화를 모색한 것과 연관이 있다고 보여진다. 고종은 조미수호통상조약 체결 이후 미국인을 고빙하여 근대화를 추구했다. 육영공원, 연무공원 설립은 그 대표적인 사례라 할 수 있다. 그러나 미국인을 활용한 근대화 사업은 대부분 실패하거나 성과가 미미했다. 그런 중 주일 공사 김가진은 고종에게 일본과의 교류를 건의했다. 그는 1890년 1월 귀국한 직후 고종에게 일본이 징병제를 시행하고 있으며, 일본 육군은 정예하다고 보고했다.[48] 김가진은 서구적 방식의 발전단계를 경험했던 일본이야말로 조선을 도울 최고 파트너라고 강조하며, 조선은 일본을 모방해야 한다고 건의했다.[49] 그밖에 고종이 일본을 통한 근대화를 모색한 것은 일본의 조선 독립 지지가 영향을 주었을 것으로 보여진다. 일본 정부는 조일수호조규 체결 이후 기회가 있을 때마다 조선의 독립을 지지한다고 천명했다.[50] 영국, 독일이 청의 종주권을 인정한 반면, 일본은 미국, 러

---

47) 『프랑스외무부문서』 2, 〈서울과 부산간의 전신선 설치에 관한 보고〉, 1888년 7월 11일, 44~45쪽.

48) 『고종실록』 권27, 고종 27년 1월 22일.

49) Spencer J. Palmer, *Korean-American Relations VOLUME Ⅱ(1887~1895)*, University of California Press, 1963(이하 K-A-R Ⅱ라 약칭), No.483. 1893년 11월 20일, p.289.

시아와 함께 조선의 독립을 인정한 국가였다. 또 일본 정부는 일본 주재 조선 공사를 독립국의 사절로 취급하고 호의적으로 접대했다.[51] 그 같은 일본의 조선 독립 지지는 조선 왕실의 호감을 얻은 것으로 보여진다.

비슷한 시기 일본 정부도 조선에 대해 적극적으로 접근했다. 프랑스 외교관은 일본 정부는 조선 정부에 자국의 이익을 도모할 인물을 부식시키려 한다고 인식했다. 프랑스 외교관은 일본은 조선에 대한 영향력을 강화하고자 고종의 고문에 친일 성향의 외국인을 고빙시키고자 노력하고 있다고 분석했다. 플랑시는 일본 정부는 일본 주재 미국 총영사 르장드르(Charles W. LeGendre)를 국왕의 고문으로 임명시키고자 진력하고 있다고 파악했다. 플랑시는 일본은 르장드르를 후원하여 거액의 차관을 성사시키려 한다고 보았다. 플랑시는 일본 정부는 일본 은행에 대해 채무를 보장하는 조건으로 거액의 차관을 제공하게 하고, 그를 이용해 조선에서 모종의 허가권을 얻고자 한다고 추측했다.[52]

고종은 청의 간섭을 배제하고자 원세개의 첩자가 많은 통리교섭통상사무아문을 제쳐놓고, 주로 외국인 고문을 통해 차관을 도입하고자 했다. 고종은 청과 상의 없이 데니의 후임으로 프랑스계 미국인인 르장드르를 고빙할 것을 결정했고,[53] 1890년 4월 르장드르를 내무부 협판에 임명했다.[54] 르장드르는 청국 차관이 청의 정치적 간섭을 초래했고 조선 해관을 청국 해관에 예속시킨 원인이라 보았다. 그러므로 그는

50) K-A-R Ⅱ, No.89. 1890년 11월 19일, p.34.

51) 『프랑스외무부문서』 2, 〈서울 주재 외교관들의 분열〉, 1888년 9월 18일, 69~70쪽.

52) 『프랑스외무부문서』 4, 〈르장드르의 차관도입계획〉, 1890년 3월 27일, 116~117쪽.

53) 일본외무성 편, 『日本外交文書』 25, (일본국제연합협회, 1985), No.191. 1892년 5월 9일, pp.250~251.

54) 『고종실록』 권27, 고종 27년 2월 19일.

일본에서 차관을 도입하여 청국 차관을 상환하고 해관운영권을 회수하려고 시도했다. 그는 일본인을 해관 직원이나 은행 자문으로 고빙하고자 했다. 르장드르의 계획이 실현된다면 일본의 영향력이 증대될 것은 분명한 것이었다.[55] 고종은 르장드르에게 일본과 차관을 교섭할 것을 지시했고, 일본에 제출할 조선 정부의 서명을 포함한 계약서 원문과 통리교섭통상사무아문 독판, 내무부 독판 서명의 신임장도 주었다.[56] 르장드르는 1890년 일본과 해관세 수입을 담보로 차관을 교섭했다.

청은 '조선속방화정책'에 대항하는 미국인 고문들을 경계했다. 이홍장은 천진 주재 조선통상사무독리에게 조선의 차관계획을 승인하지 않을 것이라고 통보하고, 일본으로부터 차관의 도입도 반대했다.[57] 프랑스 외교관은 청은 조선의 일본 차관도입을 강력히 반대한다고 인식했다. 플랑시는 청의 반대로 르장드르의 차관 교섭이 실패했다고 평가했다.[58] 프랑스 외교관은 청의 강한 견제로 조선과 일본의 차관 교섭이 결렬됐다고 인식한 것을 보여준다.

조선 정부는 일본으로부터 차관 도입이 무산됐음에도 불구하고 계속해서 일본을 통한 근대화를 모색한 것으로 보여진다. 조선 정부는 1891년 5월 서울에 일어학교를 창설했으며, 일어학교는 성공적으로 운영되었다. 한편으로 일어학교는 일본의 영향력을 확대하는 수단이기도 했다.[59] 프랑스 외교관 로셰(E. Recher)는 고종은 사족, 장교, 관리

55) 김현숙, 앞의 글, 45~46쪽.

56) 『프랑스외무부문서』 4, 〈르장드르의 차관도입계획〉, 1890년 3월 27일, 116~117쪽.

57) 『프랑스외무부문서』 4, 1890년 3월 31일, 118~119쪽; 『프랑스외무부문서』 4, 1890년 4월 7일, 124~125쪽.

58) 『프랑스외무부문서』 4, 〈조선 정부의 차관도입계획에 대한 청국의 반대 및 르장드르 장군의 실패〉, 1890년 7월 16일, 185쪽.

59) K-A-R Ⅱ, No.9. 1892년 11월 5일, p.348.

의 자제들에게 일본어를 배우도록 강의를 개설하고 일본인을 고빙했지만, 사족들은 그 강의를 기피하므로 그 강의는 정부 예산을 축낼 것이라고 평가했다.[60)]

한편으로 조선 정부는 일본의 지원을 받아 화폐 개혁을 추진했다. 조선 정부는 1891년 7월 전환국을 인천으로 이설했다. 프랑스는 조선은 전환국 운영에 도움을 받고자 일본에 접근한다고 파악했다. 로셰는 본국 정부에 "조선 국왕은 일본 상인이 정부와 상의 없이 조선 주화를 불법 유통시키고 있다고 보고 주화 제조를 검토했습니다. 조선 국왕은 화폐 주조에 필요한 장비를 구입하고자 일본에 특사를 파견했습니다. 조선이 구입한 화폐 주조 장비는 매우 낡아서 일본 정부가 폐기처분을 고려했었던 것입니다. 조선인은 질을 중시하지 않고 저렴한 가격을 중시합니다."라고 보고했다.[61)] 로셰는 조선이 구입한 화폐 주조 장비는 열악하여 제대로 가동되기 어렵다고 예측했다. 이후에도 로셰는 조선 국왕은 장인들을 일본에 파견하여 일본 국영공장에서 화폐주조 기술을 학습하도록 지시했다고 파악했다.[62)] 로셰는 고종이 일본의 지원을 받아 화폐 주조를 추진하고 있다고 분석했다.

프랑스 외교관 프랑댕(H. Frandin)은 전환국의 화폐 발행은 일본의 조선에 대한 영향력을 크게 강화시켰다고 평가했다. 프랑댕은 이 때문에 청은 일본의 조선 진출을 강하게 저지하려 한다고 판단했다. 프랑댕은 그 증거로서 1892년 전환국이 발행한 은화가 유통되지 못한 사태

60) 『프랑스외무부문서』 5, 〈조선 정부의 화폐주조 기술 습득〉, 1891년 8월 3일, 103~104쪽.

61) 『프랑스외무부문서』 5, 〈조선 정부가 일본에서 화폐주조 장비 구입〉, 1891년 7월 27일, 102~103쪽.

62) 『프랑스외무부문서』 5, 〈조선 정부의 화폐주조 기술 습득〉, 1891년 8월 3일, 103~104쪽.

를 예시했다. 프랑댕은 원세개는 청의 대조선 종주권을 확인하고, 또 일본에 대한 보복 차원에서 고종에게 압력을 행사하여 유통을 중단시켰다고 인식했다.[63] 프랑스 외교관은 조선은 일본을 매개로 화폐를 발행하려 했지만 청의 견제로 무산됐다고 평가했다.

2) 일본의 대조선 정책 인식

(1) 방곡령 배상 논란

조선 정부는 1889년 10월 기근을 사유로 함경도 지방의 방곡령 실시를 통보했다. 일본은 조선 정부에 방곡령에 대한 이의를 제기하며 배상을 요구했다.[64] 조선은 일본의 배상 요구에 소극적인 태도를 보였다. 그러므로 방곡령 배상 문제는 조·일간의 최대 현안으로 부상했다.

프랑스 외교관이 방곡령 논란에 대해 본격적으로 주목한 것은 1891년 12월경이었다. 프랑댕은 일본이 14만 피아스트르의 피해 배상금을 요구했다고 파악했다. 일본이 제기한 사유는 첫째, 수출이 금지된 곡물에 대한 손해, 둘째, 곡물 매입에 할당된 금액에 대한 이자 손실, 셋째, 곡물 운송을 위한 선박 임차비에 대한 손해에 관한 것이었다고 파악했다.[65] 프랑댕은 조선 정부는 일본이 요구한 배상액에 대해 부당한 거액이라 보고 논의를 거부한다고 이해했다. 프랑댕은 고빙한 외국인에게 12개월 동안 봉급을 지불하지 못할 정도로 조선 정부의 재정이 곤궁한 상태라는 것을 인지했다.[66] 로셰는 조선 정부가 배상을 거부한

---

63) 『프랑스외무부문서』 6, 〈서울에 전환국 설치〉, 1893년 2월 7일, 22~23쪽.
64) 고려대학교 아세아문제연구소, 『구한국외교문서』 〈日案 2〉, 1967, No.1509. 1889년 10월 11일, 7쪽.
65) 『프랑스외무부문서』 6, 〈외아문과 일본 공사〉, 1893년 3월 21일, 43~44쪽.
66) 『프랑스외무부문서』 5, 〈통리교섭통상사무아문〉, 1892년 8월 24일, 197~198쪽.

것은 세금이 걷히지 않아서 모든 부서에서 자금이 고갈되었기 때문이라고 추측했다. 그러나 로셰는 고종은 일본과 가까이 하려 하기 때문에 만족할 해결책이 나올 것으로 전망했다.[67]

일본 정부는 조선 정부에 대해 단호하게 방곡령 배상 요구를 밀어붙였다.[68] 통리교섭통상사무아문 독판 민종묵은 일본 정부에 6만 달러를 지불하겠다고 제의했다. 그러나 일본은 배상 액수가 적다며 거절했다. 신임 통리교섭통상사무아문 독판 조병직도 재차 오이시(大石正己) 일본 공사와 교섭했다. 프랑댕은 조·일의 협상은 배상 액수 문제로 난항을 겪고 있다고 파악했다. 프랑댕은 조선 정부의 자문 요청을 받자 관련문서가 없다는 이유로 자문에 응하지 않았다.[69]

오이시는 1893년 2월 조병직에게 방곡령문제의 신속한 타결을 촉구했다. 그 뒤 오이시는 5월 4일 통리교섭통상사무아문에 최후 서한을 보냈으며, 같은 날 일본 육군참모차장 가와가미 소로쿠(川上操六)와 함께 고종을 알현하여 방곡령문제의 담판을 기도했다. 오이시는 14일 내에 일본의 요구를 수용하지 않으면 공사관을 철수할 것이라고 협박했다. 고종은 마지못해 일본측 문서를 수령했다.[70] 방곡령 사건은 5월 18일 타결됐다. 프랑댕은 9만 피아스트르와 다른 5개 요구사항 합의금 2만 피아스트르를 합해서 총 11만 피아스트르의 배상금으로 타결됐다고 보았다. 프랑댕은 협상을 타결에 이르게 한 주인공은 이토 히로부미(伊藤博文)와 이홍장이라고 지목했다.[71]

---

67) 『프랑스외무부문서』 5, 〈함경도 방곡령〉, 1891년 12월 28일, 139~140쪽.

68) 『일안 2』, No.2222. 1893년 2월 25일, p.348; 『일본외교문서』 26권, No.139. 1893년 2월 2일, p.310.

69) 『프랑스외무부문서』 6, 〈외아문과 일본 공사〉, 1893년 3월 21일, 43~44쪽.

70) K-A-R Ⅱ, No.396. 1893년 5월 6일, p.285.

71) 『프랑스외무부문서』 6, 〈방곡령 관련 조-일간의 타협〉, 1893년 5월 18일, 67쪽.

이후 원세개는 일본의 조선 무역을 축소하고자 조선 정부에 기근이 발생할 경우 방곡령 실시를 제의했다.[72] 프랑댕은 조선 정부가 흉작을 이유로 방곡령을 선포한 것은 원세개의 사주 때문으로 분석했다.[73] 프랑댕은 방곡령 담판 과정에서 청의 동향을 주시했으며, 그 결과 조선은 대일정책에서 청의 조언을 수용하고 있다고 분석했다.

(2) 어로협상

1891년 조·일간에는 방곡령 배상과 어업 개정문제가 동시에 주요 현안으로 부상했다. 조선 정부는 1883년 일본 정부와 체결한 조일통상장정 제41조에 의해 전라도, 경상도, 강원도, 함경도 연안에서 일본 어민에게 어업활동을 허가했다. 이후 조·일은 1889년 11월 조일통어장정을 체결했다. 그 결과 일본 어민들은 제주도에 들어와서 어로활동을 개시했고, 제주민은 일본 어민들을 축출하고자 시도했다.

플랑시는 조일통어장정에 대해 "조·일이 상대방의 연안에서 조업활동을 벌이는 것과 관련하여 새롭게 체결한 조약이었습니다. 이 조약의 규정을 위반한 일본인은 자국 영사의 재판을 받게 됐습니다. 그러나 조선인들은 제8, 제11조에 의거하여 일본법의 적용을 받게 됐습니다. 열강 국가는 연안에서 범죄를 저질렀을 경우 처벌은 그 국가의 법정이 행사합니다. 조일수호통상조약은 조·일간의 호혜조약으로 볼 수 있지만 조일통어장정은 그 같은 상황에 변화를 가져왔습니다. 그로 인해 통리교섭통상사무아문 독판은 억울함을 호소합니다."라고 보고했다.[74] 플랑시는 조일수호조규는 조·일간의 호혜조약으로 보았지만

---

72) K-A-R Ⅱ, No.504. 1893년 12월 20일, p.328.

73) 『프랑스외무부문서』 6, 〈방곡령〉, 1893년 11월 15일, 119~120쪽.

74) 『프랑스외무부문서』 4, 〈조일어채장정에 관하여〉, 1890년 2월 28일, 93쪽.

조일통어장정은 조선에 불리한 조약으로 판단했다. 플랑시는 조선 정부 역시 조일통어장정을 조선에 불리한 조약으로 인식하고 있다고 분석했다.

1890년 여름 일본인이 제주도에 상륙하여 주민을 구타하고 재물을 약탈하는 사건이 발생했다. 제주도민들은 이듬해인 1891년 3월 일본 어민의 제주 어업 침탈에 항거하여 일제히 봉기했다.[75] 로셰는 조선 정부는 조일통어장정에 서명한 것을 크게 후회했고, 조일통어장정을 파기하고자 르장드르의 일본 파견을 검토하고 있다고 파악했다.[76]

제주도민은 일본 어민과의 무력 충돌 과정에서 인명 피해를 입자 재차 봉기했다.[77] 제주도민들은 지방관에게 일본인들에 의한 어로 피해를 호소했다. 제주도민은 지방관이 자신들의 요구에 불응하자 축출했다. 조선은 일본에 대해 통어장정 개정을 관철시켜 일본 어민의 제주 어로를 저지하려 했다. 통리교섭통상사무아문 독판 민종묵은 고종에게 통상조약과 어업협정을 개정하도록 국왕의 고문인 르장드르를 일본에 파견할 것을 건의했다. 고종은 9월 르장드르를 변무사로 일본에 파견하여 조일통상장정 및 조일통어장정의 개정을 논의하게 했다.[78] 르장드르는 전권을 부여하는 국왕의 친서를 휴대하고 도일했다. 일본 공사는 협상이 종료될 때까지 제주 어로를 중지하기로 결정했다. 일본 공사는 제주도 소요로 인해 조선 정부의 요구를 수용할 방침임을 시사

---

75) 강만생, 「한말 일본의 제주어업 침탈과 도민의 대응」, 『제주도연구』 3, 제주도연구회, 1986, 133쪽.

76) 『프랑스외무부문서』 5, 〈조일어업협정 개정〉, 1891년 8월 6일, 105~106쪽.

77) 『프랑스외무부문서』 5, 〈일본인들의 제주도 연안 어업문제〉, 1891년 9월 13일, 113~115쪽.

78) 『프랑스외무부문서』 5, 〈조선-일본간 어업문제 협상〉, 1892년 10월 30일, 217~220쪽; 『일안 2』, No.1971. 1891년 10월 9일, p.242.

했다. 로셰는 일본 정부는 조선 정부가 황해도의 철도를 개항하기로 약속했기 때문에 조선 정부의 개정 요구를 수용할 것이라고 확신했다.[79] 르장드르는 1892년 3월 본격적인 협상을 개시하고 일본에 제주도와 인근 섬에서의 조업 금지와 어업세 인상 등을 제의했다. 일본은 르장드르의 제의를 거부하며 지연전술을 폈다.[80]

그 사이 일본 어민들이 제주도민에게 무력을 사용하는 일이 발생했다. 그에 르장드르는 7월 일본 외무대신에게 조·일 어민간의 분쟁을 회피하고자 조선 연해의 북위 34도 이남에서 1883년의 조일통상장정 시행을 일시 정지하자고 제의했으나 성과가 없었다.[81] 그 동안 일본 어민의 제주도 어로활동은 급증했다. 제주도민은 일본 어민들을 무력으로 축출하고자 봉기했다. 로셰는 조선 정부는 소요 주동자를 처벌할 경우 반란이 일어날 것을 우려하고 있으며, 제주도민의 독립선언, 일본 보호령 편입을 우려하고 있다고 파악했다. 아울러 일본이 제주도민에게 독립 쟁취의 지원을 약속하며 반항을 사주하고 있다고 판단했다.[82]

프랑스 외교관은 일본의 평양 개항 요구를 주시했다. 조선 주재 일본 영사관 서기관으로 재직했던 하야시는 1892년 3월 평양을 방문했다. 조선 주재 프랑스 임시대표 게랭(A. Guérin)은 하야시가 어로협상 시기에 평안도를 방문한 것은 조·일이 두 문제를 동시에 타결할 수 있는 협정에 서명할 가능성이 크다고 판단했다. 게랭은 조선 국왕은 평양 개항과 제주 어로협정을 교환하려 한다고 분석했다.[83]

---

79) 『프랑스외무부문서』 5, 〈조선 정부가 제주도 일본인들의 조업문제 협상〉, 1891년 10월 16일, 119~120쪽.

80) 김현숙, 앞의 글, 50~51쪽.

81) 『일본외교문서』 25권, No.162. 1892년 7월 8일, 218쪽.

82) 『프랑스외무부문서』 5, 〈일본인들의 제주도 연안 어업문제〉, 1891년 9월 13일, 113~115쪽.

르장드르는 일본이 제주도 연안에서의 조업활동을 포기하는 대신 황해도의 철도 개항을 일본 정부에 제의하는 임무를 맡았다. 르장드르는 10월 일본 정부에 조약에는 일본 어민들이 섬에 상륙할 수 있는 권리가 있다고 명시되어 있지 않기 때문에 조선인들이 일본 어민들이 상륙하는 것을 저지한다고 언급했다. 일본 정부는 조선 정부가 일본 어민들이 제주도 근처에 있는 섬에서 물고기를 말릴 수 있게 허락해준다면 어업권을 포기하겠다고 제의했다. 르장드르는 좀 더 먼 거리의 섬들을 제의하여 일본 정부의 동의를 얻어냈다. 프랑댕은 르장드르는 일본의 새내각이 외교문서에 서명하기만을 기다리고 있다고 보았고, 르장드르가 직무를 제대로 수행했다고 평가했다.[84] 일본은 르장드르에게 제주도에서의 일본인의 조업 금지 대가로 조선이 제시한 철도 대신에 전라도의 개항을 요구했다. 아울러 3곳 이상의 편의지 설정, 부산의 일본인 거류지를 절영도까지 확대할 것을 요구했다. 르장드르는 전라도 개항을 제외하고 일본의 요구를 모두 수용하고자 했다. 르장드르의 안은 남부 지방에 일본인들의 거류지를 대폭 늘려 일본에 크게 유리한 것이었다.[85]

프랑댕은 통리교섭통상사무아문 독판 민종묵도 르장드르의 몇 개섬 제의를 지지한다고 파악했다. 그러나 프랑댕은 고종은 독판의 의견을 제치고 대외업무에는 문외한인 조정 고관들에게 견해를 물었고, 고관들은 모두 르장드르의 대책에 절대적으로 반대했다고 파악했다.[86]

---

83) 『프랑스외무부문서』 5, 〈서울 주재 일본 공사관〉, 1892년 3월 15일, 154~157쪽.

84) 『프랑스외무부문서』 5, 〈조선-일본간 어업문제 협상〉, 1892년 10월 30일, 217~220쪽.

85) 김현숙, 앞의 글, 52~53쪽.

86) 『프랑스외무부문서』 5, 〈조선-일본간 어업문제 협상〉, 1892년 10월 30일, 217~220쪽.

프랑댕은 르장드르의 안은 일본에 크게 유리한 것이었음에도 불구하고 긍정적으로 평가했다. 그 결과 프랑댕은 조일어로협상은 외교에 무지한 조선 고관들의 반대로 장애를 맞고 있다고 평가했다. 그러나 후술하듯이 프랑댕은 르장드르가 일본에 절영도를 넘겨주려 했다는 사실을 인지하지 못했기 때문에 르장드르의 안을 긍정적으로 평가한 것으로 보여진다.

프랑댕은 유일하게 르장드르를 지지하던 민종묵의 지방 전출과 전임 독판 민종묵의 대일 화해정책에 반대하는 조병직의 독판 취임으로 일본과 약속한 합의 사항의 이행이 벽에 부딪혔다고 파악했다. 그리고 르장드르도 자신의 입지가 매우 위태롭다는 것을 자각하고, 허드(Augustine Heard) 미국 공사에게 지원을 요청하는 편지를 보냈다고 인식했다.[87] 프랑댕은 르장드르가 1893년 1월 서울로 귀환하자 어로 협상이 실패했다고 평가했다.[88]

(3) 절영도 조차 시도

일본 정부는 1893년 청과의 전쟁준비를 완료했다.[89] 일본 지도층은 청을 적수로 여기지 않을 정도로 청의 군사력을 무시했다. 일본은 조선의 혼란을 틈타 침략의 기회를 엿봤으며, 일본 육군 참모차장인 가와가미 소로꾸는 침략을 준비하고자 조·청 방문을 추진했다.[90] 일본 정부는 청과의 전쟁을 준비하면서 군비 확장에 나섰다. 육군은 1884년

---

87) 『프랑스외무부문서』 5, 〈조선 근해 일본인들의 어업활동 구역에 대한 조일간 협상〉, 1892년 11월 23일, 227~228쪽.

88) 『프랑스외무부문서』 6, 〈르장드르 장군의 일본 방문〉, 1893년 1월 8일, 9쪽.

89) 藤原彰·嚴秀鉉 역, 『日本軍事史』, 時事日本語社, 1994, 98쪽.

90) 安岡昭男, 「日清戰爭前の 大陸政策」, 『日本外交史研究 -日清戰爭·日露戰爭-』, 有斐閣, 29~30쪽.

부터 1894년까지 보병 12개 여단, 기병과 포병 각 6개 연대, 공병과 치중병 각 6개 대대를 정비하였고, 해군은 1882년도 6척이었던 군함을 1893년까지 32척으로 늘렸다.[91)]

프랑스는 1893년에 접어들자 일본이 조선 침략정책으로 선회하고 있다고 인식했다. 먼저 프랑스는 일본이 부산 절영도를 조차하려는 시도를 예의 주시했다. 프랑스는 부산을 일본의 대조선 침략 교두보로 인식했다. 프랑스는 원산, 부산 거류인 중 일본인은 압도적 다수인 데 비해 청인은 소수라며 한반도에 일본인이 급증하고 있는 상황을 주시했다.[92)] 르장드르는 일본에서 귀국한 뒤 고종에게 일본이 원하는 바대로 절영도 일부를 더하여 부산의 일본 조계를 확장할 것을 건의했다. 프랑댕은 르장드르의 계획에 대해 중대한 실책이라고 평가했다. 프랑댕은 프랑스 외무부 장관에게 다음과 같이 보고했다.

> 부산은 일 년 내내 항해에 적합하고 절영도가 바다의 강풍을 막아주는 훌륭한 도시입니다. 일본은 이 지역을 요새화하여 일급 군항으로 만들 수 있습니다. 일본에게 부산은 의미가 있는 곳입니다. 일본은 과거 수차 조선을 침공했을 때 부산을 경유했으므로 일본이 미래를 위하여 이 전략적 요충지를 확보하려는 속셈입니다. 그러나 협상 참가자들은 러시아, 청국, 미국 등 열강들도 한반도를 예의 주시하고 있으며, 현 상태를 유지하려 한다는 사실을 생각하지 못했습니다. 협상이 타결되었더라면 영국이 유일하게 만족했을 것입니다. 러시아가 부산항을 점령하여 극동함대의 해군기지로 만들까봐 노심초사하기 때문입니다.[93)]

이상을 통해 프랑댕은 일본은 조선을 침략할 때 전략적 요충지를 확

91) 백종기, 『근대한일교섭사연구』, 정음사, 1977, 204쪽.

92) 『프랑스외무부문서』 5, 1891년 12월 4일, 136쪽; 『프랑스외무부문서』 6, 1893년 1월 8일, 9쪽.

93) 『프랑스외무부문서』 6, 〈르장드르 장군의 일본 방문〉, 1893년 1월 8일, 9쪽.

보하고자 절영도를 조차하려 한다고 분석했다. 그는 일본이 조선을 침략할 가능성을 예측한 것을 보여준다. 이 시기 조선 주재 미국 공사관도 일본이 조선을 침략할 가능성을 예측했다. 즉 미국 공사관은 일본이 겉으로는 조선을 독립국으로 인정하고 있지만, 실제로는 청의 종속국으로 취급하고 있으며 청일전쟁 뒤에 조선의 병합을 추구한다고 인식했다.[94]

(4) 조선 공사의 교체

일본은 1885년 천진조약 체결 이후 조선에 대한 청의 우월권을 묵인했다. 이후 일본의 총리대신 야마가타 아리토모(山縣有朋)는 1890년 조선을 '이익선'으로 규정하여 조선 진출의 필요성을 천명했다. 야마가타의 천명은 조선에 대한 정책의 전환을 보여주는 것이었다. 프랑스 외교관은 일본의 조선 진출을 주시했다. 프랑스 외교관은 일본 정부는 조선에서의 경제적 이익을 확고히 하고자 수완 있는 자국 인물을 파견하고자 한다고 판단했다. 일본 정부는 1891년 3월 곤도 마스케(近藤眞鋤)를 경질하고 샌프란시스코 영사로 있던 가지야마 데이스케(梶山鼎介)를 조선 공사로 임명했다. 플랑시는 일본 정부는 결단성이 부족하다는 이유로 곤도를 교체했다고 평가했다. 또 일본이 가지야마를 조선 공사로 지명한 것은 조선에 지대한 관심을 가지고 있다는 증거라고 평가했다. 그러나 플랑시는 일본 정부의 공사 교체에 대해 한계점을 지적했다. 즉 일본은 조선 국왕이 통리교섭통상사무아문 독판에게 하등의 권력을 주지 않아 조선 주재 외교관들이 큰 애로사항을 겪고 있는 상황을 이해하지 못하고 있다고 인식했다. 특히 플랑시는 일본 공사는 조선에

94) K-A-R Ⅱ, No.48. 1893년 7월 29일, p.326.

거주하는 일본인의 횡포로 인해 난처한 입장에 있다고 파악했다.[95]

앞서 기술했듯이 프랑스 외교관은 일본 정부의 입장은 조선의 독립을 지지하는 것이라고 평가했었다. 그러나 이 시기 프랑스 외교관은 일본의 대조선정책의 변화를 인지한 것으로 보여진다. 로셰는 본국 외상에게 "일본은 청이 조선에 대해 영향력을 행사하고 있음을 비난했습니다. 일본은 청에 조선을 넘기지 않을 것입니다. 조선은 일본에게 무역과 산업 활동을 키워준 매우 큰 시장을 제공하기 때문입니다. 청·일 모두 조선에 야심을 가지고 있지만 러시아 등 열강의 개입을 우려하여 실행하지는 않고 있습니다. 일본은 잠식정책을 지속중이며 조선에서 자국세력의 공고화를 기도하고 있습니다."라고 보고했다.[96] 로셰는 일본은 청의 조선 개입을 좌시하지 않고, 점진적인 방식으로 조선을 장악하려 한다고 평가했다.

프랑스 외교관은 고종이 일본에 체류하고 있는 망명자를 매우 경계하고 있음을 인지했다. 르페브르(G. Lefevre)는 고종은 체일 망명자 김옥균이 조선 왕조에 불만을 가진 자들과 교류하고 있는 것에 대해 크게 경계하고 있다고 분석했다. 르페브르는 일본은 김옥균을 훌륭하게 이용해왔다고 인식했다. 즉 르페브르는 일본 언론은 조·일간에 문제가 발생하면 혁명의 수령인 김옥균이 조선에 상륙할 것이라고 보도했고, 공포에 질린 고종은 일본이 요구하는 모든 사항을 받아들였다고 평가했다.[97]

일본 정부는 1893년 1월 가지야마를 경질하고 오이시를 조선 공사로

---

95) 『프랑스외무부문서』 5, 〈서울 주재 일본 대리공사의 교체〉, 1891년 3월 16일, 31~32쪽.

96) 『프랑스외무부문서』 5, 〈청국과 일본간의 관계〉, 1891년 12월 28일, 141~142쪽.

97) 『프랑스외무부문서』 6, 〈김옥균 저격 사건〉, 1894년 4월 10일, 149~150쪽.

임명했다.[98] 오이시는 김옥균과 친한 오오쿠마 시게노부(大隈重信)의 추천으로 공사직을 맡았다. 그로 인해 조선의 외교가에서는 일본이 조선에서 혁명을 선동하려 한다는 소문이 파다했다. 오이시는 청일제휴론을 운운했지만 실제로는 청일결전론자였다.[99] 프랑스 외교관은 일본 정부가 망명자와 친분 있는 인물을 조선 공사로 임명한 것을 주시했다. 프랑댕은 오이시는 『일본의 주요 정책 두 가지』라는 책자에서 조선의 몰락을 언급하는 등 부정적인 조선 인식을 피력한 인물이라고 평가했다. 프랑댕은 오이시는 오오쿠마의 영향력으로 지명됐다고 인식했다. 또 오오쿠마에 대해서는 고종을 폐위하려 한 '조선의 반역자' 김옥균과 절친한 사이라고 평가했다. 프랑댕은 조선 조정은 오이시 임명을 경계했으며, 향후 서울 주재 일본 공사가 위험한 정치적 음모를 시도하리라 우려한다고 인식했다.[100] 프랑댕은 일본이 조선의 반체제 인사를 옹호하는 오이시를 공사로 파견한 것을 인지하고, 일본의 대조선정책이 공세적으로 전환했음을 인식한 것으로 여겨진다.

프랑스 외교관은 오이시가 조선에서 교활한 정책을 추진한다고 언급함으로써 오이시에 대해 부정적 입장을 드러냈다. 프랑댕은 오이시가 추구하는 목표는 서구에 대항하여 동아시아를 연합시키는 것으로서, 오이시는 그 목표를 실현하기 위하여 수차 청국에 접근했다고 인식했다. 프랑댕은 오이시는 원세개가 청·일 제휴에 부정적 반응을 보이자 체일 망명자들을 사주하여 혁명을 고무하려 한다고 인식했다. 프랑댕은 일본인들은 조선의 혁명을 용이한 일로 본다고 평가했다. 프랑

98) 『일안 2』, No.2186. 1893년 1월 25일, 335쪽.
99) 강동진, 『日本近代史』, 한길사. 1985, 147쪽.
100) 『프랑스외무부문서』 6, 〈조선 주재 신임 일본 공사에 오이시 임명〉, 1893년 1월 15일, 18~19쪽.

댕은 청은 그러한 상황을 잘 이용할 것이므로 일본은 자기 꾀에 자기가 넘어가는 꼴이 될 수 있다고 전망했다.[101]

프랑댕은 일본 정부가 조선 내정에 대한 개입을 강화하는 것을 의식했다. 프랑댕은 일본은 잃어버린 영향력을 회복하고자 조선을 혼란 상태로 몰아넣을 기회를 노리고 있다고 파악했다. 프랑댕은 그 증거로서 대원군 저격사건과 동학 사건을 지적했다. 프랑댕은 오이시는 두 사건으로 조선 백성을 선동하는데 실패하자 고종에게 방곡령 협상에 대해 최후통첩을 보냈다고 인식했다.[102] 프랑댕이 언급한 대원군 저격사건은 1892년 6월의 운현궁 폭탄사건을 의미했다. 동학 사건은 1893년 2월 동학교도들이 광화문에서 교조신원과 동학의 인정을 요구하며 시위를 벌인 사건을 의미했다. 동학교도는 시위가 실패로 돌아가자 미국인 학당 문전에 기독교를 배척하는 방문을 게시하며 선교사들에게 귀국을 요구했다.[103]

일본 정부는 1893년 9월 오이시를 경질하고 북경 주재 일본 공사 오오토리 케이스케(大鳥圭介)를 조선 공사로 임명했다. 프랑스 외교관은 일본의 공사 교체에 대해 조선문제에 대해 청과 제휴하려 하는 것으로 해석한 것으로 보여진다. 프랑댕은 조선 관리들은 오이시의 경질에 대해 이홍장이 조·일간의 갈등을 완전 해소하고자 이토에게 제의한 결과로 보고 있다고 파악했다.[104] 프랑스 외교관은 오이시의 경질에 대해 일본이 대조선정책에서 획기적인 변화를 일으켰다는 것과 청과 합의가 있었음을 의미한다고 해석했다. 그리고 조선 주재 일본 공사를

101) 『프랑스외무부문서』 6, 〈신임 서울 주재 일본 공사 오이시 씨에 관하여〉, 1893년 2월 10일, 25~26쪽.

102) 『프랑스외무부문서』 6, 〈방곡령에 대한 일본의 항의〉, 1893년 5월 13일, 65~66쪽.

103) 『미안 1』, No.1071. 1893년 4월 4일, p.718.

104) 『프랑스외무부문서』 6, 〈서울 주재 일본 공사의 귀국〉, 1893년 6월 2일, 77쪽.

본국으로 불러들인 것은 청의 조선에 대한 종주권을 인정한 것으로 규정했다.[105] 프랑스 외교관은 그 같은 정세변동은 영국의 중재가 작용했다고 인식했다. 즉 영국은 러시아의 시베리아 횡단철도 완공을 경계하여 1893년 5월 청·일의 제휴를 중재했으며, 일본은 청의 조선 개입 강화를 묵인했다고 파악했다.[106]

르페브르는 1894년 3월 김옥균이 상해에서 피살되자 서울에 거주하는 일본인들은 청국 정부가 그 사건에 연루되었다고 확신하고 있으므로 청·일의 친밀한 관계에 영향을 미칠 것으로 전망했다. 또 르페브르는 일본 정부가 조선 정부와의 교섭에서 유용하게 사용하던 도구를 잃었다고 평가했다.[107]

4. 맺음말

1장은 프랑스 외교관은 조일수호조규 체결 이후 조일관계에 대해 어떻게 평가했는지를 구명했다. 일본 주재 프랑스 외교관이 조·일간의 관계에서 가장 먼저 관심을 보인 것은 1876년 2월 체결된 조일수호조규였다. 프랑스 외교관들은 조일수호조규를 조일수호통상조약으로 기술했다. 프랑스 외교관은 조일수호조규의 핵심 내용을 3개 항구의 개항, 서울에 일본 공사관 개설, 통상에 대한 추가 협상으로 인식했다. 프랑스 외교관들은 조일수호조규 그리고 조일수호조규 부록과 무역규

105) 『프랑스외무부문서』 6, 〈전 북경 주재 일본 공사 오오토리〉, 1893년 7월 23일, 96쪽.

106) 『프랑스외무부문서』 6, 1893년 9월 6일, 106쪽.

107) 『프랑스외무부문서』 6, 〈김옥균 저격 사건〉, 1894년 4월 10일, 149~150쪽.

칙을 모두 묶어서 조일수호통상조약으로 기술했다. 프랑스 외교관은 일본 정부는 통상 개시, 토지 임대, 거주 자유, 난파선 구조 조항을 조일수호조규에 명문화하여 유럽을 대신해서 조선을 개척하고 있다고 평가했다.

과거 한국사학계는 조일수호조규를 불평등조약으로 규정했다. 그러나 프랑스 외교관은 조일수호통상조약에 대해 일본에게 더 많은 이익을 보게 했지만, 전반적으로 조·일에 모두 평등한 조약으로 평가했다.

일본은 부산, 원산의 개항 이후 조선과의 무역을 확대했다. 그 결과 일본은 조일수호조규가 체결된 1876년부터 미국과의 통상조약이 체결된 1882년까지 조선의 국제 무역을 독점했다. 그 기간 중인 1881년경 프랑스 외교관은 일본 정부의 조선에 대한 기본 입장은 교역을 확대하는 것이라고 분석했다. 프랑스 외교관은 일본이 임오군란을 이용하여 조선 정부로부터 교역 확대 조치를 이끌어 냈다고 평가했다.

조선 정부는 1882년 들어서 미국, 영국, 독일과 통상조약을 교섭했다. 프랑스 외교관은 일본은 조선에서의 독점적 이익을 추구하고자 유럽 국가들의 대조선 무역을 견제하고 있다고 판단했다. 프랑스 외교관은 그 연장선상에서 일본 정부는 미국의 조미수교 중재 요청을 거절했다고 인식했다. 조선 정부는 1882년 5월 미국과 조미수호통상조약을 체결했으며, 1883년 11월에는 영국과 조영수호통상조약, 독일과 조독수호통상조약을 체결했다. 프랑스 외교관은 조영수호통상조약, 조독수호통상조약은 일본이 조선에서 누리던 정치적, 상업적 독점을 박탈하는 결과를 가져올 것으로 판단했다. 프랑스 외교관은 일본은 조미수호통상조약, 조영수호통상조약, 조독수호통상조약에 대응하여 1883년 7월 통상장정을 체결했다고 인식했다. 프랑스 외교관은 일본 정부는 조선에서의 경제적 이익을 확고히 하고자 조선에 대한 정치적 접근을 시도하고 있으며, 그 같은 입장에서 조선의 독립을 지지한다는 제스처를 취한다고 평가했다.

프랑스 외교관은 제3차 수신사 조병호 역시 1차 수신사와 같이 청 대표를 제외한 다른 외국 대표와의 교류를 기피한다고 인식했다. 프랑스 외교관은 조선은 일본 국왕을 천황이라고 지칭하기를 기피했고, 청과만 접촉하는 등 일본과의 외교에 소극적인 자세를 보였다고 평가했다. 프랑스 외교관은 조선은 기본적으로 일본과의 통상 확대를 원하지 않았으며, 일본을 크게 경계하고 있다고 평가했다.

2장은 프랑스 외교관은 주일 공사 파견 후 조일관계에 대해 어떻게 평가했는지를 구명했다. 조선 정부는 1887년 9월 해외에 공사관을 설치했다. 플랑시는 주일 공사관은 하급 관리가 운영하고 있다는 사실에 주목하고, 향후 주일 공사 파견이 불투명하다고 예측했다. 플랑시는 일본 정부의 기대와는 달리 주일 공사 파견에 대해 중요성을 부여하지 않았다.

조선 정부는 주일 공사관을 설치했음에도 불구하고 일본에 대해 적극적인 정책을 펴지는 않았다. 플랑시는 조선 정부는 1885년 부설한 서울과 북경간의 전신선이 청의 감독을 받고 영토의 유린을 받는데 불만을 가졌다고 인식했다. 그러므로 조선은 청에 대한 선례를 반복하지 않고자 일본의 제의를 거부하고 전신선의 독자 부설을 택했다고 평가했다.

이후 조선 정부는 일본을 활용하여 근대화를 추진하고자 일본에 대해 적극적으로 접근했다. 프랑스 외교관은 일본 정부는 조선 정부에 자국의 이익을 도모할 인물을 부식시키려 한다고 인식했다. 프랑스 외교관은 일본은 조선에 대한 영향력을 강화하고자 고종의 고문에 르장드르 같이 친일 성향의 외국인을 고빙시키고자 노력하고 있다고 분석했다. 고종은 르장드르를 고빙한 뒤 르장드르에게 1890년 일본과 해관세 수입을 담보로 차관을 교섭하게 했다. 프랑스 외교관은 청의 강한 견제로 조선과 일본의 차관 교섭이 결렬됐다고 인식했다.

프랑스 외교관 로셰는 고종은 사족, 장교, 관리의 자제들에게 일본어를 배우도록 일어학교를 개설했지만, 사족들의 기피로 성과가 없을 것이라고 예측했다. 프랑스는 조선은 일본의 지원을 받아 화폐 주조를 추진하고 있다고 인식했다. 프랑스 외교관은 전환국의 화폐 발행은 일본의 조선에 대한 영향력을 크게 강화시켰다고 평가했다. 그러나 프랑스 외교관은 조선은 일본을 매개로 화폐를 발행하려 했지만 청의 견제로 무산됐다고 인식했다.

조선 정부는 1889년 10월 기근을 사유로 일본에 함경도 지방의 방곡령 실시를 통보했고, 일본은 조선 정부에 이의를 제기하며 배상을 요구했다. 그 결과 방곡령 배상 문제는 조·일간의 최대 현안으로 부상했다. 프랑스 외교관이 방곡령 논란에 대해 본격적으로 주목한 것은 1891년 12월경이었다. 프랑스 외교관 프랑댕은 조선 정부는 일본이 요구한 배상액에 대해 부당한 거액이라 보고 논의를 거부한다고 이해했다. 프랑스 외교관 로셰는 고종은 일본과 가까이 하려 하기 때문에 만족할 해결책이 나올 것으로 전망했다. 프랑스 외교관은 일본 정부가 조선 정부에 대해 단호하게 방곡령 배상 요구를 밀어붙이고 있다고 인식했다. 프랑댕은 협상을 타결에 이르게 한 주인공은 이토 히로부미와 이홍장이라고 지목했다. 프랑댕은 방곡령 담판 과정에서 청의 동향을 주시했으며, 그 결과 조선은 대일정책에서 청의 조언을 수용하고 있다고 분석했다.

1891년 조·일간에는 방곡령 배상과 어업 개정문제가 동시에 주요 현안으로 부상했다. 조·일은 1889년 11월 조일통어장정을 체결했다. 일본 어민들은 제주도에 들어와서 어로활동을 개시했고, 제주민은 일본 어민들을 축출하고자 시도했다. 로셰는 일본은 제주도민에게 독립 쟁취의 지원을 약속하며 봉기를 사주하고 있다고 판단했다. 프랑스 외교관 플랑시는 조일수호조규에 대해서는 조·일간의 호혜조약으로 보았지만 조일통어장정은 조선에 불리한 조약으로 판단했다. 플랑시는 조선 정부 역시 조일통어장정을 조선에 불리한 조약으로 인식하고 있다고 분석했다. 고종은 1891년 9월 르장드르를 변무사로 일본에 파견하여 조일통상장정 및 조일통어장정의 개정을 논의하게 했다. 르장드르는 전권을 부여하는 국왕의 친서를 휴대하고 도일했다. 르장드르의 안은 남부 지방에 일본인들의 거류지를 대폭 늘려 일본에 크게 유리한 것이었다. 프랑댕은 르장드르의 안은 일본에 유리한 것이었음에도 불구하고 긍정적으로 평가했다. 프랑댕은 조일어로협상은 외교에 무지한 조선 고관들의 반대로 장애를 맞고 있다고 평가했다. 프랑댕은 르장드르가 일본에 부산 절영도를 넘겨주려 했다는 사실을 인지하지 못했기 때문에 르장드르의 안을 긍정적으로 평가했다. 프랑댕은 르장드르가 1893년 1월 서울로 귀환하자 어로 협상이 실패했다고 규정했다.

프랑스 외교관은 1893년에 접어들자 일본이 조선 침략정책으로 선회하고 있다고 인식했다. 먼저 프랑스는 일본이 절영도를 조차하려는 시도를 예의 주시했다. 프랑스는 부산을 일본의 대조선 침략 교두보로 인식했다. 프랑스는 원산, 부산 거류인 중 일본인이 압도적 다수인데 비해 청인은 소수라며 한반도에 일본인이 급증하고 있는 상황을 주시했다. 르장드르는 일본에서 귀국한 뒤 고종에게 일본이 원하는 바대로 절영도 일부를 더하여 부산의 일본 조계를 확장할 것을 건의했다. 프랑댕은 일본은 조선을 침략할 때 전략적 요충지를 확보하고자 절영도를 조차하려 한다고 지적하며, 르장드르의 계획에 대해 중대한 실책이라고 평가했다. 프랑댕은 일본이 조선을 침략할 가능성을 예측한 것을 보여준다.

일본의 총리대신 야마가타는 1890년 조선을 '이익선'으로 규정하여 조선 진출의 필요성을 천명했다. 프랑스 외교관은 일본 정부는 조선에서의 경제적 이익을 확고히 하고자 수완 있는 자국 인물을 파견하고자 한다고 판단했다. 플랑시는 일본이 가지야마를 조선 공사로 지명한 것은 조선에 지대한 관심을 가지고 있다는 증거라고 평가했다. 이 시기 프랑스 외교관은 일본의 대조선정책의 변화를 인지했다. 로셰는 일본은 청의 조선 개입을 좌시하지 않고, 점진적인 방식으로 조선을 장악하려 한다고 평가했다. 프랑스 외교관은 고종이 일본에 체류하고 있는 망명자를 매우 경계하고 있음을 인지했다. 프랑스 외교관은 일본 정부가 망명자와 친분 있는 인물을 조선 공사로 임명한 것을 주시했다. 프랑댕은 일본이 조선의 반체제인사를 옹호하는 오이시를 공사로 파견한 것을 인지하고, 일본의 조선정책이 공세적으로 전환했음을 인식했다. 프랑댕은 오이시는 원세개가 청·일 제휴에 부정적 반응을 보이자 체일 망명자들을 사주하여 혁명을 고무하려 한다고 인식했다. 프랑스 외교관은 일본은 잃어버린 영향력을 회복하고자 조선을 혼란 상태로 몰아넣을 기회를 노리고 있다고 파악했다. 그는 그 증거로서 대원군 저격사건과 동학 사건을 예시했다.

프랑스 외교관은 오이시의 경질에 대해 일본이 대조선정책에서 획기적인 변화를 일으켰다는 것과 청과 합의가 있었음을 의미한다고 해석했다. 그리고 조선 주재 일본 공사를 본국으로 불러들인 것은 청의 조선에 대한 종주권을 인정한 것으로 규정했다. 프랑스 외교관은 그 같은 정세변동은 영국의 중재가 작용했다고 인식했다. 프랑스 외교관은 1894년 3월 김옥균이 상해에서 피살되자 청·일의 친밀한 관계에 영향을 미칠 것으로 전망했다.

2장
청일전쟁 이후 시기 프랑스의 조일관계 인식

1. 머리말

조 · 일관계는 청일전쟁을 계기로 본질적인 변화를 겪게 되었다. 일본 정부는 동학농민전쟁의 진압을 구실로 1894년 6월 조선에 군대를 파견했으며, 8월 조선을 실질적인 보호국으로 편입할 것을 결의했다. 그러나 일본은 1895년 5월 러시아가 주도한 삼국간섭에 굴복했다. 조선 왕실은 삼국간섭이 성공하자 친러정책을 전개하며 일본을 견제했다. 그에 맞서 일본은 10월 을미사변을 도발하여 친일 내각을 수립시켰다. 이후 고종은 1896년 2월 아관파천을 단행하여 친일 내각을 와해시켰다. 조 · 일관계는 아관파천을 계기로 새로운 국면을 맞이했으며, 그 과정에서 고종은 1897년 2월 환궁을 단행했다.

이 시기 조 · 일은 미국, 영국, 프랑스, 러시아, 독일 등 구미 국가들과 수교한 상태였다. 구미 국가들은 각자의 이해관계를 가지고 조 · 일관계를 주시했다. 본 연구 대상 시기인 1894년 6월 청 · 일 파병부터 1897년 2월 환궁 때까지 조 · 일의 주요 현안은 조선 주둔 일본군, 갑오개혁, 을미사변, 아관파천 등이었다. 구미 국가들은 상기의 현안들에 대해 지대한 관심을 보였다.

기존의 연구들은 대체로 조선 혹은 일본의 입장에서 조·일관계를 분석했다. 그러나 개항기 조·일관계를 심층적으로 이해하기 위해서는 제3국의 시각에서 접근할 필요가 있다고 보여진다. 그러므로 구미 각국이 조·일관계를 어떤 시각으로 보았는지를 분석하는 것은 매우 중요한 과제라 할 수 있다.

기존 조선 주둔 일본군의 활동에 대한 연구는 경복궁 점령,[1] 동학농민군 진압에 초점을 맞추었다.[2] 또 기존 연구는 대부분 청일전쟁 시기 일본군의 활동에 초점을 맞추었다. 그러나 조선 주둔 일본군은 청일전쟁 이후에도 한반도에서 군사 활동을 전개했다. 따라서 청일전쟁 이후 조선 주둔 일본군의 동향에 대한 분석이 필요한 실정이다. 나아가 외국 대표들은 조선 주둔 일본군의 동향에 대해 어떻게 인식했는지를 검토할 필요가 있다.

갑오개혁에 대해서는 일본 공사 오오토리가 주도한 타율적 개혁이었다는 시각,[3] 조선의 개화파가 주도했다고 보아 자율성을 강조하는 시각이 있다.[4] 갑오개혁은 크게 네 시기로 구분된다.[5] 1기(1894.7~1894.12)는 군국기무처 개혁기, 2기(1894.12~1895.6)는 이노우에 간섭기, 3기(1895.6~1895.10)는 고종 친정 강화기, 4기(1895.10~1896.1)는 을미사변

1) 박종근, 『청일전쟁과 조선』, 일조각, 1989; 김경록, 「청일전쟁기 일본군의 경복궁 침략에 관한 군사사적 검토」, 『군사』 93, 2014; 조재곤, 「1894년 일본군의 조선왕궁 점령에 대한 재검토」, 『서울과 역사』 94, 2016; 中塚明, 『日清戰爭の硏究』, 靑木書店, 1968.

2) 강효숙, 「제2차 동학농민전쟁시기 일본군의 동학농민군 진압」, 한국민족운동사연구 52, 2007; 강효숙, 「동학농민전쟁과 일본군」, 『역사연구』 27, 2014.

3) 田保橋潔, 「近代 朝鮮に於ける政治的 改革」, 『近代朝鮮史硏究』, 1944.

4) 유영익, 『甲午更張硏究』, 일조각, 1990.

5) 갑오개혁의 시기 구분에 대해서는 왕현종, 『한국 근대 국가의 형성과 갑오개혁』, 역사비평사, 2003의 25쪽의 각주 29 참조.

이후 개혁기이다. 외국 대표들은 갑오개혁의 타율성과 자율성에 대해 어떻게 인식했는지, 또 각 시기의 개혁에 대해 어떤 평가를 내렸는지를 검토할 필요가 있다.

을미사변에 대해서는 이토 주도설,[6] 이노우에 주도설,[7] 무츠 주도설,[8] 미우라 주도설이[9] 제기됐다. 외국 대표들은 이 중에서 어느 인물을 을미사변의 주도자로 규정했는지, 또 대원군의 개입에 대해서는 어떻게 인식했는지를 검토할 필요가 있다. 아관파천에 대해서는 베베르가 주도했다는 주장과[10] 스페에르가 주도했다는 주장이 제기됐다.[11] 외국 대표들은 아관파천의 주도자에 대해 어떻게 인식했는지, 또 아관파천 이후 조·일관계에 대해 어떻게 인식했는지를 검토할 필요가 있다.

프랑스는 조·일관계에 대해 지대한 관심을 보였다. 프랑스 외교관들은 일본은 조선에 대해 어떤 이해관계를 가지고 접근했고, 조선은 일본에 대해 어떻게 대응했는지를 주시했다. 그 과정에서 프랑스 외교관들은 조선 주둔 일본군, 갑오개혁, 을미사변, 아관파천 등 조·일 현안에 주목했다. 이 시기 프랑스는 조선에 대해 불개입정책을 추구했다.[12] 그러므로 프랑스 외교관들은 조선 문제에 대해 개입자보다는 관찰자의 입장을 견지했다. 따라서 프랑스 외교관의 시각은 보다 객관적으로 이 시기 조·일관계를 이해시키게 해줄 것이라고 여겨진다.

---

6) 강창일, 「三浦梧樓 公使와 민비시해사건」, 『명성황후 시해사건』, 민음사, 1992.
7) 이민원, 「민비시해의 배경과 구도」, 『명성황후 시해사건』, 민음사, 1992.
8) 김영수, 「을미사변, 그 하루의 기록」, 『이화사학연구』 39, 2009.
9) 박종근, 앞의 책.
10) 김종헌, 「을미사변 이후 아관파천까지 베베르의 활동」, 『사림』 35, 2010.
11) 김영수, 「아관파천, 1896: 서울, 도쿄, 모스크바」, 『사림』 35, 2010.
12) 장 끌로드 알랭, 「아관파천기의 프랑스」, 『한국정치외교사논총』 18, 1998.

본 연구는 1894년 6월 일본의 파병부터 1897년 2월 환궁 때까지 조선 주재 프랑스 외교관의 조·일관계 인식을 분석하고자 한다. 본 연구는 먼저 프랑스 외교관은 조선 주둔 일본군을 어떤 시각으로 보았는지를 분석하고자 한다. 구체적으로 청일전쟁 발발 이후 일본군 동향 인식과 청일전쟁 종전 이후 일본군 동향 인식으로 구분하여 분석하고자 한다. 다음으로 프랑스 외교관은 갑오개혁을 어떻게 평가했는지를 분석하고자 한다. 구체적으로 일본의 갑오개혁 개입 인식과 조선의 갑오개혁 반응 인식으로 구분하여 분석하고자 한다. 그 다음으로 프랑스 외교관은 을미사변을 어떻게 평가했는지를 분석하고자 한다. 구체적으로 을미사변 주도세력 인식, 대원군의 을미사변 개입 인식, 일본의 동향 인식으로 구분하여 분석하고자 한다. 끝으로 프랑스 외교관은 아관파천을 어떤 시각으로 보았는지를 분석하고자 한다. 구체적으로 아관파천 주도세력 인식, 조선의 일본 대응 인식, 일본의 조선 대응 인식으로 구분하여 분석하고자 한다.

2. 조선 주둔 일본군 인식

1) 청일전쟁 발발 이후 일본군 동향 인식

동학농민군은 1894년 5월 31일 전주성을 함락했다. 일본 정부는 동학농민군의 공격으로부터 자국인을 보호한다는 명목으로 조선에 군대를 파견했다. 일본군은 6월 9일 인천에 상륙한 뒤 6월 10일에는 서울로 진입했다. 조선 정부는 6월 11일 동학농민군과 전주화약을 체결하자 일본군의 철수를 요구했다. 그러나 조선 주재 일본 공사 오오토리(大鳥

圭介)는 조선 정부에 대해 조선의 개혁이 완수될 때까지 철군하지 않을 것이라고 회답했다. 프랑스 외교관은 조선 주둔 일본군에 대해 어떻게 인식했는지를 살펴보기로 한다.

조선 주재 프랑스 대리공사 르페브르(G. Lefevre)는 6월 6일 페리에(C. Perier) 프랑스 외무부 장관에게 "반군은 전라도 전역과 강원도, 경상도, 충청도의 대부분을 지배하고 있습니다. 며칠 전에는 전라도의 도읍인 전주가 저항도 못해보고 반군의 수중으로 떨어졌습니다. 겁에 질린 조선 국왕은 조선의 미래에 가장 심각한 결과를 야기할 수 있는 결정을 내렸습니다. 국왕은 반군을 진압하고자 청에 파병을 요청했으며, 청 파병은 일본을 자극하여 일본이 조선의 안전을 위협하는 조치를 취할까 우려됩니다."고 보고했다.[13] 르페브르는 전라도 전역과 강원도, 경상도, 충청도에서 반란이 일어났다고 인식했다. 르페브르는 고종이 전주가 함락되자 청에 파병을 요청했다고 인식했고, 청의 파병은 일본의 파병을 야기할 것을 우려한 것을 보여준다.

이후 조선 정부는 르페브르에게 동학농민군의 소요가 종료되었음을 통보했다. 그 무렵 일본군이 일본 공사관 보호 명목으로 서울에 도착했다. 르페브르는 조선은 모든 것이 평온하므로 일본군의 주둔이 불필요하다고 판단했다.[14] 르페브르는 "청의 파병은 일본의 파병 구실을 제공했습니다. 현재 5,000명의 일본군이 조선 영토를 점령하고 있습니다. 일본군은 제물포에 3,000명, 서울의 일본인 거주지에 1,000명이 주둔하고 있습니다. 나머지는 제물포에서 서울로 연결되는 도로를 통제하고 있습니다. 일본군 도착은 서울에 거주하는 조선인들에게 흥분을

---

13) 『프랑스외무부문서』 6, 〈남부 지방 소요 진압을 위한 청국군 지원 요청〉, 1894년 6월 6일, 157쪽.

14) 『프랑스외무부문서』 6, 〈소요 종료와 일본군의 도착〉, 1894년 6월 13일, 159쪽.

야기했습니다. 일부 부유층은 도시를 떠났습니다."라고 보고했다.[15] 르페브르는 일본군이 도착한 직후인 6월 13일 오오토리에게 소요가 진정된 마당에 왜 일본이 대규모 군대를 조선에 파견했는지를 문의했다. 오오토리는 일본의 파병은 일본 교민을 보호하는 목적이라고 응대했다. 르페브르는 며칠 뒤 일본군이 10,000명을 넘자 일본 교민을 보호하고자 이렇게 많은 병력을 파견하는 것이 필요한지를 문의했다. 오오토리는 청이 파병하면서 조선을 속국이라고 언급했기 때문에, 일본은 조선이 독립국임을 인정하는 협상을 벌이고자 서울에 군대를 보낸 것이라고 응대했다.[16] 르페브르는 일본의 파병이 조선인들에게 충격을 안겨주었다고 판단했다. 르페브르는 전주화약으로 동학농민군이 해산됐고, 그 결과 조선은 평화를 회복했다고 판단했다. 그 때문에 르페브르는 일본이 대규모 군대를 조선에 파견한 것이 불필요하다고 보고 일본에 이의를 제기한 것을 보여준다.

고종은 청일군의 철군에 대해 유럽 대표에게 중재를 요청했다.[17] 프랑스 공사관은 외교사절단과 공동으로 중재에 착수했다. 프랑스 대표는 미 · 영 · 러 대표와 연합하여 청 · 일 대표에게 일본군과 청국군의 동시 철수를 제의했다.[18] 이후 일본군은 7월 23일 경복궁을 점령했다. 오오토리는 외국 대표들에게 궁궐 점령은 오해에서 비롯되었다고 해명했다. 그러나 르페브르는 경복궁 점령에 대해 일본의 치밀한 계획에 의한 사건으로 인식했다.[19] 르페브르는 본국 정부에 "오오토리는 7월

15) 『프랑스외무부문서』 6, 〈청군과 일본군의 도착〉, 1894년 6월 20일, 160~161쪽.

16) 『프랑스외무부문서』 6, 〈일본 공사가 조선 정부에 내정 개혁 요구〉, 1894년 7월 17일, 172쪽.

17) 『프랑스외무부문서』 6, 1894년 7월 3일, 165쪽.

18) 『프랑스외무부문서』 6, 〈국왕이 일본군과 청국군의 철수를 위하여 열강 대표들에게 알선을 요청〉, 1894년 7월 3일, 165쪽.

20일 통리교섭통상사무아문 독판 조병직(趙秉稷)에게 조선 정부와 청이 체결한 모든 협정을 파기할 것을 요구했습니다. 조선 국왕은 처음에는 오오토리의 요구를 강력히 거부했습니다. 오오토리는 일본군이 궁궐을 점령하자 한층 가혹한 조치를 취하겠다고 경고했습니다. 조선 국왕은 통리교섭통상사무아문 독판에게 청 대표 앞으로 공문을 보내도록 지시했습니다."라고 보고했다.[20] 이상을 통해 르페브르는 경복궁 점령을 일본의 치밀한 계획에 의한 사건으로 인식했다. 르페브르는 오오토리가 경복궁 점령 이후 조·청 협정의 파기를 요구하는 등 강경한 태도를 보였다고 인식했다.

2) 청일전쟁 종전 이후 일본군 동향 인식

일본 정부는 청일전쟁이 종결된 뒤에도 완전히 철군하지 않았으며 주둔군 일부를 조선에 잔류시켰다. 이에 대해 러시아는 일본 수비대가 조선의 주인으로 행세하며 자국 장교의 측량 활동을 방해한다고 경계했다.[21]

르페브르는 일본군의 동향을 예의 주시했다. 르페브르는 본국 정부에 "1896년 1월 현재 조선에 주둔중인 일본군은 수비대 8개 중대입니다. 일본 정부는 조선 정부가 4개 중대로 축소시킬 것을 요구하자 이를 수용하여 4개 중대로 주둔군을 축소시켰습니다. 그 뒤 일본은 후비병을 상비병으로 교체하였으며, 헌병으로 하여금 경부전신선을 경비

---

19) 『프랑스외무부문서』 6, 〈일본군의 경복궁 점령〉, 1894년 7월 28일, 178~179쪽.

20) 『프랑스외무부문서』 6, 〈조선 정부가 일본의 요구로 청과의 모든 협정 파기〉, 1894년 8월 25일, 194쪽.

21) 『러시아문서 번역집』 I, 1895년 12월 27일, 35쪽.

하게 했습니다."라고 보고했다.[22] 르페브르는 일본은 청일전쟁이 끝났는데도 자국 군대를 조선에 주둔시키고 있다고 파악했다. 아울러 일본은 후비병을 상비병으로 교체하는 등 병력을 강화하고 있다고 판단했다.

르페브르는 1896년 2월 아관파천 발발 직후 일본군의 동향을 주시했다. 르페브르는 "일본은 서울에서 부산까지 연결되어 있는 일본 전신선이 있는 초소들을 강화하고자 300~400명의 군인들을 부산에 상륙시켰습니다. 또 전신선이 훼손된 지역에 수리 차 갔던 일본인 인부들이 조선인들에 의해 피살됐습니다. 일본군 당국은 최근 도착한 지원군의 도움으로 전신선이 지나는 지역의 질서 회복을 완수할 것입니다."라고 보고했다.[23] 르페브르는 일본은 아관파천 직후 조선인이 전신선을 파괴하자 전신선 보호 명목으로 병력을 증파했다고 파악했다.

르페브르는 일본군에 대한 조선 왕실의 대응을 주시했다. 1894년 8월부터 궁궐의 출입문에서 몇 발자국 떨어진 병영에 주둔하던 일본 군인들이 일본인 구역 가까이에 위치한 옛 아문으로 이동했다. 그에 대해 르페브르는 조선 정부가 고종이 일본군 때문에 환궁을 기피한다는 사유를 대며 이동을 요구했기 때문이라고 판단했다.[24] 플랑시는 고종은 환궁 이후 발생할지도 모를 갑작스런 사건으로부터 자신을 보호할 장치가 전혀 마련되지 않았으므로 러시아 공사관을 떠날 의사가 전혀 없어 보인다고 인식했다.[25] 프랑스는 고종이 일본군의 서울 주둔을 크게 경

22) 국사편찬위원회 편, 1995, 『주한 일본 공사관기록』(이하 『일공사기록』으로 약칭) 10, 1896년 1월 28일, 3쪽.

23) 『프랑스외무부문서』 7, 〈봉기자들에 의한 서울 인근 남한산성 점령〉, 1896년 3월 7일, 148쪽.

24) 『프랑스외무부문서』 7, 1896년 3월 21일, 150쪽.

25) 『프랑스외무부문서』 7, 〈국왕의 러시아 공사관 체류와 러일간 조선 문제 협

계하여 러시아 공사관을 떠나지 않으려 한다고 판단한 것을 보여준다.

플랑시는 러시아가 조선 주둔 일본군에 대해 어떻게 대응하는지를 주시했다. 조선 주재 러시아 대리공사 베베르(Karl Ivanovich de Waeber)는 1896년 5월 14일 고무라(小村壽太郎) 일본 공사와 베베르-고무라 각서(Waeber-Komura Memorandum)를 교환했다. 플랑시는 "러시아 공사는 일본인들을 조선에서 몰아낼 수 있으리라고 생각하는 회담을 진행하고 있습니다. 베베르는 일본 정부의 입장에서 조선의 개시장에 정착한 일본인들의 생명과 재산을 보호하고, 서울-부산간 전신선 기능을 정상적으로 유지하는데 필요한 수라고 여겨지는 조선 주둔 일본군의 수를 500여 명 정도로 축소시킨다는 합의를 얻어냈다고 합니다. 서울에 주둔하던 600명의 군사가 300명으로 교체될 것이라고 합니다. 그러나 점령이 더 오래 지속되는 것에 대해 의심할 것은 없습니다. 그러므로 그 합의는 전적으로 만족스럽지 못한 것 같습니다."라고 보고했다.[26] 플랑시는 베베르-고무라 각서에 대해 일본군의 철수를 관철시키지 못했으며, 그 결과 일본의 조선 점령을 정당화시킨 불만족스런 합의라고 평가했다.

한편 프랑스는 베베르-고무라 각서 체결 이후 조선 정부가 일본군에 대해 어떤 태도를 취하는지를 주시했다. 플랑시는 조선 정부는 일본의 경부철도부설권 허여 요구에 대해 철도가 지나가는 노정에 일본군이 주둔할 것을 우려하여 거절했다고 파악했다. 플랑시는 조선 정부는 거주 지역에 철도 노선을 부설하게 된다면 거류 일본인들에 대한 원성이 높은 주민들이 봉기할 것이고, 그 때문에 더 많은 수의 일본군이 상륙

의〉, 1896년 5월 10일, 162쪽.

26) 『프랑스외무부문서』 7, 〈국왕의 러시아 공사관 체류와 러일간 조선 문제 협의〉, 1896년 5월 10일, 162쪽.

할 것을 경계한다고 인식했다.[27] 플랑시는 조선 정부는 일본군의 증파를 우려하여 일본의 경부철도부설권 허여 요구를 거부한다고 인식한 것을 보여준다.

플랑시는 일본군이 전신선 보호를 핑계로 주둔하는 한 소요가 계속되어 조·일간의 불화는 상존할 것이며 소요 사태가 뒤따를 것으로 예측했다. 플랑시는 본국 정부에 "안전문제에 있어 가장 좋은 것은 조선 정부가 전쟁 전에 서울-부산을 연결하고 있던 전신선을 긴급히 복구하고 조선 관리의 운영권을 보장하는 것입니다. 그러면 일본군 당국이 설치한 전신선도 제거될 수 있을 것입니다. 베베르도 그 방안을 제의했으나 고무라는 조선 정부에 여러 보상과 불필요한 장비 구입을 요구하며 그 제의를 거부했습니다. 일본은 하찮은 이유를 들어 조선 위기의 유일한 원인인 일본군의 점령 종식을 연기하고 있습니다. 서울에서 철수한 일본 병사들을 원산으로 이동시킨 것은 일본 정부가 조선 주둔군을 철수할 의사가 없음을 드러냄으로써 심각한 문제를 야기했습니다. 일본군의 행동은 감시하기가 곤란하여 조선인들에게 불안감을 야기합니다. 일본의 거동은 '반쪽짜리 조치'로 일본은 열강과 한 조선 보전약속을 이행하지 않고 있습니다."라고 보고했다.[28]

플랑시는 일본은 전신선 철거를 거부하는 한편 전신선 보호를 구실로 일본군을 주둔시키고 있다고 평가했다. 또 일본은 열강과 한 조선 독립 약속을 이행하지 않고 있다고 인식했다. 플랑시는 일본군의 주둔이 조·일관계를 악화시키고 있다고 인식했다. 그는 일본군이 전신선 보호를 핑계로 주둔하는 한 소요가 계속되어 조·일간의 불화가 계속될 것이라고 예측했다. 플랑시의 예측대로 의병은 서울-부산 전신선을

27) 『프랑스외무부문서』 7, 1896년 8월 9일, 214쪽.
28) 『프랑스외무부문서』 7, 1896년 5월 30일, 167쪽.

경비하는 일본군을 공격했다.[29)]

플랑시는 조·일은 경부철도부설권 허여 문제로 긴장 상태라고 판단했다. 그는 "일본 공사는 경부선 허여 절차를 활발히 추진중입니다. 조선인들은 그를 불허할 결심인 것 같습니다. 일본 정부가 철도 노선과 동일한 노정을 따라 이어지는 전신선에 자국 군대를 유지해야 한다는 필요성을 근거로 조선인들은 그를 정당하게 거부하고 있습니다. 거류 일본인들에 대한 인내심이 한계에 도달한 주민들이 사는 지역에 철도노선을 부설하게 된다면 소요사태가 발생할 것이고, 그로 인해 더 많은 수의 점령군이 필요하게 될 것입니다. 그러나 하라(原敬) 일본 공사는 외교문서 발신수를 늘리며 교섭을 가속화했습니다."라고 보고했다.[30)] 플랑시는 조선은 경부철도는 전신선과 동일하게 일본군의 주둔을 정당화시킬 것이라 보고 경부철도부설권 허여를 강력히 거부한다고 인식했다.

일본은 베베르-고무라각서 체결로 주둔군의 수를 감축해야 했다. 그러나 일본은 러·일간의 협정을 위배하며 주둔군의 수를 늘려 나갔다. 플랑시는 1896년 10월 본국 정부에 개항장 해관원들의 보고에 의거하여 다음과 같이 조선 주재 일본군의 동향을 보고했다.

> 개항장에서는 일본군의 귀국선 승선은 없고, 잦은 일본 부대의 상륙이 관측됐습니다. 일본 상인들이 정착한 지역에 부대가 있었다면 일본 신민의 생명과 재산을 보호할 당위성이 점령 이유가 됐을 것입니다. 그러나 서울 이남 지방을 점령한 부대들은 서울-부산의 전신선 보호를 이유로 대고 있습니다. 이곳에서는 경찰도 일본에서와 똑같이 운영합니다. 사건이 나면 순사가 현장을 조사합니다. 조선은 점령된 국가로

---

29) 『프랑스외무부문서』 7, 1896년 6월 8일, 171쪽.

30) 『프랑스외무부문서』 7, 1896년 8월 9일, 214쪽.

> 취급받습니다. 그것은 러시아 정부의 정보 부재에 기인했습니다. 그 증거는 로바노프-야마가타 의정서에서 드러납니다. 즉 러·일군의 충돌 회피 차 광범위한 완충지대를 사이에 두고 주둔지를 정한다는 조항입니다. 러시아가 서울에 공사관 경비를 위해서 배치한 수비대는 군함에서 상륙한 수병 100여명이 전부입니다. 일본은 수백 명의 군인을 서울의 여러 병영에 분산 배치했습니다. 러시아는 서울 외부 지역에 1명의 군인도 배치하지 않은데 비해, 일본은 항구, 내륙에 여러 부대를 주둔했습니다. 그러므로 영향권을 만든다는 것은 무의미했습니다. 또 러시아는 서울-부산 전신선을 일본이 독점하도록 방치했습니다. 그것은 일본에게는 점령의 핑계입니다. 전신선과 운영사무소는 모두 과거처럼 조선 정부에 이양하면 될 것이었습니다. 베베르는 정치적 예지력이 없습니다. 일본은 러시아 정부의 무반응에 공세를 강화했습니다.[31]

플랑시는 조선 주재 일본군은 조선을 점령당한 국가로 취급하고 있으며, 일본 경찰은 일본에서와 똑같이 활동하고 있다고 판단했다. 그는 조선 주재 일본군이 활동의 폭을 넓힐 수 있었던 것은 러시아가 조선의 상황에 무지하기 때문이라고 단정했다. 그는 로바노프-야마가타 의정서(Lobanov-Yamagata Protocol)의 문제점을 지적하면서, 러시아는 조선 주재 일본군의 배치상황조차도 제대로 파악을 못한다고 인식했다. 또 그는 러시아가 일본이 서울-부산 전신선을 독점하도록 방치한 것도 문제라고 지적했다. 그는 결과적으로 베베르-고무라각서와 로바노프-야마가타 의정서는 한반도에서 일본의 군사우월권을 강화시켰다고 평가했다. 이후 플랑시는 본국 정부에 러시아 정부는 조선 주재 일본군에 대한 정보가 부족하다고 보고했다. 아울러 베베르가 러시아 정부에 전달한 정보와 자신이 수집한 정보 사이에 격차가 있다는 것을 러시아 정부에 통보할 것을 건의했다.[32]

---

31) 『프랑스외무부문서』 7, 〈일본의 대조선정책〉, 1896년 10월 5일, 239~241쪽.
32) 『프랑스외무부문서』 7, 〈조선 내 러시아인들과 일본인들의 상황 보고에 대한

플랑시는 러시아는 1898년 4월 로젠-니시협정(Rosen-Nishi Convention) 체결을 계기로 한국문제에 불간섭원칙을 준수하고 있다고 판단했다. 그리고 일본은 1899년으로 들어서자 러시아를 제치고 막강한 영향력을 행사하고 있다고 파악했다. 구체적으로 그는 일본의 철도 부설, 항구의 영사관 개설, 전국 각지의 우체국 개설 등을 예시했다. 그는 일본은 마산포 사건 등으로 러시아와 첨예하게 대립하자 한반도 주둔 자국군의 철수, 혹은 병력 축소를 전혀 고려하지 않고 있다고 파악했다. 플랑시는 일본은 한반도 점령을 영구화하고자 매년 병력을 교체하고 병영을 보수하고 재건하고 있다고 인식했다.[33] 플랑시는 일본은 로젠-니시협정 이후 한국에 대해 막강한 영향력을 행사하고 있다고 파악했다. 그는 주한 일본군에 대해 궁극적으로 일본의 한국 식민지화의 선봉이라고 규정했다. 일본 주재 프랑스 외교관 아르망(Armant)도 플랑시와 비슷한 견해를 피력했다.

> 열강은 지난 몇 달 동안 청국에서 벌어지고 있는 중대한 사건들에 주목하여 대한제국에서 벌어지고 있는 혼란은 지나쳤다. 그러나 일본은 영토 확장과 정복의 희망이 있는 문제에 항상 촉각을 곤두세운다. 가토 공사는 자국에서 '대한제국은 매일 후퇴하고 있다. 대한제국은 독립국이라 주장하지만 이는 공허한 이야기일 뿐이다. 대한제국은 독립을 유지할 수단이 없다. 재정에는 무질서가 난무하고 행정은 혼란스럽고 절망스럽다. 외교정책은 수수께끼같다. 도적들이 전국에 들끓고 있다. 대한제국은 군함 1척도 보유하고 있지 않으며 군대도 미미하다. 이러한 상황에서 어떻게 대한제국이 스스로를 보호하고 독립국임을 자처할 수 있다는 말인가.'라고 주장했다. 그 발언은 언론과 대중에게 한반도의 미래에 대한 불안을 야기했다. 항구마다 많은 일본인이 체류하고 있고 한, 일은 지리적으로 가까울 뿐만 아니라 일본은 오래전부

외무부 수령 확인〉, 1896년 12월 19일, 273쪽.

33) 『프랑스외무부문서』 9, 1899년 9월 9일, 27쪽.

> 터 야망을 버리지 않았기 때문에 한반도는 일본의 특별하고도 큰 이익이 있는 곳이라는 점에는 이견이 없다. 일본 언론은 대한제국을 영향권으로 완전히 편입시키자고 주장한다. 일본 정부가 서울과 제물포에 거주하고 있는 자국민을 소요로부터 보호하는데 부심하는 것은 정당하다. 그러나 몇 년 전 대한제국 내정에 섣불리 간섭했던 것이 현재 위기를 불러온 최초의 원인 가운데 하나다, 게다가 일본은 러시아의 동의 없이는 대한제국에서 병력을 증강시키지 않기로 약속했다. 그러나 한국인들의 공격이 계속되면 일본 정부는 일본 국민들을 보호하고자 병력 증원을 선택할 가능성이 높다.[34)]

아르망은 가토 공사는 사실상 한국의 독립을 부정하고 있고, 일본 언론도 한국을 일본의 영향권으로 편입시키자고 선동하는 상황에서 일본 정부는 한국에서 혼란이 있을 경우 군대를 파견할 것이라고 전망했다. 즉, 프랑스 외교관은 주한 일본군의 증강은 한국의 식민지화를 가속화시킬 것으로 본 것을 의미한다.

3. 갑오개혁 인식

1) 일본의 갑오개혁 개입 인식

조선 정부는 1894년 6월 오오토리 일본 공사에게 동학교도의 반란이 진압되었다고 통보하며 철군을 요청했다.[35)] 그러나 오오토리는 조선

---

34) 『프랑스외무부문서』 8, 〈대한제국에서 일본인 보호〉, 1898년 12월 29일, 232~233쪽.

35) 이 시기 조선 주재 일본 공사로 재직한 인물과 재직 시기는 다음과 같다. 오오토리 케이스케(大鳥圭介): 1893년 9월~1894년 10월. 이노우에 가오루(井上馨): 1894년 10월~1895년 9월. 미우라 고로(三浦梧樓): 1895년 9월~1895년 10월. 고무라 주타로(小

의 개혁이 완수될 때까지 철군하지 않을 것을 통보하는 한편 내정 개혁을 요구했다. 프랑스는 일본의 갑오개혁 개입에 대해 어떻게 인식했는지를 살펴보고자 한다.

조선 정부는 1894년 6월 세 명의 고관으로 이루어진 교정청을 설치했고, 이후 17인으로 이루어진 군국기무처를 설치했다. 르페브르는 오오토리가 조선에 대해 일본의 지원 하에 행정 개혁을 단행할 것, 조선의 고관들로 구성된 위원회가 일본 공사관과 협의하여 개혁안을 작성할 것을 요구했다는 사실을 인지했다.[36] 이후 르페브르는 "오오토리의 요구로 교정청이 조직됐습니다. 교정청은 일본 공사관에서 수차 회동하여 오오토리의 제의를 검토하고 그에 대해 논의했으나 아무 결정도 내리지 못했습니다. 오오토리는 일본군이 궁궐을 점령한 뒤 새로운 개혁위원회, 즉 군국기무처를 구성할 것을 요청했습니다."라고 보고했다.[37] 르페브르는 교정청은 오오토리의 요구로 창설됐다고 인식했고, 군국기무처는 경복궁 점령 이후 오오토리의 요구로 설치됐다고 판단했다. 르페브르는 개혁 추진 기구인 교정청과 군국기무처 모두 일본의 요구로 설립됐다고 인식한 것을 보여준다.

이후 르페브르는 일본 공사가 오오토리에서 이노우에(井上馨)로 교체된 것을 주시했다. 일본 공사관 직원들은 르페브르에게 연로한 오오토리가 최근 발생한 사건에 지쳐 사표를 낸 것이라고 설명했다. 그러나 르페브르는 그것이 진정한 교체 이유는 아니라고 판단했다. 르페브르는 오오토리가 고종에 대해 강경하고 권위적인 행동 노선을 취한 것

村壽太郎): 1895년 10월~1896년 5월. 하라 다카시(原敬): 1896년 7월~1897년 2월.

36) 『프랑스외무부문서』 6, 〈일본 공사가 조선 정부에 내정 개혁 요구〉, 1894년 7월 17일, 172쪽.

37) 『프랑스외무부문서』 6, 〈조선 정부의 개혁〉, 1894년 11월 20일, 229~231쪽.

이 조선인들의 감정을 크게 상하게 해서 조선인들이 일본을 싫어하게 된 것을 교체 이유로 인식했다. 즉 조선에 대해 좀 더 우호적인 정책을 취하려는 일본 정부가 고종에게 아픈 기억을 상기시킬 외교관을 교체한 것이라 해석했다.[38] 르페브르는 오오토리가 퇴출된 것은 고종에 대한 강경한 태도로 일관하여 조선인들의 반일 감정을 자극했기 때문이라고 판단했다. 이후 르페브르는 오오토리와 이노우에의 조선정책의 차이에 대해, 오오토리가 군국기무처를 설치하여 고종의 권력을 박탈한 반면, 이노우에는 군국기무처를 폐지하고 고종의 권위를 회복시켰다고 평가했다.[39]

그러나 르페브르는 점차 일본의 조선정책이 강경해지고 있다고 인식했다. 그것은 일본 정부가 조선에 공여한 차관에 대한 평가에서 잘 드러났다. 르페브르는 "조선의 탁지부대신과 일본은행 대표가 300만불의 차관계약을 체결했습니다. 모두들 이 금융 거래는 조선에 참담한 결과를 가져오리라 예상하고 있습니다. 항시 그랬듯이 조선 정부는 빌린 돈을 불필요한 부분에 지출하여 낭비할 것이 명확하고, 차관 상환 시기가 다가오면 조선 정부는 약속을 지킬 수 없을 것입니다. 일본은 이 기회를 이용하여 담보에 해당하는 소득, 즉 조선 정부의 모든 소득을 손에 넣고 주무르거나 일본 회사들에게 광산 채굴권 허여, 여타 무역 이익을 줄 것을 요구할 것입니다. 일본 영사관 직원에 의하면 일본은행은 이번 계약에서 중간자 역할을 했을 뿐이며 실질적 채권자는 일본 정부라고 언급했습니다."라고 보고했다.[40] 르페브르는 일본 정부가

38) 『프랑스외무부문서』 6, 〈신임 일본 대표의 서울 도착〉, 1894년 11월 4일, 227~228쪽.
39) 『프랑스외무부문서』 7, 〈일본 공사의 조선 내정 개입〉, 1895년 1월 20일, 6~9쪽.
40) 『프랑스외무부문서』 7, 〈조선이 일본은행과 차관 삼백만원 도입 계약 체결〉, 1895년 4월 27일, 37쪽.

차관 공여를 통해 조선을 지배하려 한다고 인식했다. 르페브르는 일본 차관은 조선에 도움이 되기는커녕 조선에 나쁜 영향을 주리라 예측했다.

르페브르는 일본은 정치적으로 조선 내정에 대한 간섭을 강화하고 있다고 인식했다.[41] 르페브르는 일본인 고문의 고빙도 조선이 아니라 일본의 강요에 의한 것이라고 판단했다. 르페브르는 1월 하순부터 일본인 고문 4~5명이 서울로 왔고, 그 이후로 또 여러 명이 와서 현재 여러 부처에 고용되어 있는 고문만도 11명이 족히 될 것이라고 파악했다.[42] 르페브르는 일본이 차관 제공과 함께 자국인을 대거 조선 정부의 고문으로 파견하여 조선을 장악하려 한다고 판단했다.

이노우에는 1895년 9월 휴가차 일본을 다녀왔다. 르페브르는 이노우에가 일본을 다녀온 뒤 조선 정부에 대한 행동 노선을 급격하게 변화시켰다고 인식했다. 르페브르는 이노우에의 정책 변경의 사례로서 고종에게 일본군이 축출했던 민씨척족의 리더 민영준의 귀국을 요청한 것을 예시했다.[43] 르페브르는 이노우에가 조선의 내정에는 간섭하지 않고 고종과 대신들이 마음대로 나라를 다스리도록 내버려두고 있다고 분석했다. 이후 르페브르는 9월 일본 공사가 이노우에에서 군 출신 미우라(三浦梧樓)로 교체된 것에 주목했다. 르페브르는 미우라는 고종에게 호의적인 태도를 보이고 있으며, 조선의 내정에 전혀 간섭하지 않고 있다고 파악했다. 르페브르는 그 같은 미우라의 거동에 대해 일본이 조선 정부의 후견인 노릇을 잠시나마 포기하고, 조선 국민이 일본에 대해 우호적인 태도를 갖도록 하려는 의도라고 평가했다.[44] 르페

---

41) 『프랑스외무부문서』 7, 〈일본의 조선 내정 간섭 심화 보고〉, 1895년 5월 9일, 40쪽.

42) 『프랑스외무부문서』 7, 〈조선 정부 내 일본인 고문 임용〉, 1895년 5월 23일, 42쪽.

43) 『프랑스외무부문서』 7, 1895년 9월 26일, 54~55쪽.

44) 『프랑스외무부문서』 7, 〈조선 주재 일본 공사 이노우에의 귀국과 신임 대표 미

브르는 이노우에와 미우라 모두 조선의 내정에는 불간섭주의를 실천했다고 평가했다.

한편 르페브르는 러시아의 대일정책에 대해서도 주목했다. 르페브르는 베베르가 교체되고 스페에르(Alexei de Speyer)가 임명되자 러시아 정부가 일본에 맞서 조선에 대해 더 적극적인 태도를 보이겠다는 결심을 보인 것이라고 인식했다. 르페브르는 베베르는 친일 성향이 뚜렷하여 일본의 영향력을 적극적으로 공략하는 노력을 거의 보이지 않았다고 평가했다.[45] 르페브르는 러시아 정부가 베베르를 퇴진시키고 스페에르를 조선 공사로 임명한 것에 대해 의미를 부여했다. 르페브르는 러시아가 조선 정책을 수정하여 일본을 강력히 견제하려 한다고 평가했다.

2) 조선의 갑오개혁 반응 인식

프랑스는 조선인들의 갑오개혁에 대한 반응에 대해 어떻게 인식했는지를 살펴보고자 한다. 르페브르는 오오토리의 개혁 요구에 대한 조선 정부의 반응을 주시했다. 르페브르는 통리교섭통상사무아문 독판이 오오토리에게 "조선인들은 일본이 강요하는 개혁을 거부할 것입니다. 새로운 조직을 운영하는데 일본인들에게만 지원을 요청하는 것은 수용할 수 없습니다. 다른 열강들에게 모욕이 되기 때문입니다."라고 통보한 것을 인지했다. 르페브르는 조선 정부는 일본의 개혁 권고를 허용하기는 했지만 일본인 고문을 임명하는 건에 대해서는 수용하지

우라의 착임〉, 1895년 9월 18일, 53쪽.

45) 『프랑스외무부문서』 7, 〈조선 주재 러시아 공사 베베르의 전임과 신임 대표 드 스페이어의 임명 소식〉, 1895년 10월 1일, 56~57쪽.

않은 것 같다고 인식했다.[46] 르페브르는 조선 정부는 일본의 개입 없이 자주적으로 개혁을 원한다고 파악한 것을 보여준다.

르페브르는 1894년 7월 공표된 정부 개편 관제, 1894년 11월의 군기처 의안에 주목했다. 그에 대해 르페브르는 군국기무처는 많은 개혁안을 공표했으나 대부분은 실행되지 않고 있다고 인식했다. 그는 개혁이 지지부진한 이유에 대해서는 국민적 신망이 높은 대원군의 불참, 지방의 소요, 개혁에 적대적인 민심, 재정 부족을 들었다.[47] 르페브르는 군국기무처는 의욕적으로 많은 개혁안을 입안하고 있지만 조선인들의 지지를 받지 못하고 있다고 인식한 것을 의미한다. 르페브르는 앞의 보고서를 제출한지 5개월이 경과한 1895년 4월에도 일본에 의한 개혁은 조선인의 신뢰를 얻지 못했다고 평가했다. 그는 조선인들이 갑오개혁에 대해 적대적인 반응을 보이고 있다고 인식했다.[48]

르페브르는 계속해서 조선인들의 개혁에 대한 태도를 주시했다. 그 결과 르페브르는 "군국기무처는 처음에는 오오토리의 지시를 잘 따라주어 매우 혁신적인 개혁안을 공포하기도 했습니다. 그러나 일부 위원들이 몇몇 개혁안에 대해 시의적절하지 않다고 판단하여 동의하기를 거부했습니다. 그러자 군국기무처 내에 조금씩 갈등이 생겼고 소집이 뜸해지더니 나중에는 중지되고 말았습니다. 게다가 조선인들이 군국기무처가 국왕의 권력을 박탈하고 일본에 매수되었다고 비난하면서 군국기무처가 내린 결정에 따르는 것을 거부했고, 일부 지방에서는 왕권 수호를 위해 봉기했습니다. 대원군은 오오토리의 노선에 앞잡이가

---

46) 『프랑스외무부문서』 6, 〈일본 공사가 조선 정부에 내정 개혁 요구〉, 1894년 7월 17일, 172쪽.

47) 『프랑스외무부문서』 6, 〈조선 정부의 개혁〉, 1894년 11월 20일, 229~231쪽.

48) 박종효 편역, 『러시아 국립문서보관소 소장 한국관련문서 요약집』, 한국국제교류재단, 2002(이하 『러시아문서 요약집』으로 약칭), 1895년 4월 4일, 266쪽.

되기는커녕 국왕에게 일본의 요구에 저항하라고 부추겼습니다. 한편 국왕은 되찾은 왕권을 이용하여 각 부처에 대한 인사권을 행사하고자 했습니다. 국왕은 이노우에와 상의 없이 일본에 호의적이지 않은 관리 몇 명을 협판에 임명했습니다. 국왕은 이노우에의 강력한 항의를 받자 이노우에가 요청한 박영효와 서광범을 각각 내무대신, 법무대신에 임명하여 달래려했습니다. 또 국왕은 일본의 후견을 받아들여 홍범 14조 반포를 통해 청에 의존하지 않고 조선에 많은 개혁을 실시하겠노라고 맹세했습니다."라고 보고했다.[49] 르페브르는 군국기무처 구성원 사이에 이견이 발생했고, 그 결과 군국기무처의 기능이 중단되었다고 평가했다. 또 르페브르는 대원군은 일본의 요구를 거부했으며, 조선인들도 군국기무처의 왕권 침해에 분노하여 개혁 조치를 거부했다고 평가했다.

한편으로 르페브르는 고종이 국정을 주도하려 하고 있다고 인식했다. 르페브르는 고종의 국정 주도의 사례로서 민씨척족의 재등용을 예시했다. 즉 르페브르는 고종이 내각 총리대신직을 제수한 민영준은 공직부패를 야기하여 청일전쟁의 원인을 제공했던 인물인데, 1895년 9월 상해에서 귀국해 강력한 민씨척족의 리더가 됐다고 지적했다.[50] 르페브르는 조선의 평화를 위해 고종이 민영준을 멀리하기를 기대했다. 르페브르는 민영준의 임용이 실현된다면 고종이 독립적으로 나라를 다스리기 위해 필요한 결단력이 부족하다는 것을 입증하는 일이 될 것이라고 인식했다.[51]

---

49) 『프랑스외무부문서』 7, 〈일공사의 조선 내정 개입〉, 1895년 1월 20일, 6~9쪽.

50) 『프랑스외무부문서』 7, 1895년 9월 26일, 54~55쪽.

51) 『프랑스외무부문서』 7, 〈왕비 일가의 고위직 임명 소문〉, 1895년 9월 26일, 54~55쪽.

르페브르는 고종과 내각은 을미사변으로 극심한 갈등을 겪기도 했으나 점차 관계를 회복했다고 인식했다. 르페브르는 12월 “국왕과 내각 각료들의 관계는 만족할만한 상황입니다. 다만 국왕과 대신들은 단발령을 놓고 대립하고 있습니다. 대신들은 국왕이 조선인들에게 1월 1일부로 유럽식으로 머리칼을 자르라는 칙령을 내리기를 바라고 있습니다. 대신들은 백성들이 긴 머리를 하고 있으면 개혁의 이점을 누릴 수 없을 것이라고 주장하고 있습니다. 이들은 조선에 서구 문명을 들여오려면 조속히 긴 머리를 잘라야 한다고 주장합니다. 국왕은 단발령을 공포할 경우 백성들이 개혁에 불만을 가지게 되리라고 지적하며, 다른 시급한 문제들을 처리하자고 당부했습니다.”라고 보고했다.[52] 이후 르페브르는 고종이 단발령을 지시했고, 백성들은 신속히 이를 받아들였다고 보고했다.[53] 르페브르는 대부분이 정부에서 근무하는 서울 주민들은 단발령을 쉽게 받아들였지만, 지방 주민들은 그에 저항하며 도처에서 봉기했다고 보고했다. 르페브르는 조선 정부는 백성의 지지를 받지 못하는 정책을 즉시 철폐하는 것이 최선일 것이라고 인식했다.[54] 르페브르는 고종은 단발령을 주장하는 내각과 갈등이 있기는 하지만 대체로 원만한 관계라고 평가했다. 르페브르는 결국 고종이 단발령을 지시하기는 했지만, 단발령은 백성의 강한 반감을 받고 있으므로 시행하지 않는 편이 낫다고 평가했다.

---

52) 『프랑스외무부문서』 7, 〈조선 상황의 안정과 정부 내 단발령에 대한 이견〉, 1895년 12월 22일, 111~112쪽.

53) 『프랑스외무부문서』 7, 〈단발령 공포〉, 1896년 1월 7일, 121쪽.

54) 『프랑스외무부문서』 7, 〈강원도에서 단발령 반발 의병 봉기〉, 1896년 1월 29일, 130쪽.

4. 을미사변 인식

1) 을미사변 주도세력 인식

일본은 1895년 10월 8일 을미사변을 도발했다. 르페브르는 을미사변 다음날인 10월 9일 첫 번째 보고서를 작성했다. 이날 르페브르는 본국 정부에 "조선 병사들과 민간인 복장을 한 일본인들이 국왕을 시해하려 궁궐을 점령했습니다. 왕비는 실종되었지만 시해 여부는 알 수 없습니다."라고 보고했다.[55] 르페브르는 을미사변 직후 사건의 성격에 대해 조선군과 일본인들이 합세하여 국왕을 시해하려 한 것이라고 인식했다.

르페브르는 조선인들과 유럽인들의 증언을 종합한 결과 10월 14일 보고서에서 을미사변에 대해 보다 상세한 정황을 기술했다. 르페브르는 왕비 시해 음모를 꾸민 자들은 일본인 교관들이 훈련시킨 부대 소속 조선인 군인들을 모의에 가담시켰다고 파악했다. 르페브르는 일본인이 수백 명의 군인들을 지휘하여 궁궐로 침입했다고 언급했다. 그리고 군인들이 궁궐 내로 잠입해 있던 검과 총으로 무장한 일본인 40~50명과 합류했다고 파악했다. 르페브르는 일본 공사관이 직접적으로 왕비 시해를 지휘한 것을 증명하지는 못하지만, 일본 군당국과 함께 공모했다고 이해했다.[56] 르페브르는 조선인들과 유럽인들의 증언을 통해 을미사변의 성격을 명확하게 이해한 것으로 보여진다. 르페브르는 을미사변은 국왕 시해가 아니라 왕비 시해를 목표로 한 것이라고 인식했다. 아울러 르페브르는 을미사변의 주도자는 일본인 교관들과 이들이

---

55) 『프랑스외무부문서』 7, 〈왕비 시해 사건〉, 1895년 10월 9일, 59쪽.

56) 『프랑스외무부문서』 7, 〈왕비 시해 사건 전말〉, 1895년 10월 14일, 60~61쪽.

훈련시킨 조선인 군인들이라고 규정했다.

르페브르는 일주일이 지난 10월 22일 왕비 시해 사건에 대해 보다 정확한 정보를 수집했다. 그 결과 르페브르는 서울 경무청 소속 일본인 고문이 군인들이 경무청을 습격할 것이라는 거짓 정보를 흘려 서울을 완전한 무방비 상태로 만들었다고 파악했다. 또 르페브르는 왕비 시해 모의에 조선 정부의 일본인 고문들, 일본 경찰요원, 군 당국에 소속된 일본인들이 참여했다고 인식했다. 을미사변에 적극 가담한 조선인들로는 군무대신 조희연, 농상공무대신 김가진, 내무대신 유길준, 그리고 훈련대의 2개 대대 지휘관들을 지목했다. 그리고 조정 대신들은 사변 직후 고종의 권력을 박탈했다고 인식했다. 르페브르는 을미사변의 원인으로 고종이 왕비와 민씨척족이 국사에 개입하도록 방치한 것과 일본인 교관들이 훈련시킨 군인들을 해산시킨 것을 제시했다. 또 왕비의 정적인 일본인들과 정부의 대신들이 그들의 영향력으로부터 벗어나고자 음모를 꾸민 것이라고 판단했다.[57] 르페브르는 10월 26일 본국 정부에 일본 공사와 일본 공사관 직원이 본국으로 송환됐다고 지적하며, 을미사변에 일본 공사관과 일본 군 당국의 공모 가능성이 높다고 보고했다. 그리고 왕비의 생존 가능성은 희박하다고 보고했다.[58] 이상을 통해 르페브르는 을미사변에 일본인들이 대거 가담한 것을 인정했다. 즉 조선 정부의 일본인 고문, 일본 경찰, 일본 공사관, 일본군이 을미사변에 주도적인 역할을 한 것을 인정했다. 아울러 조선인들 중에서도 일부 대신들과 훈련대의 지휘관들이 을미사변에 가담했다고 인식했다. 르페브르는 을미사변의 원인으로 민씨척족이 훈련대를 해

---

57) 『프랑스외무부문서』 7, 〈왕비 시해 사건 추가 보고〉, 1895년 10월 22일, 71~74쪽.

58) 『프랑스외무부문서』 7, 〈왕비 시해 사건에 일본군 당국 개입 가능성 보고〉, 1895년 10월 26일, 76쪽.

산시키는 등 일본과 친일 세력을 약화시키려 한 데 있다고 분석했다.

12월 29일 관보는 을미사변에 가담한 3명을 사형에 처한다는 서울 형사재판소의 판결문을 게재했다. 그 중 한 조선인은 유럽 복장을 하고서 왕비를 시해했다는 죄목으로 처벌을 받았다. 르페브르는 서울 시민들은 처벌을 받은 조선인이 범인이라는 것을 전혀 믿지 않고 있으며, 그 판결에 대해 사변에 가담한 일본인들의 죄를 묻어두려는 조작으로 보고 있다고 인식했다. 르페브르는 조선인들과 외국인들은 사변 시 일어난 범죄 중에서 조선인의 손으로 저질러진 것은 하나도 없다고 굳게 믿고 있다고 보고했다.[59] 르페브르는 조선인들과 외국인들은 을미사변에 대해 일본인들이 주도했고 조선인의 연루 가능성을 믿지 않는다고 인식했다.

2) 대원군의 을미사변 개입 인식

르페브르는 10월 14일 보고에서 대원군의 을미사변 연루설에 대해 "10월 8일 새벽 5시 반경 대원군이 조선인 군인들과 일본인들을 대동하고 입궐했습니다. 함께 온 일본인들은 군인들인지 민간인들인지 알 수 없습니다. 여론은 일본 공사관이 대원군, 왕비의 정적과 함께 음모를 꾸민 것이라고 생각하고 있습니다. 이후 대원군은 이 사건에 책임을 덮어씌울 명목으로 궁궐로 끌려왔다고 생각하는 사람들이 생겼습니다. 특히 조선의 사정을 잘 아는 조선 대목 뮈텔(Gustav Mutel) 주교도 그렇게 생각하고 있습니다. 본인은 모순된 정보가 많아 어떻게 받아들여야 할지 난감합니다."라고 언급했다.[60] 르페브르는 조선의 여론

---

59) 『프랑스외무부문서』 7, 〈왕비 시해 사건 가담자 3명 처형〉, 1895년 10월 14일, 60~61쪽.

은 대원군의 을미사변 연루설에 대해 공모설에서 무고설로 변화하고 있다고 인식했다. 그러나 르페브르는 모순된 정보들 속에서 명확히 판단하기를 주저했다. 르페브르는 을미사변 직후 대원군의 을미사변 연루설과 무고설을 동시에 보고하는 등 어느 한편의 주장을 지지하지 않은 것을 보여준다.

이후 르페브르는 대원군의 을미사변 연루설에 대해 새로운 정보를 수집했다. 그 결과 르페브르는 대원군을 유인한 것은 조선인 군인들이 아니라 일본인들이라고 인식했다. 르페브르는 서울의 일본인 거주 지역 담당 경찰서장이 지휘한 일본인들이 대원군의 집을 경호하던 경관들을 무력화시키고 이들의 제복을 입었다고 인식했다. 그리고 일본인들은 대원군을 일본군 병영으로 데려간 뒤 입궐하게 했고, 입궐한 뒤에는 일본 군인들이 대원군을 호위했다고 인식했다.[61] 르페브르는 일본인들이 대원군이 을미사변에 개입한 것으로 보이게끔 철저히 모의했다고 인식한 것을 보여준다.

3) 일본의 을미사변 대응 인식

일본 정부는 을미사변을 계기로 악화된 조선의 여론을 무마하고자 전 조선 공사 이노우에를 조선에 특사로 파견했다. 이노우에는 11월 5일 고종을 알현했다. 이노우에는 일본인들이 음모에 가담한 것에 대해 유감을 표명하는 일본 국왕의 서신을 전달했다. 외국 대표들은 고무라에게 훈련대를 궁궐에서 추방할 것과 일부 대신들을 면직시킬 것을 요구했다. 르페브르는 일본 공사관이 그 제의를 수용하지 않자 일본의 의

---

60) 『프랑스외무부문서』 7, 〈왕비 시해 사건 전말〉, 1895년 10월 14일, 60~61쪽.

61) 『프랑스외무부문서』 7, 〈왕비 시해 사건 추가 보고〉, 1895년 10월 22일, 71~74쪽.

도에 의문을 품은 것으로 보여진다. 르페브르는 "훈련대는 일본인들이 훈련시킨 조선인들이고 장교들은 친일적 성향을 가졌기 때문입니다. 면직시킬 대신들도 친일 성향입니다. 이 대신들은 일본 공사관, 일본 군대, 일본인들의 지원을 받아 권력을 차지한 자들입니다. 따라서 이들이 권력을 유지하고자 의지하는 나라는 일본입니다. 일본 정부는 그 때문에 서두르지 않습니다."라고 보고했다.[62] 르페브르와 외국 대표들은 고무라에게 훈련대 추방과 일부 대신들의 면직을 요구했다. 르페브르는 그 같은 요구가 수용되지 않자 일본의 조선 정책에 대해 분석을 시도했다. 그에 르페브르는 일본은 친일적 조선군과 대신들을 이용하여 조선에서 세력을 유지하려 한다고 확신한 것을 보여준다.

고종은 왕비를 폐위시킨다는 10월 10일 조칙을 무효화하고, 왕비에게 과거 지위를 회복시켜 줄 것이라는 조칙을 공포했다. 아울러 을미사변에 가장 적극적으로 가담한 인물로 지목을 받고 있던 군무대신 조희연과 경무사 권영진을 면직시킨다는 조칙도 공포했다. 르페브르는 이 조칙은 이노우에와 고무라가 조선의 총리대신과 대신들에게 해준 조언에 따라 이루어진 것이라고 인식했다. 즉 르페브르는 외국 대표들이 훈련대를 궁궐에서 추방할 것을 요구하자 고무라가 면직 결정으로 무마하려 한 것이라고 판단했다.[63] 르페브르는 일본은 왕비 폐위의 무효화 조치와 을미사변 가담 대신의 면직 조치에 영향력을 행사한 것으로 평가했다. 즉 르페브르는 일본은 훈련대를 궁궐에 계속 주둔하고자 일부 대신들의 면직을 수용한 것으로 분석했다.

---

62) 『프랑스외무부문서』 7, 〈이노우에의 국왕 알현과 조선 주재 외국 대표단의 궁궐 호위 문제 논의〉, 1895년 11월 11일, 85~86쪽.

63) 『프랑스외무부문서』 7, 〈시해된 민왕비 복위 조칙의 발표〉, 1895년 11월 27일, 101~102쪽.

이후 르페브르는 일본 정부가 훈련대를 추방하라는 외국 대표들의 제의를 수용하지 않기로 결정했다는 사실을 인지했다. 르페브르는 일본 정부는 이 조치를 실행하면 서울의 안녕을 해칠까 우려스럽다는 이유를 내세웠다는 사실을 인지했다. 르페브르는 일본 정부의 결정에 대해 일본이 친일파를 권력에서 몰아내는 조치를 실행에 옮기리라고는 전혀 생각하지 않았다고 보고했다.[64] 르페브르는 일본 정부는 훈련대 주둔 조치에 대해 친일파를 권좌에 유지시키려는 의도로 평가했다.

5. 아관파천 인식

1) 아관파천 주도세력 인식

스페에르 러시아 대리공사는 1896년 1월 13일부터 업무를 개시했다. 스페에르는 부임 직후 르페브르와 면담한 자리에서 조선 내정에 대한 일본의 과도한 영향력을 제거하고 러시아가 당연히 누릴 자격이 있는 영향력을 키우려 한다고 언급했다. 르페브르는 스페에르의 언급은 러시아 정부의 의견을 반영하는 것이라고 평가했다.[65] 르페브르는 스페에르가 부임 직후부터 조선에 대한 러시아의 영향력을 행사하려 한다고 인식했다.

그로부터 얼마 지나지 않은 2월 11일 고종은 러시아 공사관으로 파

64) 『프랑스외무부문서』 7, 〈조선 주재 외국 대표들이 궁궐 호위군을 일본군으로 대체하는 문제 논의〉, 1895년 11월 20일, 94쪽.

65) 『프랑스외무부문서』 7, 〈신임 러시아 공사 드 스페에르의 업무 개시〉, 1896년 1월 25일, 128쪽.

천했으며, 파천 직후 내각을 교체했다. 르페브르는 스페에르가 파천을 기획한 것은 일본 공사관의 지침을 받고 있는 대신들을 교체하고 왕권을 회복하는데 목적이 있다고 판단했다. 그리고 스페에르는 고종이 아관파천을 주저하자 러시아 해군의 서울 파견을 약속하여 동의를 얻어냈다고 파악했다. 아울러 르페브르는 스페에르가 본국 정부의 승인을 얻지 못한 채 아관파천을 결행했다고 분석했다. 르페브르는 파천을 주도한 사람은 스페에르라고 단정했다. 르페브르는 파천 직후 내각의 동향에 대해서는 일본에 우호적이지 않은 대신들이 입각했고, 김홍집과 정병하는 민중이 아니라 경찰에 의해 피살됐다고 파악했다.[66] 르페브르는 스페에르는 5~6일 정도 고종이 러시아 공사관에서 체류하기를 기대했으며, 내각 교체를 마치자마자 고종에게 환궁을 권유했다고 파악했다.[67] 르페브르는 아관파천의 주도자는 고종이 아니라 스페에르라고 본 것을 의미한다. 르페브르는 스페에르가 러시아 정부의 승인을 받지 않고 독단적으로 아관파천을 결행했다고 인식했다. 그리고 스페에르가 아관파천을 주도한 것은 친일 내각을 축출하고 조선에 대한 러시아의 영향력을 강화하려 했기 때문이라고 이해했다.

2) 조선의 일본 대응 인식

르페브르는 보고서에서 "스페에르가 국왕에게 내각 교체를 마치고 환궁할 것을 권유하자, 국왕은 환궁하면 일본인들과 친일 조선인들이

66) 『프랑스외무부문서』 7, 〈국왕의 아관파천과 내각 교체〉, 1896년 2월 15일, 132~133쪽.

67) 『프랑스외무부문서』 7, 〈국왕의 러시아 공사관 체류와 지방 소요의 발생〉, 1896년 2월 22일, 138~139쪽.

살해 음모를 꾸밀 것이라고 언급하며 거부했습니다. 국왕은 서울에 일본군이 주둔하고 있는 한 환궁하지 않을 것입니다."라고 언급했다.[68] 르페브르는 고종은 일본 공사의 신임장을 받고자 궁궐 밖으로 행차할 때도 일본군의 습격을 우려하여 신임장 전달 장소로 외국 공사관들로 둘러싸인 명례궁을 선택했다고 보고했다.[69] 르페브르는 고종은 서울에 주둔하는 일본군을 경계하여 환궁을 기피한다고 판단한 것을 보여준다.

아관파천이 길어지자 조선의 조야에서는 조속히 환궁해야 한다는 여론이 제기됐다. 그 과정에서 고종은 8월 12일 환궁에 대비하여 공사하라는 조칙을 내렸다. 플랑시는 고종의 의향이 환궁으로 선회한 것을 인지했다. 플랑시는 본국 정부에 "국왕은 현재 러시아인들의 포로입니다. 국왕은 환궁 촉구 상소를 유도하고 있습니다. 민영준은 환궁운동의 선두에 섰습니다. 서울에서조차 고시된 개혁이 이루어지지 않고 있습니다. 러시아 공사관의 통역관은 관리 인사에 개입하는 등 조선에서 가장 영향력 있는 인물입니다. 일본인들에게 호의적인 쪽으로 조금씩 방향 전환이 이루어지고 있습니다. 일본인들은 성급하기는 했지만 무엇인가 개혁하려 했습니다. 그러나 러시아가 영향력을 행사하고 있는 현재는 답보상태입니다. 베베르는 전혀 준비가 되어 있지 않습니다. 그는 조선인들의 인심을 잃고 러시아가 얻은 영향력을 훼손시켰습니다. 베베르는 미·영·일의 호감을 얻었습니다."[70]라고 보고했다. 플랑시는 러시아가 조선의 개혁에 성의를 보이지 않자 조선에서는 개혁을

---

68) 『프랑스외무부문서』 7, 〈국왕의 러시아 공사관 체류와 지방 소요의 발생〉, 1896년 2월 22일, 138~139쪽.

69) 『프랑스외무부문서』 7, 〈전권공사로 승진한 일본 대표 고무라의 신임장 제출〉, 1896년 5월 21일, 164쪽.

70) 『프랑스외무부문서』 7, 〈조선의 정치 상황〉, 1896년 8월 1일, 209쪽.

추진했던 일본에 대해 호의적인 여론이 조금씩 조성되고 있다고 판단했다. 그리고 고종은 김홍륙 등 친러파가 전횡을 일삼자 러시아의 영향력을 탈피하고자 환궁운동을 지시했고, 그에 맞춰 민영준은 환궁운동을 주도하고 있다고 인식했다.

이후 플랑시는 민영환도 고종에게 환궁을 건의했으며, 고종은 그에 동의를 표시하고 11월 1월 조칙으로 환궁을 지시했다고 보고했다.[71] 플랑시는 12월에는 친일 성향의 군장교들이 봉기한 것을 인지했다. 플랑시는 "여러 명의 장교들이 친러 내각을 전복하고 친일 호위대를 구성하는 음모를 꾸미다가 탄로가 났습니다. 러시아 군사고문 푸차타(Putiata)의 부대 창설 과정에 불만을 가진 자들입니다. 음모로 인해 국왕의 명례궁 이어가 연기됐습니다."라고 보고했다.[72] 플랑시는 조선군 내에서도 일본을 지지하고 러시아에 반대하는 세력이 있다고 이해한 것을 보여준다.

한편 프랑스는 의병의 동향을 주시했다. 르페브르는 "폭도들이 남한산성을 장악했습니다. 조선군은 1,500명밖에 없어 곳곳에서 일어나고 있는 반란을 진압하기가 불가능합니다. 또 폭도들은 서울에서 부산까지 연결되어 있는 일본 전신선을 훼손시켰고, 이를 수리하러 떠났던 일본인 인부들도 살해했습니다."라고 보고했다.[73] 르페브르는 일부 조선인들은 무장투쟁으로 일본에 강력히 저항하고 있다고 인식했다. 르페브르는 의병을 폭도, 반군으로 지칭했다.

플랑시도 의병에 대해 다른 시각을 보였다. 플랑시는 의병들이 억압

71) 『프랑스외무부문서』 7, 〈국왕의 환궁 소식〉, 1896년 11월 3일, 258쪽.

72) 『프랑스외무부문서』 7, 〈조선 국왕의 명례궁으로 이어 문제〉, 1896년 12월 4일, 268쪽.

73) 『프랑스외무부문서』 7, 〈봉기자들에 의한 서울 인근 남한산성 점령〉, 1896년 3월 7일, 148쪽.

받고 있는 고종을 구출하기 위해 궐기한 것이라는 주장에 동의하지 않았다. 그는 의병이라 자처하는 자들은 애국자가 아니라 부자들을 약탈하는 빈민들이라고 폄하했다. 그러나 플랑시는 일본인들이 전신선 보호를 구실로 군사적으로 점령하고 있는 서울과 부산 사이에 위치한 지역에 평화를 정착시키는 것은 어려울 것으로 내다봤다. 그는 일본군 초소를 폐지하고 원래 전신선 운용을 맡았던 조선 관리들에게 그 임무를 돌려주지 않는 한 전신선과 전신선을 보호하는 사람들을 대상으로 한 끊임없는 습격이 있을 것이라고 예측했다.[74] 의병은 전신선 보호를 구실로 조선을 점령하고 있는 일본군을 습격했다. 플랑시는 의병에 대해 일본군을 공격하는 주체로 보면서도 다른 한편으로는 부자를 약탈하는 도적으로 폄하하는 입장을 보였다.

플랑시는 의병들의 환궁에 대한 입장을 주시했다. 플랑시는 "의병장들은 조선 주재 외국 대표들에게 서한을 보내 러시아가 일본보다 더 심한 내정 개입을 하여 조선의 독립을 저해하고 있으므로 봉기했다고 통보했습니다. 그러면서 환궁에 협조해줄 것을 요청했습니다. 그 같은 서한은 파천의 장기화가 초래하는 위험성을 확증해줍니다."라고 보고했다.[75] 플랑시는 의병들은 러시아에 대해서도 비판적이어서 환궁을 지지한다고 판단했다.

플랑시는 조선인들이 조선 주재 일본 공사의 교체에 대해 보인 반응을 주시했다. 플랑시는 "10월 초 일본으로 송환된 하라의 후임으로 전투적인 인물이 조선 주재 일본 전권공사로 부임하리라는 소문이 있습

74) 『프랑스외무부문서』 7, 〈전신선 보호를 내세운 일본군 주둔 지역 민중들의 봉기〉, 1896년 6월 8일, 171쪽.

75) 『프랑스외무부문서』 7, 〈조선 주재 외국 대표들에게 보낸 의병장들의 서한〉, 1896년 7월 25일, 205쪽.

니다. 과거 일본 공사였던 오이시의 임명설이 돌고 있습니다. 오이시는 폭력적인 수단을 사용하는 데에 주저함이 없는 외교관으로 명성이 자자합니다. 조선인들은 그 소식에 크게 놀라고 있으며, 그 임명은 일본이 충돌을 일으키려 한다는 것을 말해주는 것이나 마찬가지입니다."[76] 라고 보고했다. 플랑시는 조선인들은 오이시가 조선 주재 일본 공사로 재부임한다는 소식에 경악하고 있다고 인식했다. 오이시는 과거 방곡령 배상사건 당시 조선에 대해 강경한 태도를 보였던 인물이었다.

3) 일본의 조선 대응 인식

일본 정부는 1896년 4월 고무라를 전권공사로 승진시켰다. 플랑시는 고무라가 전권공사로 승진하자 고무라의 동향을 예의 주시했다. 고무라는 베베르와 협상을 개시했다. 플랑시는 고무라가 베베르와 고종의 환궁, 일본군 감축, 서울-부산 전신선 문제를 협상했다는 사실을 파악했다.[77]

플랑시는 베베르-고무라 각서에 대해 어떻게 평가했을까. 프랑스는 고무라가 일본에 유리한 협상을 이끌어냈다고 판단했다. 플랑시는 일본인들은 베베르의 호의로 을미사변 이후 상실한 영향력을 재건하는데 아무런 제약도 받지 않았다고 인식했다. 그러므로 플랑시는 일본 언론이 베베르를 극동의 평화를 유지하는데 적합한 유일한 인물로 칭송하고, 베베르의 유임을 바라는 것에 대해 놀랄 것이 없다고 보고했

---

76) 『프랑스외무부문서』 7, 〈조선 주재 일본 공사의 교체 소문〉, 1896년 11월 13일, 261쪽.

77) 『프랑스외무부문서』 7, 〈전권공사로 승진한 일본 대표 고무라의 신임장 제출〉, 1896년 5월 21일, 164쪽.

다.[78] 플랑시는 베베르-고무라 각서에 대해 일본에 유리한 협상이라고 평가했다. 플랑시는 고무라가 친일적인 베베르의 협조로 협상을 일본에 유리한 방향으로 끝냈다고 판단했다. 플랑시는 일본인들은 을미사변을 계기로 조선에서 영향력을 상실했는데, 베베르의 친일적인 태도로 인해 영향력을 회복할 수 있었다고 본 것이다.

이후 일본 정부는 고무라의 후임으로 하라를 조선 주재 일본 전권공사로 임명했다. 플랑시는 하라에 대해 적합한 인선으로 평가하고, 조선에 대해 온건한 정책을 취할 것이라고 내다봤다.[79] 그러나 플랑시는 일본 정부가 경부철도부설권 협상을 중단할 것 같지 않으며, 미국인 모스가 차지한 경인철도부설권도 적극적으로 인수할 것으로 내다봤다.[80] 플랑시는 하라 개인에 대해서는 온건한 성향으로 평가하면서도, 경부철도부설권을 쟁취하려 할 것으로 내다봤다. 플랑시는 일본 정부는 조선에 대해 적극적인 진출을 도모하려 한다고 인식한 것을 보여준다.

6. 맺음말

1장은 프랑스 외교관은 조선 주둔 일본군을 어떤 시각으로 보았는지를 분석했다. 일본 정부는 동학농민군의 공격으로부터 자국인을 보호한다는 명목으로 1894년 6월 조선에 군대를 파견했다. 조선 주재 프

---

78) 『프랑스외무부문서』 7, 〈조선의 정치 상황〉, 1896년 8월 1일, 209쪽.

79) 『프랑스외무부문서』 7, 〈조선 주재 일본 공사 하라에 관하여〉, 1896년 7월 16일, 194쪽.

80) 『프랑스외무부문서』 7, 〈일본의 경부선 부설권 허가 요구〉, 1896년 8월 9일, 214쪽; 『프랑스외무부문서』 7, 〈서울 제물포간 철도 부설 문제〉, 1896년 12월 24일, 274쪽.

랑스 대표 르페브르는 고종이 전주가 함락되자 청에 파병을 요청했다고 인식했고, 청의 파병은 일본의 파병을 야기할 것을 우려했다. 르페브르는 일본의 파병이 조선인들에게 충격을 안겨주었다고 판단했다. 르페브르는 전주화약으로 동학농민군이 해산됐고, 그 결과 조선은 평화를 회복했다고 판단했다. 그 때문에 르페브르는 일본이 대규모 군대를 조선에 파견한 것이 불필요하다고 보고 일본에 이의를 제기했다. 르페브르는 경복궁 점령에 대해 일본의 치밀한 계획에 의한 사건으로 인식했다. 르페브르는 오오토리 일본 공사가 경복궁 점령 이후 조·청 협정의 파기를 요구하는 등 강경한 태도를 보였다고 인식했다.

일본 정부는 청일전쟁이 종결된 뒤에도 완전히 철군하지 않았으며 주둔군 일부를 조선에 잔류시켰다. 르페브르는 일본은 청일전쟁이 끝났는데도 자국 군대를 조선에 주둔시키고 있으며, 후비병을 상비병으로 교체하는 등 병력을 강화하고 있다고 판단했다. 르페브르는 일본은 아관파천 직후 조선인이 전신선을 파괴하자 전신선 보호 명목으로 병력을 증파했다고 파악했다. 프랑스는 고종이 일본군의 서울 주둔을 크게 경계하여 러시아 공사관을 떠나지 않으려 한다고 판단했다.

플랑시는 1896년 5월 체결된 베베르-고무라 각서에 대해 일본군의 철수를 관철시키지 못했으며, 그 결과 일본의 조선 점령을 합리화시킨 불만족스런 합의라고 평가했다. 플랑시는 조선 정부는 일본군의 증파를 우려하여 일본의 경부철도부설권 허여 요구를 거부한다고 인식했다. 플랑시는 일본은 전신선 철거를 거부하는 한편 전신선 보호를 구실로 일본군을 주둔시키고 있다고 평가했다. 또 일본은 열강과 한 조선 독립 약속을 이행하지 않고 있다고 인식했다. 그는 일본군이 전신선 보호를 핑계로 주둔하는 한 소요가 계속되어 조·일간의 불화가 계속될 것이라고 예측했다. 플랑시는 조·일은 경부철도부설권 허여 문제로 긴장 상태라고 판단했다. 플랑시는 조선은 경부철도는 전신선과 동일하게 일본군의 주둔을 합리화시킬 것이라 보고, 경부철도부설권 허여를 강력히 거부한다고 인식했다.

플랑시는 조선 주재 일본군은 조선을 점령당한 국가로 취급하고 있으며, 일본 경찰은 일본에서와 똑같이 활동하고 있다고 판단했다. 그는 조선 주재 일본군이 활동의 폭을 넓힐 수 있었던 것은 러시아가 조선의 상황에 무지하기 때문이라고 단정했다. 그는 베베르-고무라각서와 로바노프-야마가타 의정서는 한반도에서 일본의 군사우월권을 강화시켰다고 평가했다. 플랑시는 일본은 로젠-니시협정 이후 러시아를 제치고 막강한 영향력을 행사하고 있다고 파악했다. 그는 조선 주재 일본군을 궁극적으로 일본의 한국 식민지화의 선봉이라고 판단했다.

2장은 프랑스 외교관은 갑오개혁에 대해 어떻게 인식했는지를 분석했다. 먼저 일본의 갑오개혁 개입에 대해 어떻게 인식했는지를 분석했다. 르페브르는 교정청은 오오토리의 요구로 창설됐고, 군국기무처는 경복궁 점령 이후 오오토리의 요구로 설치됐다고 판단했다. 르페브르는 갑오개혁 추진 기구인 교정청과 군국기무처 모두 일본의 요구로 설립됐다고 인식했다.

르페브르는 오오토리가 교체된 것은 고종에 대한 강경한 태도로 일관하여 조선인들의 반일 감정을 자극했기 때문이라고 판단했다. 이후 르페브르는 오오토리와 이노우에의 조선정책의 차이에 대해, 오오토리가 군국기무처를 설치하고 고종의 권력을 박탈한 반면, 이노우에는 군국기무처를 폐지하고 고종의 권위를 회복시켰다고 평가했다. 그러나 르페브르는 점차 일본의 조선정책이 강경해지고 있다고 인식했다. 그것은 일본 정부가 조선에 공여한 차관에 대한 평가에서 잘 드러났다. 르페브르는 일본 정부가 차관 공여를 통해 조선을 지배하려 한다고 인식했다. 르페브르는 일본 차관은 조선에 도움이 되기는커녕 조선에 나쁜 영향을 주리라 예측했다. 르페브르는 일본은 정치적으로 조선 내정에 대한 간섭을 강화하고 있다고 인식했다. 르페브르는 일본이 차관 제공과 함께 자국인을 대거 조선 정부의 고문으로 파견하여 조선을 장악하려 한다고 판단했다. 그러나 르페브르는 이노우에가 일본을 다녀온 뒤 조선 정부에 대한 행동 노선을 급격하게 변화시켰다고 인식했다. 르페브르는 이노우에와 미우라 모두 조선의 내정에 대해 불간섭주의를 실천하고 있다고 평가했다. 한편 르페브르는 러시아의 대일정책에 대해서도 주목했다. 르페브르는 러시아 정부가 베베르를 경질하고, 스페에르를 조선 공사로 임명한 것에 대해 의미를 부여했다. 르페브르는 러시아가 조선 정책을 수정하여 일본을 강력히 견제하려 한다고 평가했다.

프랑스는 조선인들의 갑오개혁에 대한 반응에 대해 어떻게 인식했는지를 분석했다. 르페브르는 조선 정부는 일본의 개입 없이 자주적으로 개혁을 원한다고 파악했다. 르페브르는 군국기무처는 의욕적으로 많은 개혁안을 입안하고 있지만 조선인들의 지지를 받지 못하고 있다고 인식했다. 르페브르는 일본에 의한 개혁은 조선인의 신뢰를 얻지 못했다고 평가했다. 그는 조선인들이 갑오개혁에 대해 적대적인 반응을 보이고 있다고 인식했다.

르페브르는 군국기무처 구성원 사이에 이견이 발생했고, 결국 군국기무처의 기능이 중단되었다고 평가했다. 또 르페브르는 대원군은 일본의 요구를 거부했으며, 조선인들도 군국기무처의 왕권 침해에 분노하여 개혁 조치를 거부했다고 파악했다. 한편으로 르페브르는 고종이 민영준을 기용하는 등 국정을 주도하려 하고 있다고 인식했다. 그러나 르페브르는 고종이 조선의 평화를 위해 민영준을 멀리하기를 기대했다.

르페브르는 고종과 내각은 을미사변으로 극심한 갈등을 겪기도 했으나 점차 관계를 회복했다고 인식했다. 르페브르는 고종이 단발령을 주장하는 내각과 갈등이 있기는 하지만 대체로 원만한 관계라고 평가했다. 르페브르는 결국 고종이 단발령을 지시하기는 했지만, 단발령은 조선인들의 강한 반감을 받고 있으므로 시행하지 않는 편이 낫다고 평가했다.

3장은 프랑스 외교관은 을미사변에 대해 어떻게 인식했는지를 분석했다. 먼저 프랑스 외교관은 을미사변 주도세력에 대해 어떻게 인식했는지를 분석했다. 르페브르는 을미사변 직후 사건의 성격에 대해 조선군과 일본인들이 합세하여 국왕을 시해하려 한 것이라고 인식했다. 이후 르페브르는 조선인들과 유럽인들의 증언을 통해 을미사변의 성격을 명확하게 이해했다. 르페브르는 을미사변은 국왕 시해가 아니라 왕비 시해 음모를 목표로 한 것이라고 인식했다. 아울러 르페브르는 을미사변의 주도자는 일본인 교관들과 이들이 훈련시킨 조선인 군인들이라고 규정했다. 결론적으로 르페브르는 조선 정부의 일본인 고문, 일본 경찰, 일본 공사관, 일본군이 을미사변에 주도적인 역할을 한 것을 인정했다. 아울러 조선인들 중에서도 일부 대신들과 훈련대의 지휘관들이 을미사변에 가담했다고 인식했다. 르페브르는 을미사변의 원인으로 민씨척족이 훈련대를 해산시키는 등 일본과 친일 세력을 약화시킨데 있다고 분석했다. 르페브르는 조선인들과 외국인들은 을미사변에 대해 일본인들이 주도했고, 조선인의 연루 가능성을 믿지 않는다고 인식했다.

프랑스는 대원군의 을미사변 개입에 대해 어떻게 인식했는지를 분석했다. 르페브르는 10월 14일 보고에서 조선의 여론은 대원군의 을미사변 연루설에 대해 공모설에서 무고설로 변화하고 있다고 인식했다.

르페브르는 을미사변 직후 대원군의 을미사변 연루설과 무고설을 동시에 보고하는 등 어느 한편의 주장을 지지하지 않았다. 이후 르페브르는 일본인들이 대원군이 을미사변에 개입한 것으로 보이게끔 철저히 모의했다고 인식했다.

르페브르는 외국 대표들과 함께 고무라에게 훈련대 추방과 일부 대신들 면직을 요구했다. 르페브르는 그 같은 요구가 수용되지 않자 일본은 친일적 조선군과 대신들을 이용하여 조선에서 세력을 유지하려 한다고 확신했다. 르페브르는 일본은 왕비 폐위의 무효화 조치와 을미사변 가담 대신의 면직 조치에 영향력을 행사한 것으로 평가했다. 르페브르는 일본은 훈련대를 궁궐에 계속 주둔시키고자 일부 대신들의 면직을 수용한 것으로 분석했다. 르페브르는 일본 정부의 훈련대 주둔 조치에 대해 나머지 친일파를 권좌에 유지시키려는 의도로 평가했다.

4장은 프랑스 외교관은 아관파천을 어떻게 인식했는지를 분석했다. 먼저 프랑스 외교관은 아관파천 주도세력에 대해 어떻게 인식했는지를 분석했다. 르페브르는 스페에르 러시아 공사가 부임 직후부터 조선에 대한 러시아의 영향력을 행사하려 한다고 인식했다. 르페브르는 아관파천의 주도자는 고종이 아니라 스페에르라고 파악했다. 르페브르는 스페에르가 러시아 정부의 승인을 받지 않고 독단적으로 아관파천을 결행했다고 인식했다. 그리고 스페에르가 아관파천을 주도한 것은 친일 내각을 축출하고 조선에 대한 러시아의 영향력을 강화하려 했기 때문이라고 이해했다.

다음으로 프랑스는 아관파천 이후 조선의 일본 대응에 대해 어떻게 인식했는지를 분석했다. 르페브르는 고종은 서울에 주둔하는 일본군을 경계하여 환궁을 기피한다고 판단했다. 플랑시는 러시아가 조선의 개혁에 열의를 보이지 않자 조선에서는 개혁을 추진했던 일본에 대해 호의적인 여론이 조금씩 조성되고 있다고 판단했다. 그리고 고종은 김홍륙 등 친러파가 전횡을 일삼자 러시아의 영향력을 탈피하고자 환궁운동을 지시했고, 그에 맞춰 민영준은 환궁운동을 주도하고 있다고 인식했다. 플랑시는 군대 내에서도 일본을 지지하고 러시아에 반대하는 움직임이 있다고 이해했다.

르페브르는 일부 조선인들은 무장투쟁으로 일본에 강력히 저항하고 있다고 인식했다. 르페브르는 의병이 전신선 보호를 구실로 조선을 점령하고 있는 일본군을 습격한 것을 인지했다. 플랑시는 의병에 대해 일본군을 공격하는 주체로 보면서도 다른 한편으로는 부자를 약탈하는 도적으로 폄하하는 태도를 보였다. 플랑시는 의병들은 러시아에 대해 비판적이어서 환궁을 지지한다고 판단했다.

플랑시는 조선인들이 조선 주재 일본 공사의 교체에 대해 보인 반응을 주시했다. 플랑시는 조선인들은 오이시가 조선 주재 일본 공사로 재부임한다는 소식에 경악하고 있다고 인식했다. 오이시는 과거 방곡령 배상사건 당시 조선에 대해 강경한 태도를 보였던 인물이었다.

끝으로 프랑스는 아관파천 이후 일본의 조선 대응에 어떻게 인식했는지를 분석했다. 플랑시는 베베르-고무라 각서에 대해 일본에 유리한 협상이라고 평가했다. 플랑시는 고무라가 친일적인 베베르의 협조로 협상을 일본에 유리한 방향으로 이끌어냈다고 판단했다. 플랑시는 일본인들은 을미사변을 계기로 조선에서 영향력을 상실했는데, 베베르의 친일적인 태도로 인해 영향력을 회복할 수 있었다고 인식했다. 플랑시는 하라 공사에 대해서는 온건한 성향으로 평가했다. 그러나 일본 정부는 경부철도부설권을 쟁취하려 하는 등 조선에 대해 적극적인 진출을 도모하려 한다고 인식했다.

3장
프랑스의 조청관계 인식

1. 머리말

청은 1870년 이후 유구, 베트남, 미얀마 등 전통적인 조공국들을 하나하나 상실했다. 청의 조공국 중 유일하게 타국의 지배하에 들어가지 않은 국가는 조선이었다. 청은 조선을 침탈할 가능성이 농후한 국가로 러시아와 일본을 지목했다. 청은 러·일의 침략으로부터 조선을 보호하고자 조선 정부에 구미열강과의 통상조약 체결을 권고했다. 청은 1882년에 발발한 임오군란을 계기로 의례적인 조공국인 조선을 근대적인 속국으로 편입하기 위해 획책했다.[1)]

조선의 최고 주권자인 고종은 청이 내정 간섭을 강화하자 예민하게 반응했다. 그러므로 고종은 외교의 주요 과제를 '탈청자주'로 설정했다. 고종은 탈청자주정책의 대상으로 구미열강을 주목했고, 그 중에서도 미국·프랑스·러시아에 많은 기대를 했다. 조선은 프랑스를 군사

1) 청의 속방화정책에 대해서는 다음 글 참조.
송병기, 「소위 「삼단」에 대하여-근대 한청관계사의 한 연구-」, 『사학지』 제6집, 단국대학교 사학회, 1972; 권석봉, 『청말 대조선정책사연구』, 일조각, 1986; 이완재, 「개화기의 '청·조종속'문제에 대하여」, 『한국학논집』 제12집, 한양대학교 조선학연구소, 1987; 한규무, 「19세기 청, 조선간 종속관계의 변화와 그 성격」, 『근대 동아시아 국제관계의 변모』, 혜안, 2002.

강국으로 인식하고 있던 차에 1884년 프랑스가 청불전쟁에서 승전하자 적극적으로 프랑스에 접근했다. 오랫동안 선교 문제로 프랑스와 갈등을 빚은 바 있던 조선 정부가 천주교의 선교를 묵인하면서까지 프랑스와 수교한 것은 프랑스의 외교적 중요성을 인식했기 때문이었다.

프랑스는 1888년 조선에 외교사절을 파견했다. 프랑스는 조선을 주권국으로 인정하며 조선 주재 자국 대표를 청 · 일 주재 자국대표와 동등하게 대우했다. 고종은 프랑스 대통령에게 조선의 독립을 천명하는 서한을 보내 프랑스와의 긴밀한 외교관계를 맺으려 기도했다.[2)]

구미열강이 고종의 탈청자주정책을 어떻게 인식하고, 또 대응했는가하는 문제는 고종의 탈청자주정책의 성패를 가름하는 중요 요소라 할 수 있다. 본 연구는 구미열강 중 한 국가인 프랑스가 조 · 청 관계에 대해 어떻게 인식했는지를 분석하고자 한다. 특히 조선에 주재했던 프랑스 외교관 플랑시(Collin de Plancy)의 조 · 청관계 인식을 분석하고자 한다. 플랑시는 1888년 6월 조선에 부임했고 1892년까지 재직했다. 이후 그는 수년간 조선 밖에서 활동하다가 1896년 4월 재차 조선 공사로 부임하여 1905년 11월까지 재직했다. 이같이 그는 장기간 조선에서 근무했으므로 조선의 실정을 소상히 파악했다고 볼 수 있다.

본 연구는 먼저 플랑시는 청의 대조선정책에 대해 어떻게 인식했는

---

2) 조선과 프랑스의 외교에 대해서는 다음 글 참조.
우철구, 「청일전쟁을 전후한 프랑스와 조선」, 『한불수교 100년사』, 한국사연구협의회, 1986; 홍순호, 「한불인사교류와 프랑스고문관의 내한; 1886~1910」, 『한불수교 100년사』, 한국사연구협의회, 1986; 노길명, 「개항기 제국주의열강의 조선공략에 대한 프랑스 선교사들의 태도」, 『조선의 사회와 역사』, 최재석교수정년퇴임기념논총간행위원회, 1991; 조현범, 「19세기 프랑스 선교사들의 문명관 -1836년부터 1886년까지-」, 『교회사연구』 제15집, 한국교회사연구소, 2000; 그럿트 빠스깔, 「고종과 프랑스(1866~1906)」, 『한국문화연구』 12, 이화여자대학교 한국문화연구원, 2007.

지를 분석하고자 한다. 구체적으로 플랑시는 청 정부의 대조선정책과 원세개의 대조선 활동에 관한 인식을 분석하고자 한다. 다음으로 플랑시는 조선의 대청정책을 어떻게 인식했는지를 분석하려고 한다. 구체적으로 플랑시는 조선의 파사문제와 고종의 대청입장을 어떻게 인식했는지를 분석하고자 한다.

종래 청의 대조선정책의 목표에 대해서는 종주권 강화,[3] 식민지화 기도[4]로 평가하는 시각이 있다. 원세개의 대조선 활동에 대해서는 침략성을 강조하는 입장[5]과 침략보다는 조선의 안보를 추구했다고 보는 입장이 있다.[6] 또 조선의 대청정책에 대해서는 반청자주노선으로 평가하는 시각이 있다.[7] 본 연구는 기존 연구를 바탕으로 프랑스 외교관의 조·청관계 인식을 검토하고자 한다.

본 연구는 국사편찬위원회에서 간행한 『프랑스외무부문서』를 주자료로 활용했다. 『프랑스외무부문서』는 조선 주재 프랑스 외교관이 프랑스 정부에 보고한 서류를 모아 놓은 자료이다. 특히 『프랑스외무부문서』 2, 3, 4권은 플랑시의 보고서가 대부분이다. 본 연구가 조선의 대청정책과 청의 대조선정책을 이해하는 데 조금이나마 기여하기를 기대한다.

---

3) 林明德, 『袁世凱與朝鮮』, 臺北 中央硏究院近代史硏究所, 1970.

4) 김정기, 「청의 조선정책(1876-1894)」, 『1894년 농민전쟁연구 3』, 역사비평사, 1993; 구선희, 「19세기 후반 조선사회와 전통적 조공관계의 성격」, 『사학연구』 제80호, 한국사학회, 2005.

5) 李陽子, 『朝鮮에서의 袁世凱』, 신지서원, 2002.

6) 林明德, 앞의 책.

7) 구선희, 앞의 글.

2. 청국의 대조선정책 인식

1) 청의 대조선 입장 인식

이 무렵 러시아의 대조선 정책의 기조는 조선을 독립국으로 인정하는 것이었다. 러시아는 1884년 조러통상조약 체결을 계기로 적극적으로 대조선정책을 전환하고자 했다. 조선은 임오군란 이후 청이 내정간섭을 강화하자 러시아에 접근했다. 이에 대항하여 영국이 거문도를 점령함으로써 조선에서는 청 · 일 · 러 · 영에 의한 다극체제가 형성되었다. 러시아는 영국의 거문도 점령과 조러밀약을 계기로 대조선정책을 재검토했다. 러시아 정부는 1888년 특별회의에서 러시아가 조선 영토를 점령할 경우 영 · 청이 좌시하지 않을 것으로 판단했다. 따라서 러시아는 동아시아에서 육군이 증강될 때까지 현상유지정책을 지속하기로 했다. 러시아는 조선의 경제적, 군사적 가치가 청의 속방화정책을 반대하여 청과 대결할 정도로 크지는 않다고 판단했다. 그러므로 러시아는 조선에서 청의 이해관계를 존중하며, 영국과의 관계를 악화시키지 않는 방향으로 정책을 전개하기로 했다. 그러므로 러시아는 청의 대한종주권 정책을 묵인했다.

한편 프랑스는 1886년 조선과 평등한 입장에서 통상조약을 체결함으로써 조선을 독립국으로 인정했다. 프랑스는 조선과 수교한 이후 한동안 조선과의 외교 업무를 러시아에 맡기다가 플랑시를 정부위원에 임명함으로써 조선과의 직접 외교를 전개했다. 플랑시는 1888년 6월 제물포를 거쳐 서울에 도착했다.[8] 프랑스 외무부는 플랑시에게 조선

[8] 『프랑스외무부문서』 2, 1888년 6월 10일, 6쪽.

정부 및 열강대표와 교섭할 때의 대응 지침을 주었다. 그 핵심은 첫째, 프랑스는 타 열강에 비해 동아시아에서 중요한 정치적 이해관계가 없으며, 둘째, 청불외교는 조불외교보다 더 중요하므로 청 대표와 우호관계를 유지할 것, 셋째, 조선이 프랑스에 지원을 요청할 경우 청에 반대해 조선 왕의 자주적 입장을 지지하지 말 것 등이었다.[9] 이상에서 드러나듯이 프랑스 정부는 청과의 외교를 조선과의 외교보다 중시했다. 플랑시는 프랑스 정부의 지침에 따라 청의 대조선정책을 예의 주시했다. 플랑시가 부임할 무렵 조·청간에는 파사문제가 쟁점으로 부상했다. 파사문제란 조선이 구미 각국에 전권 공사를 파견한 데 대해 청이 강경하게 반대한 사안을 의미한다.

조선 정부에서는 1885년경부터 구미 각국에 공사를 파견해야 한다는 논의가 대두했다. 미국 대리공사인 포크(George Clayton Foulk)는 고종에게 청에 대항하는 방안으로 구미 공사 파견을 권고했다. 1886년 3월 내무부협판에 제수된 외국인 고문인 데니(O. N. Denny)도 고종에게 파사를 건의했다. 데니는 본래 청의 추천으로 조선에 파견된 인물이었다. 청은 외아문협판 묄렌도르프(Paul Georg von Möllendorff)가 조선에 편향되고, 또 조·러간의 접근을 시도했다고 판단하여 1886년 4월 데니를 조선에 파견했다.[10]

포크와 데니의 주장한 바의 요지는 "각국에서는 대리공사와 영사를 파견하여 조선을 동등한 국가로 상대하지 않고 있습니다. 만약 조선이 각국에 전권 공사를 파견한다면 각국에서도 격이 높은 사절을 파견하게 될 것입니다. 그들은 권세가 있어서 사단이 있을 때마다 견제할 것

9) 『프랑스외무부문서』 2, 1888년 4월 6일, 3~5쪽.

10) 김현숙, 「구한말 고문관 데니(O. N. Denny)의 반청외교활동의 성격과 경제개방정책」, 『이대사원』 제29집, 이대사학회, 1996, 144~145쪽.

이므로 청이 감히 조선을 속방으로 보지 않을 것입니다."라는 것이었다. 딘스모어(Hugh A. Dinsmore) 미국 공사와 베베르(Karl Ivanovich de Waeber) 러시아 공사도 고종에게 파사를 권고했다.[11]

고종은 폐위음모사건을 계기로 청의 내정간섭의 심각성을 재인식하고, 구미 각국에 전권 공사를 파견하기로 결정했다. 고종이 파사를 결정한 것은 외국인의 조언이 영향을 주었다. 고종은 각국에 공사를 파견함으로써 조선이 청에 예속되지 않았으며, 대등하게 외국과 협상할 권리가 있음을 천명하려고 했다. 플랑시는 고종이 미 공사와 데니의 요청에 따라 이홍장과 원세개의 반대에도 불구하고 미국에 전권 공사를 파견하기로 결정했다고 판단했다.[12] 이를 통해 플랑시는 조선이 자주외교를 추진한 것은 외교 사절과 외국인 고문의 역할이 크게 작용했다고 인식한 것을 알 수 있다.

고종은 1887년 심상학을 프랑스, 러시아, 영국, 독일, 이태리 등 5개국의 전권 공사에, 박정양을 주미 공사에 임명했다.[13] 그 과정에서 고종은 청 황제에게 공사 파견을 승인받으려 하지 않았다.[14] 조선의 전권 공사 파견을 강력히 반대한 청은 군함을 보내 박정양을 체포하려 했지만 미국 정부의 개입으로 실패했다. 미국 정부는 군함을 제물포에 파견하여 박정양을 영접했다.[15]

청은 조선의 독립 주장을 경계했고, 종주국 지위를 입증하려 노력했다. 청은 조선 공사의 활동을 제약하기 위하여 조선 정부에 '영약삼단'을 준수할 것을 요구했다. 삼단은 대외적으로 조선 공사에 대한 청국

11) 송병기, 앞의 글, 96~97쪽.
12) 『프랑스외무부문서』 3, 1889년 1월 10일, 3~6쪽.
13) 『고종실록』 권24, 고종 24년 6월 29일.
14) 『러시아문서 요약집』, 1887년 9월 28일, 164쪽.
15) 『프랑스외무부문서』 3, 1889년 1월 10일, 3~6쪽.

공사의 우월권을 인정하는 것인 동시에 조선의 외교상 자주권을 심히 제약하는 것이었다.[16] 플랑시는 청은 이전에 조선이 체약국에 대해 사절을 파견하는 것에 동의한 바 있었는데 돌연 입장을 바꿔 그들이 동의했던 조약을 위배하고 있다고 판단했다. 플랑시는 청이 조선의 사절 파견에 반대하는 이유는 조선의 독립 주장을 경계했기 때문이라고 파악했다. 한편으로 플랑시는 청이 전권 공사의 직함을 수정할 것을 요구하여 종주국 지위를 입증하려 획책한다고 파악했다.[17]

플랑시는 청은 조선 정부의 자주외교의 이면에는 데니의 권고가 작용한 것으로 단정하고 있다고 인식했다.[18] 플랑시는 이홍장이 데니를 축출하려고 획책하여 데니가 조선 정부로부터 지급받지 못한 봉급을 청이 보상하는 조건을 제시하여 데니를 퇴직시켰다고 파악했다.[19] 또 플랑시는 이홍장이 파사문제를 완전히 해결하려고 고종에게 주미 공사 박정양과 홍콩에 체류하는 조신희의 소환을 간청했지만 성과를 보지는 못했다고 파악했다.[20]

다음으로 플랑시가 주목한 것은 조선에서 유포되는 청의 파병설이었다. 청국신문은 '광서제가 즉위한 뒤 청은 조선에 대한 원정을 단행하여 조선을 병합할 것이다. 그 뒤 국왕을 유배보내고, 북경 총리아문의 현직 관리를 총독으로 임명할 것이다.'라고 보도했다. 청군은 임오군란 이후 조선에 주둔하다가 천진조약을 계기로 1885년 7월 마산포에서 철수한 바 있었다.[21] 플랑시는 청국 공사관원들의 언동을 근거로

16) '영약삼단'에 대해서는 송병기, 앞의 글, 101~102쪽 참조.
17) 『프랑스외무부문서』 2, 1888년 7월 30일, 46~51쪽.
18) 『프랑스외무부문서』 2, 1888년 8월 12일, 54~58쪽.
19) 『프랑스외무부문서』 3, 1889년 2월 19일, 45~47쪽.
20) 『프랑스외무부문서』 3, 1889년 2월 19일, 45~47쪽.
21) 『승정원일기』 고종 22년 5월 25일.

이 기사가 전혀 근거 없는 것은 아니라고 인식했다. 플랑시는 청이 조공국을 차례차례로 상실하자 위기의식을 가지게 되었다고 파악했다. 플랑시는 본국 정부에 청이 조선을 국가안전상 요지로 인식하고 병합을 추진하려 한다고 보고했다.[22] 플랑시는 청이 전통적인 조공관계를 넘어 조선을 병합하고자 한다고 판단한 것을 보여준다.

이 시기 청국 정부의 외교권을 장악하고 있던 인물은 직예총독 이홍장이었다. 이홍장이 파병설을 공식 부인했음에도 불구하고 플랑시는 이를 믿지 않았다. 플랑시는 청의 집권층의 동향을 예의 주시했다. 영국 런던 주재 청 공사인 유서분은 광서제에게 조공은 조·청관계의 미약을 증명한다고 주장하면서 보다 강력한 대조선개입을 건의했다. 유서분은 상당한 권한을 소유하고 강력한 군대의 지원을 받는 고위급의 청국 주차관을 서울에 배치할 것을 건의했다.[23]

플랑시는 유서분의 상소를 근거로 청 정부에서 대조선강경책이 거론되고 있다고 판단했다. 그러므로 플랑시는 청의 조선 태도를 예의 주시했다. 그 과정에서 플랑시는 청이 조선 정부에 최후통첩을 했다는 첩보를 입수했다. 최후통첩의 내용은 조선 국왕은 아들에게 양위하고, 조선은 조약체결국들인 강대국에 대해 조선이 청국의 속방임을 공표해야 한다는 것이었다. 또 플랑시는 광서제는 청에 호감을 보여온 대원군을 조선의 지배자로 임명할 것이 확실하다는 첩보를 입수했다. 플랑시는 일련의 첩보를 통해 청의 시도는 조선을 보호국으로 편입시키려는 데 있다고 결론지었다.[24] 그러므로 플랑시는 청군의 동향을 예의 주시했다. 이후 청은 1889년 9월 8척의 함대를 한반도에 파견했다.

---

22) 『프랑스외무부문서』 3, 1889년 2월 10일, 34~38쪽.
23) 『프랑스외무부문서』 3, 1889년 3월 31일, 74~75쪽.
24) 『프랑스외무부문서』 3, 1889년 4월 30일, 87~90쪽.

청 함대는 제물포를 경유하여 거문도, 부산, 원산, 두만강 등 한반도 전해역을 항해했다. 플랑시는 청함대가 한반도 주변을 항해한 주 목적은 청제국의 깃발을 휘날리며 조선에 대해 시위하는 데 있다고 파악했다.[25]

플랑시는 청의 대조선 경제정책에 대해서도 예의 주시했다. 청 정부는 1889년 11월 조선 상품에 대한 관세를 절반으로 인하했다. 플랑시는 청의 조치에 대해 조선을 청의 한 지방과 동일시하기 위한 정치적인 결정이라고 판단했다.[26] 플랑시는 청의 관세정책을 조선에 대한 속방화정책의 일환으로 인식한 것을 보여준다. 한편 청은 조선이 외국으로부터 차관을 도입하는 것을 강력히 저지했다. 이홍장은 천진 주재 조선통상사무독리에게 조선의 차관계획을 승인하지 않을 것이라고 통보하고, 일본 차관도입도 반대했다.[27]

한편 조선 정부는 1890년 5월 해관세 수입을 담보로 유럽과 차관을 교섭했다. 청은 유럽이 조선에 차관을 공여하는 것을 반대했다.[28] 청 총리아문은 조선은 청에 담보로 제공한 바 있던 해관수입을 담보로 타국과 차관을 교섭할 권한이 없다고 주장했다. 또 조선 해관의 관리들은 청 관리들로서, 청 황실의 지시만을 따를 것이라고 천명했다. 이후 이홍장은 열강국에 주재 중인 청대표들에게 청 정부는 조선의 차관에 반대한다는 공문을 발송했다.[29] 플랑시는 본국 정부에 청의 주장에 대

---

25) 『프랑스외무부문서』 3, 1889년 9월 22일, 189~190쪽.

26) 『프랑스외무부문서』 3, 1889년 12월 7일, 292쪽.

27) 『프랑스외무부문서』 4, 1890년 3월 31일, 118~119쪽; 『프랑스외무부문서』 4, 1890년 4월 7일, 124~125쪽.

28) 『清季中日韓關係史料』 5, 臺北 中央研究院近代史研究所, 1972, No.1548. 광서 16년 6월 28일, 2801~2803쪽.

29) 『清光緒朝中日交涉史料』 11, (고궁박물원, 1963), No.703. 광서 16년 3월 15일, 30쪽.

해 논리적으로 성립할 수 없는 것이라 보고했다. 플랑시는 과거 조선은 청으로부터 담보없이 차관을 도입했고, 청 황실도 수차 조선 해관에 대해 권리가 없다고 언급한 바 있음을 지적했다. 또 조선 해관의 관리들은 조선 정부의 외무아문으로부터만 명령을 받는다는 사실을 상기시켰다. 플랑시는 결국 조선은 차관도입에 실패했다며 보고하면서 청의 차관 반대는 종주권 강화에 있다고 강조했다.[30] 이후 청은 조선의 해관을 통제하고자 조선에 차관을 제공하고자 했다.[31] 플랑시는 청의 목표는 조선에 차관을 제공하고 상환을 보증한 주요 부서를 장악하려는 데 있다고 파악했다. 그리고 청이 궁극적으로 조선 정부가 청의 승인 없이 사업을 추진하는 것을 저지할 수 있게 됐다고 평가했다.[32]

조선 정부는 유럽 차관이 실패하자 1892년 8월 청에서 10만 냥의 차관을 도입했다.[33] 조선 정부가 청에서 차관을 도입한 배경은 독일 상사에서 구입한 미곡 운반 증기선 대금을 지불하기 위해서였다. 그 무렵 독일 상사는 조선 정부가 증기선 대금을 지불하지 못하자 증기선을 압류했다.[34] 플랑시는 청 차관에 대해 청이 조선 재정 문제에 교묘한 방법으로 개입했다고 인식했다. 그러면서 종주국이 조공국에 차관을 제공하는 것은 상당한 정치적 의미가 있다고 평가했다.[35] 그를 통해 플랑시는 청의 대조선 경제정책 역시 속방화정책의 일환으로 규정한 것을 보여준다.

플랑시는 청은 조선에 대한 종주권 행사에 가장 제동을 가할 국가로

30) 『프랑스외무부문서』 4, 1890년 7월 16일, 183~186쪽.
31) 『淸季中日韓關係史料』 5, No.1727. 광서 18년 9월 5일, 3044쪽.
32) 『프랑스외무부문서』 5, 1891년 10월 20일, 120쪽.
33) 김정기, 「조선 정부의 청차관 도입」, 『한국사론』, 1976, 468~473쪽.
34) 『프랑스외무부문서』 5, 1892년 11월 15일, 233쪽.
35) 『프랑스외무부문서』 5, 1892년 12월 15일, 230쪽.

서 러시아를 경계한다고 인식했다. 러시아는 1887년 5년 뒤 완공을 목표로 시베리아철도를 착공했다. 이에 청 언론은 러시아의 남진을 막고자 만주에 부대를 주둔시켜 조선군과 연합작전을 추진해야 한다고 주장했다.[36] 이홍장도 영국기자에게 "러시아가 조선을 침공할 경우 청은 개입할 것입니다. 조선은 자립이 불가능하므로 독립 논의는 무용합니다."고 언급했다. 플랑시는 이를 근거로 청의 대조선정책이 조만간 변경될 것으로 내다봤다.[37] 플랑시는 청이 러시아와 일전을 각오할 정도로 조선 속방화에 대한 집착이 대단하다고 평가했다. 다음으로 플랑시는 청은 일본의 조선 진출을 견제하려고 조선에 차관을 제공했다고 파악했다.[38] 플랑시는 청이 조선에 대해 유화정책으로 전환한 것은 일본을 견제하려는 의도하고 추정했다.[39]

플랑시는 청의 대조선 정책을 종주권 강화, 속방화, 보호국화, 병합 등으로 인식했다. 이같이 플랑시는 청의 대조선 정책을 특정하지는 않았다. 그렇지만 플랑시는 청의 대조선 정책이 전통적인 조공관계를 넘어서는 것으로 판단했고, 궁극적으로는 조선을 병합하고자 하는데 있다고 인식했다.[40]

36) 『프랑스외무부문서』 4, 1890년 12월 10일, 251~255쪽.

37) 『프랑스외무부문서』 3, 1889년 2월 25일, 61~63쪽.

38) 『프랑스외무부문서』 5, 1891년 10월 20일, 120쪽.

39) 『프랑스외무부문서』 5, 1891년 12월 29일, 145쪽.

40) 이 시기 청의 대조선정책에 대해서는 종주권 강화가 아니라 조선의 식민지를 목표로 한 과도기적 정책으로 보는 시각도 있다. 즉 청의 대조선정책은 유교의 상하우열질서에 기초한 '문화적 속방정책'에서 서구 자본주의의 침략방식을 채택한 '식민지적 속방정책'으로 중심이 바뀌었다는 것이다. 김정기, 「청의 조선정책(1876-1894)」, 67쪽.

2) 원세개의 활동 인식

청 정부의 대조선정책을 조선 현지에서 실행한 인물은 원세개였다. 원세개는 1882년 임오군란 진압차 조선에 왔고, 갑신정변 진압에도 개입한 바 있었다. 청은 1885년 원세개에게 '주차조선총리교섭통상사의'라는 직함을 주어 조선에 파견했다. 원세개는 조선 정부의 군사고문으로 행세하면서 조선의 군사문제에 적극 개입했다.[41] 조선 정부는 군대 재건에 원세개의 자문을 구했고, 그에 따라 군제를 청식 친군체제로 통일했다. 그 결과 청식 친군체제는 지방병영으로까지 확대하여 친군서영 · 친군심영 · 친군남영 · 친군무남영 · 친군북영 · 친군진어영 등이 창설됐다.[42]

원세개는 조 · 청간의 외교통상문제를 다루는 것이 공식 임무였지만 청제의 유지, 총리아문 · 북양대신의 문빙, 서신을 빙자하여 대소 국정에 간여하지 않은 것이 없었다.[43] 원세개의 조선에서의 행보는 오로지 조선을 청의 속국, 근대공법에서 정의하는 '속국'으로 만드는데 집중되었다.[44] 원세개는 1886년 7월 조선 의정부에 〈조선대국론〉이라는 글을 보내 조선의 자주노선을 비판하였다. 그는 "청은 정예군사가 30만인데 비해 조선은 수천 명에 불과합니다. 조선은 인구가 천만이 되지 않고 조세도 200만 섬에 이르지 않는 가장 빈약한 국가입니다. 조선은 강대국사이에서 사실상 자주, 자립이 불가능합니다. 따라서 조선은 러 · 일을 경계하고 청에 의지해야 합니다."라고 주장하였다.[45] 이같이 그는

---

41) 陸軍本部, 『韓國軍制史』, 近世朝鮮後期篇, 1977, 325쪽.

42) 崔炳鈺, 『開化期의 軍事政策硏究』, 景仁文化社, 2002, 233~234쪽.

43) 송병기, 앞의 글, 94쪽.

44) 구선희, 앞의 글, 171쪽.

45) 『고종실록』 권23, 고종 23년 7월 29일.

러·일의 위협을 구실로 조선에 대해 청에 의지하여야 한다고 강요했고, 그 결과 탈청정책을 추진한 고종과 대립했다. 원세개는 조선이 러시아에 접근하자 조선 정부에 거짓으로 청군 파병설을 통보하여 조·러 접근을 차단했다. 이후 원세개는 고종을 폐위하고 대원군의 손자인 이준용을 국왕으로 추대하고자 획책했지만 민영익의 밀고로 실패했다.[46)]

플랑시는 1887년경부터 원세개의 영향력이 약화되기 시작했다고 파악했다.[47)] 플랑시는 원세개가 영향력을 회복하기 위하여 다채로운 수법을 사용하고 있다고 추측했다. 먼저 플랑시는 원세개가 보수정치의 신봉자인 대원군과 제휴를 추진한다고 판단했다.[48)] 다음으로 플랑시는 원세개가 청군의 파병을 모의하고 있다고 추정했다. 이 무렵 조선에서는 외국인들이 어린이들을 매매하기 위하여 납치하고 있다는 소문이 유포되었다. 플랑시는 조선의 소문과 청국의 천진, 북경에서 유포된 소문이 유사함에 주목했다. 플랑시는 원세개가 조선인이 서구인을 의심하는 것을 이용하고 있다고 판단했다. 플랑시는 원세개가 조선인들이 어린이 납치설을 계기로 소요를 일으키기를 유도하고, 조선 정부가 질서유지에 무력하다는 것을 드러내도록 하여 서울에 청군을 진주시키려 한다고 추측했다. 플랑시는 청군의 파병은 청의 영향력을 강화시켜 원세개의 영향력을 회복하려는 계책이라고 해석했다.[49)] 이후에도 청군 파병설은 빈번히 유포되었다. 특히 청이 조선에 군대를 진주하여 고종을 제주도에 유배보내고, 청국인을 왕으로 세울 것이라는 풍설이 유포되어 조선인들이 피난 소동을 벌이기도 했다.[50)] 그 후에도

46) 李陽子, 앞의 책, 176~177쪽.

47) 『프랑스외무부문서』 2, 1888년 6월 23일, 12~15쪽.

48) 『프랑스외무부문서』 2, 1888년 8월 12일, 54~58쪽.

49) 『프랑스외무부문서』 2, 1888년 6월 23일, 12~15쪽.

50) 『프랑스외무부문서』 3, 1889년 2월 28일, 64~66쪽.

원세개는 지속적으로 청의 조선 파병을 추진했다. 그는 청의 파병을 용이하게 하기 위해 조선군의 복장을 청군과 동일하게 할 것을 조선 정부에 제의했다.[51]

원세개는 조선 정부가 구미 각국에 공사를 파견하는 것을 강력히 저지했다. 원세개는 이홍장에게 보내는 보고서에서 고종은 서정을 모두 폐하고 파사하는 것으로 일삼고 있다고 언급했다.[52] 영국 서리총영사 베버(E. C. Baber)와 독일 총영사 잡페(E. Zappe)는 원세개에게 조선의 공사파견은 청의 체면을 크게 손상시키는 것이므로 이를 제지해야 한다고 조언했다. 이에 원세개는 한층 자신을 가지고 조선 정부의 공사 파견을 강력히 저지했다.[53] 원세개는 주미 공사 박정양과 홍콩에 체류하고 있던 유럽 공사 조신희의 소환을 고종에게 간청했다.[54] 고종은 원세개의 강력한 요구로 주미 공사 박정양을 귀국시켰다. 그럼에도 불구하고 원세개는 의정부에 조회하여 박정양을 처벌할 것을 요구했고, 조선 정부와 박정양의 처벌문제를 가지고 실랑이를 벌였다. 고종은 청의 처벌요구를 거부하고 박정양에게 교섭통상사무아문 독판직을 제수하려 했다. 원세개는 이에 항의했으나 소용이 없자 왕실 행사에 불참했다.[55] 이후 고종은 박정양을 승정원 도승지, 홍문관 부제학에 제수했다. 원세개는 실권이 없는 독판을 제치고 영의정과 담판했지만 성과가 없었다.[56] 원세개가 영의정과 담판한 이유는 심순택, 김홍집, 김병

---

51) 『日本外交文書』(韓國篇) 第5冊, 機密第52號, 1893년 7월 29일, 〈朝鮮國軍ノ清國軍服制採用ニ付討議ノ旨情報ノ件〉, 488쪽.

52) 송병기, 앞의 글, 97쪽.

53) 이양자, 앞의 책, 180쪽.

54) 『프랑스외무부문서』 3, 1889년 2월 19일, 45~47쪽.

55) 『프랑스외무부문서』 3, 1889년 9월 27일, 197~198쪽.

56) 『프랑스외무부문서』 3, 1889년 12월 17일, 301~303쪽.

시, 민응식 등의 대신들이 파사에 반대했기 때문으로 보여진다.[57] 고종은 원세개의 요구로 11월 박정양의 승정원 도승지, 홍문관 부제학직을 면직했지만 처벌은 하지 않았다.[58] 플랑시는 원세개가 조선의 구미공사 파견을 적극 저지하고 있다고 인식했고, 특히 홍콩에 체류하고 있는 조신희를 묶어두려 한다고 파악했다.[59] 플랑시는 원세개가 한동안 단절된 조 · 청사이의 황실관계를 부활하려고 고종에게 거액의 선물을 제공하는 등 현격한 변화를 보이고 있다고 파악했다.[60]

원세개의 조선 내 활동을 가장 강력하게 견제하는 인물은 데니였다. 데니는 1888년 8월 조 · 청관계에 대한 입장을 천명한 『청한론』을 배포했다. 데니는 『청한론』에서 청의 조선에 대한 모든 불법적 행동을 폭로하고, 고종이 무기력하고 무경험하다는 비난을 반박했다. 또 데니는 조선은 청에 예속된 적이 없었다고 주장했다. 그리고 조선이 청에 예속되었다면 열강은 조선과의 조약을 거부했을 것이라고 반박하면서 열강은 조약을 통해 조선을 독립국으로 인정한 것이라고 주장했다.[61]

플랑시는 본국 정부에 『청한론』 중에서 2장이 가장 긴 부분으로서 원세개의 비정상적인 태도를 서술했다고 보고했다. 그리고 2장의 주된 내용은 원세개의 밀수 조장, 고종의 목숨을 상대로 한 음모의 선동, 내정 간섭, 고종과 관리에 대한 협박 등이라고 보고했다. 플랑시는 『청한론』은 원세개에 대한 분노가 상당부분을 차지하는 등 외교문제를 폭로한 미국잡지를 읽는 느낌이라고 언급했다.[62] 플랑시는 원세개가

57) 송병기, 앞의 글, 97쪽.

58) 송병기, 앞의 글, 113쪽.

59) 송병기, 앞의 글, 111~112쪽.

60) 『프랑스외무부문서』 4, 1890년 1월 6일, 3~5쪽.

61) 『청한론』의 성격에 대해서는 김현숙, 「구한말 고문관 데니(O. N. Denny)의 『清韓論』 분석」, 『梨花史學研究』 第23 · 24合輯, 梨花史學研究所, 1997 참조.

『청한론』을 보고 격앙된 반응을 보였으며 그에 따라 데니는 물론 데니의 후견인으로 판단한 미·러 공사와의 접촉을 기피했다고 보고 했다.[63] 또 데니도 원세개가 궁중에 가마를 타고 출입하는 것을 제지하는 등 격렬히 충돌했다고 보고했다.[64]

플랑시는 원세개가 가장 경계한 인물로 데니를 지목했다. 원세개는 데니가 구미 공사 파견에 깊이 개입했다고 판단했으므로 조선 정부에 광서제 즉위 이전에 데니를 조선에서 내보낼 것을 요구했다.[65] 원세개는 조선 정부에 대해 연체된 데니의 봉급을 청이 보상할 것이라는 조건으로 데니의 면직을 요구하여 이를 관철시켰다.[66] 데니는 1890년 4월 16일 조칙으로 면직됐다. 플랑시는 원세개가 르장드르(Charles W. Legendre)의 고빙을 반대했던 이유도 조선독립을 지지한다고 인식했기 때문으로 풀이했다.[67] 한편 러시아 공사 베베르는 데니와 원세개의 대립에서 데니를 지지했고, 청 공사가 주최한 청 황후 축제에도 불참했다. 플랑시는 베베르가 청에 호의적이지 않고, 데니와 제휴한 것은 데니가 러시아의 이익을 대변했기 때문이라고 해석했다.[68]

한편 원세개는 외교사절단과의 관계를 재조정하려 기도했고, 1889년 2월경부터 독자적 행보를 개시했다. 종래 원세개는 스스로를 타국의 외교사절과 영사들의 동료로 인식하여 미·러·일 공사 다음의 직위를 차지했고, 외국대표자회의에서 정치·통상같은 주제를 가지고 토의할

---

62) 『프랑스외무부문서』 2, 1888년 8월 25일, 59~61쪽.
63) 『프랑스외무부문서』 2, 1888년 9월 18일, 69~71쪽.
64) 『프랑스외무부문서』 2, 1888년 11월 2일, 100~101쪽.
65) 『프랑스외무부문서』 3, 1889년 4월 30일, 87~90쪽.
66) 『프랑스외무부문서』 3, 1889년 2월 19일, 45~47쪽.
67) 『프랑스외무부문서』 4, 1890년 3월 27일, 116~117쪽.
68) 『프랑스외무부문서』 2, 1888년 11월 20일, 108~109쪽.

때 꾸준히 참여한 바 있었다. 그런데 원세개는 태도를 바꿔 외교사절단 회의에 불참했다. 플랑시는 원세개의 행보는 향후 조선 정부에 간섭을 강화하려는 신호라고 해석했다.[69] 이후에도 플랑시는 원세개가 조선관리에게 자신은 단순한 외교관이 아님을 주지시키고 있으며, 나아가 조선의 대외관계를 감독하려 한다고 파악했다. 플랑시는 원세개의 돌변은 청의 조선속방화 조치와 연관이 있다고 해석했다.[70]

이상과 같은 원세개의 행보는 이후에도 계속되었다. 원세개는 조선은 청의 조공국이므로 청대표는 다른 외국사절과 입장이 틀리다고 강조했다. 그는 자신은 외교관이 아닌 주차관으로서 조공국의 정치 일반을 통제할 권한이 있다고 주장하는 한편 향후 주한 외교사절단 회의에 불참할 것을 통보했다. 플랑시는 본국 정부에 이 같은 원세개의 자만은 청국식 사고방식에서 기인한다고 지적하면서 청의 특혜를 인정해서는 안된다고 건의했다.[71] 베베르도 원세개가 열강 외교대표에 비해 직위가 높고 예외적인 위치에 있는 양 처신하고 있다고 비판했다. 이어 베베르는 본국 정부에 원세개를 자제시킬 지시를 내려줄 것을 청훈했다.[72]

한편 고종은 청의 간섭을 배척하고자 원세개의 첩자가 많은 외아문을 제쳐놓고, 주로 외국인 고문을 통해 차관을 도입하고자 했다.[73] 원세개는 차관제공의 실익과 그 파괴적인 영향력을 인식하면서 청의 차관제공이 주는 여섯 가지 이익을 예시했다. 첫째, 고종의 자주정책을 분쇄할 수 있다. 둘째, 조선의 재정을 조정할 수 있고, 각종 이권을 획

69) 『프랑스외무부문서』 3, 1889년 2월 24일, 56~57쪽.
70) 『프랑스외무부문서』 4, 1890년 1월 28일, 49~51쪽.
71) 『프랑스외무부문서』 4, 1890년 12월 27일, 258~259쪽.
72) 『러시아문서 요약집』, 1890년 3월 28일, 118쪽.
73) 이양자, 앞의 책, 182쪽.

득할 수 있다. 셋째, 조선의 내치와 외교를 간섭할 수 있다. 넷째, 구미 국가들과 일본의 조선간섭을 배제할 수 있다. 다섯째, 청차관의 제공 독점으로 '상국-속방체제'를 유지할 수 있다. 여섯째, 조선해관의 운영권과 수세권을 장악할 수 있다는 것이었다.[74] 그러므로 원세개는 조선이 청으로부터만 차관을 도입하고 다른 국가에서 차관을 도입하는 것을 적극 저지했다.

고종은 데니를 통해 외국으로부터 차관을 도입하고자 했다.[75] 이에 데니는 프랑스은행에서 차관을 도입하기로 했다. 원세개는 타국으로부터의 차관도입은 청의 결재를 받아야 한다고 주장하며 이를 저지했고, 일본차관도 저지했다.[76] 고종은 르장드르에게 총세무사를 맡기고 해관의 독자운영을 기도했지만 원세개의 저지를 받았다.[77] 결국 고종은 르장드르에게 총세무사직 제수를 포기하고 내아문협판직을 제수했다.[78]

플랑시는 조선보다는 청과의 관계를 중시했지만 낮은 지위의 원세개가 조선의 국정에 개입하는 것에 대해 비판적이었다. 플랑시는 원세개가 고종에게 난폭한 정책을 권장하여 고종의 지지를 잃었다고 인식했다. 플랑시는 청이 고종의 권력을 확고히 하여 조·청간의 관계를 친밀하게 하는 방식으로 조선 정부를 청편으로 견인하여 러시아에 대적해야 했다고 판단했다. 플랑시는 원세개가 조선 정부의 행정과 군사개혁을 서두르고, 추가 개항과 통신망의 개선으로 조선 정부의 재원을 증대시키는데 전념했다면 한반도를 쉽게 방어하는데 기여했을 것이라고 판단했다. 그러나 플랑시는 원세개가 이와는 상반된 임무를 수행하

---

74) 김정기, 「청의 조선정책(1876-1894)」, 63~64쪽.

75) 『淸季中日韓關係史料』 5, No.1443. 광서 15년 6월 30일, 2624쪽.

76) 이양자, 앞의 책, 183~184쪽.

77) 『淸光緖朝中日交涉史料』 11, No.685. 광서 16년 2월 16일, 26쪽.

78) 이양자, 앞의 책, 184쪽.

는 데 전념한 결과 조선 정부의 발전을 방해했고, 조선 왕국을 약화시켰다고 비판했다.[79] 이를 통해 플랑시는 청이 조선의 개혁을 방해했다고 인식한 것을 보여준다.

3. 조선의 대청정책 인식

1) 파사문제 인식

조선 정부는 청군 철수 이후에도 자행되는 청의 내정간섭을 탈피하고자 했고, 청의 공격을 차단하고자 러시아와의 밀약을 추진하기도 했다. 고종은 1887년 11월 내무부협판 조신희를 프랑스, 러시아, 영국, 독일, 이탈리아 등 유럽 5개국의 전권 공사로 임명했고, 조신희는 1888년 1월 출발했다.[80] 조신희는 홍콩을 경유하여 영국, 프랑스, 독일을 거쳐 러시아의 페테르부르그에 상주할 예정이었다.[81] 조신희는 프랑스어, 영어에 능통한 외국인을 구하지 못했다는 이유로 홍콩에 머무르면서 3년 동안 고종의 지시를 대기했다.[82] 조신희는 청이 박정양의 소환을 강력히 요구하자 사태의 추이를 관망했다. 청은 조선 공사의 활동을 제약하기 위하여 외국 정부에 '영약삼단'을 준수할 것을 요청했다. 외국 정부들은 조선 국왕의 언급을 기초로 청의 요구를 거부했고, 특히 러시아는 조선사절을 환영할 준비를 했다. 주일 조선 공사는 청 공사

79) 『프랑스외무부문서』 2, 1888년 12월 6일, 154쪽.
80) 『프랑스외무부문서』 2, 1888년 7월 30일, 52쪽.
81) 『러시아문서 요약집』, 1888년 4월 5일, 164쪽.
82) 『프랑스외무부문서』 3, 1889년 9월 27일, 197~198쪽.

의 보좌 없이 일본 국왕에게 신임장을 제출했고, 미국 주재 조선 공사도 청 공사를 배제했다.[83]

플랑시는 프랑스 외무부에 조선대표들을 자주국의 대표처럼 접대해야 할지, 아니면 외교문제를 다룰 자격이 없는 속국의 관리로 접대해야 할지를 문의했다. 이어 그는 조선을 독립국으로 간주할 경우 청을 모욕하는 것이고, 조선을 종속국으로 취급할 경우 조·불간의 공식적 협정을 취소해야 할 것이라고 지적했다. 또 조선이 종속국이라면 조불조약은 무효로서 조선은 공사파견권이 없는 것이고, 자주국이라면 청이 조·불관계에 간섭하는 것은 불가하다고 지적했다. 플랑시는 결론적으로 청이 조선사절 파견에 반대하는 것은 그들이 동의했던 조약을 위배하는 것이며, 노선을 바꿔 조선에 우월성을 강요하려는 의도라고 평가했다.[84] 플랑시는 기본적으로 조선의 주권을 인정하고 청의 횡포를 비판한 것을 보여준다.

플랑시는 본국 정부에 프랑스는 조선을 독립국으로 간주했기 때문에 청의 간섭을 용납하지 말고, 미국 정부같이 조선대표를 접대할 것을 건의했다. 한편 프랑스 외무부는 미국에 파견한 조선 공사가 청 대표를 배제한 것을 조선의 대청 저항을 의미한다고 인식했다. 프랑스 외무부는 플랑시의 건의를 합리적 결론으로 인정하면서도 불·청관계의 중요성을 상기시켰다. 그리고 프랑스 정부는 조선사절이 단독으로 출석할 경우 독립국 대표로서 공식적으로 그를 접견할 것이며, 청 공사가 반대할 경우 프랑스는 조·청간의 화합을 권유한다는 방침을 정했다. 프랑스 정부는 조선대표의 접대에 대해서는 조선과 관계있는 유럽 열강의 대응을 보아가며 결정하고자 했고, 특히 러시아 정부의 접

83) 『프랑스외무부문서』 2, 1888년 7월 30일, 46~51쪽.
84) 『프랑스외무부문서』 2, 1888년 7월 30일, 46~51쪽.

대 방침을 전례로 삼으려 했다.[85] 프랑스 외무부 장관은 조선을 주권국으로 인정했으므로 조선 주재 대표를 청 · 일 주재 자국대표와 대등한 입장에 서게 했고 플랑시로 하여금 직접 외무성에 보고하게 했다.[86] 이같이 프랑스는 공식적으로 조선이 청의 종속국이 아니라 주권독립국이라고 인정했지만 청과의 이해를 중시하여 조 · 청간의 특수관계를 묵인했다.[87] 러시아 외무성도 조선이 러시아에 사절을 보내는 것은 청으로부터 보호를 청원하려는 것으로 판단하고 베베르 공사에게 파사문제를 지원하지 말라고 지시했다.[88]

한편 조선 공사는 청의 '영약삼단' 준수 요구를 거부했다. 주미 공사 박정양은 청 공사를 배제하고 미국 대통령에게 신임장을 제출했다. 그에 대해 원세개는 조선 정부에 주미 공사의 소환을 요구하여 박정양을 귀국하게 했다. 원세개는 고종에게 박정양을 처벌할 것을 요구했다. 고종은 박정양을 승정원 도승지직에서 면직시킬 것을 약속했지만 약속을 이행할 의사는 없었다. 플랑시는 조선 정부 일각에서 원세개가 무력을 사용할 것을 우려하고 있다며 고종이 위험한 게임을 시도하고 있다고 평가했다.[89]

고종은 청의 요구에 따라 박정양을 처벌할 경우 자주권을 침해받고, 그 결과 각국과 평등하게 외교사절을 교환하지 못할 것을 우려했다.[90] 이에 고종은 박정양이 귀국하자 그를 형식적으로 처벌하고 교섭통상사무아문의 독판직을 맡기려 했다. 플랑시는 고종이 조약을 통해 인정

---

85) 『프랑스외무부문서』 2, 1888년 11월 17일, 106~107쪽.
86) 우철구, 「청일전쟁을 전후한 프랑스와 한국」, 『한불수교100년사』, 1986, 137쪽.
87) 우철구, 위의 글, 162쪽.
88) 『러시아문서 요약집』, 1890년 5월, 296쪽.
89) 『프랑스외무부문서』 4, 1890년 1월 6일, 3~5쪽.
90) 송병기, 앞의 글, 112쪽.

받은 권리를 강행하려 한다고 인식했다.[91] 고종은 귀국한 박정양에게 승정원 도승지, 홍문관 부제학에 제수하여 원세개를 격앙시켰고, 박정양의 장남인 박승길에게 규장각 검서직을 제수하고자 했다.[92] 플랑시는 규장각 검서직은 지체 높은 양반에게 국한된 직책으로서 조선에서 크게 선호되던 직책으로 인식하고,[93] 고종의 조치에 대해 지나치게 청에 도전하는 것으로 평가했다.[94]

한편 청은 유럽 공사 조신희의 임무 수행을 방해했다.[95] 조신희는 고종의 명령 없이 홍콩을 출발하여 1890년 1월 부산에 도착한 뒤 원세개의 비호로 유배형에 처해졌다. 조선 정부는 조신희에 대해 근무지 이탈죄를 적용하고 전라도 함열에 유배를 보냈다. 고종은 천진 주재 통상사무독리를 역임했던 박제순을 유럽의 특명전권 공사에 제수하여 전임자의 직무를 계속하게 했다.[96] 플랑시는 조선 정부가 조신희를 유배형에 처한 것은 명목상의 엄벌로 평가하고, 조신희는 조만간 상경하여 요직을 맡을 것으로 내다봤는데, 실제로 조신희는 얼마 지나지 않아 사면됐다.[97] 플랑시는 조신희의 귀국은 원세개의 계산이 적중한 결과라고 판단했고,[98] 조선 정부가 다시 미국에 전권 공사를 파견하지는 않을 것으로 예측했다. 플랑시는 박제순의 출발 가능성에 대해서도 의

91) 『프랑스외무부문서』 3, 1889년 1월 10일, 3~6쪽.
92) 『고종실록』 권26, 고종 26년 7월 24일, 11월 9일.
93) 『프랑스외무부문서』 4, 1890년 1월 24일, 41~42쪽.
94) 『프랑스외무부문서』 3, 1889년 12월 17일, 301~303쪽.
95) 『러시아문서 요약집』, 1890년 5월 21일, 118쪽.
96) 고려대학교 아세아문제연구소, 『구한국외교문서』 〈법안 1〉, No.235. 1890년 2월 20일, 102쪽.
97) 『프랑스외무부문서』 4, 1890년 2월 9일, 70~71쪽; 『프랑스외무부문서』 4, 1890년 9월 18일, 200~201쪽.
98) 송병기, 앞의 글, 115쪽.

문을 표시하는 등 유럽 공사관이 유지되지 않을 것으로 단정했다. 그러면서 플랑시는 청의 방법이 성공했다는 결론을 내렸다.[99]

한편 조선은 삼단의 개정을 시도했다. 고종은 1887년 12월 근신 정병하와 교섭통상사무독판 조병식을 원세개에게 보내 삼단의 개정을 요구했지만 성과를 거두지 못했다. 고종은 1889년 10월 주진독리통상사무 김명규를 이홍장에게 보내 재차 삼단의 개정을 요구했지만 성과가 없었다.[100] 그럼에도 불구하고 고종은 1891년 5월 조선 공사 파견 문제를 이홍장과 상의하고자 통리교섭통상사무아문 협판을 역임한 바 있던 한성부판윤 변원규를 천진에 파견했다. 변원규는 청에 영약삼단의 수정안을 제시했는데 그 핵심은 첫째, 청국 공사가 조선 공사를 소개하는 절차를 무효화한다. 둘째, 조선 공사는 주재 공사의 직함을 가지고, 청국 전권 공사에 비해 상대적으로 낮은 지위를 갖는다. 셋째, 조선의 외교사절들은 중요 사항에 대해 비공식으로 청 공사의 자문을 받는다는 훈령을 받는다는 것이었다. 청은 종주권 확립을 기도했으므로 조선대표의 주재 공사 직함을 불허하고 조선이 청의 속국임을 나타내는 명칭 사용을 요구했다. 또 청은 조선 공사들을 조공국의 공사로 규정하여 외국 정부들이 외교사절로 인정하지 않게 하고자 획책했다. 그러나 변원규는 청의 제의에 동의하지 않았으므로 협상은 결렬됐다. 조·청간의 교섭을 주시하던 플랑시는 본국 정부에 고종의 구미 공사 파견 열망은 누구나 다 아는 사실이라고 지적하면서 조·청간의 이해 양립으로 해결의 실마리는 없다고 보고했다.[101]

---

99) 『프랑스외무부문서』 4, 1890년 2월 5일, 59~61쪽; 『프랑스외무부문서』 4, 1890년 3월 22일, 114~115쪽.

100) 송병기, 앞의 글, 107~108쪽.

101) 『프랑스외무부문서』 5, 1891년 5월 6일, 81~84쪽.

2) 고종의 대청 입장 인식

조선의 탈청 자주외교에 기여한 인물은 외국인 고문이었다. 고종은 1880년대 후반 내무부를 중심으로 국정을 운영했다. 내무부는 기존의 의정부와 육조를 제치고 최고의 국정기구로 부상했다. 내무부 관리들은 대부분 고종의 핵심 측근들이었다. 외국인 고문들은 대부분 내무부협판직을 겸임했고, 내무부협판은 외국법과 관련된 문제를 전담했다.[102]

고종은 폐위 모의사건 이후 원세개를 크게 경계했으므로 데니로 하여금 원세개를 견제하게 했다. 원세개의 임기는 1888년 10월까지였다. 고종은 1888년 7월, 1889년 6월과 9월, 10월 이홍장과 원세개의 교체를 교섭했다.[103] 그렇지만 이홍장은 원세개를 세 차례나 연임시켰고, 1890년 1월에는 2품직으로 승진시켰다.[104] 이홍장은 조선 정부가 데니를 면직시킨다면 원세개의 교체에 동의할 것이라고 통보했다.[105] 고종은 데니를 외무아문의 외교 담당 당상관과 내무부협판직에서 면직시켰다. 하지만 청은 데니 면직 후에도 계속해서 원세개를 체재시켰다. 고종은 청 정부가 원세개를 유임시키자 데니를 소환하여 원세개에 대응하려 했고, 청은 데니의 도착에 맞춰 군함 8척을 보내는 등 해상 시위를 전개했다.[106] 고종은 청과 상의 없이 데니의 후임으로 프랑스계 미국인인 르장드르를 고빙할 것을 결정했다. 청이 원세개의 교체를 거부하는 과정에서 충청도 예산의 관리가 지방을 여행 중인 청인을 체포하여 고문을 가한 사건이 발생했다. 플랑시는 이 사건에 대해 조선의 강력한

---

102) 『프랑스외무부문서』 5, 1891년 1월 26일, 10~12쪽.

103) 『清季中日韓關係史料』 5, No.1483. 광서 15년 12월 1일, 2695~2701쪽.

104) 송병기, 앞의 글, 111쪽.

105) 『프랑스외무부문서』 2, 1888년 12월 30일, 162~163쪽.

106) 『프랑스외무부문서』 3, 1889년 7월 3일, 154~155쪽.

반청을 의미한다고 평가했다.[107)]

고종의 탈청 의지는 파사 외에도 제분야에서 확연히 표출됐다. 청은 1885년 6월 조선과 의주전선조약을 체결하고, 25년간 조선의 전신부선권과 관리권을 독점하고자 했다.[108)] 조선 정부는 청이 조선의 전신을 독점하는 것은 더 이상 허용하지 않으려 했다. 조선은 직접 전신국을 설치하기로 결정하고 통신을 북부 국경까지 연장시켜 러시아 전신망과 연결하고자 했다.[109)] 플랑시는 조선 정부의 독자적 전신선 가설 시도를 청 간섭 탈피방안으로 해석했다.

한편 고종은 탈청을 위하여 조선에 주재하는 외교 사절과 긴밀히 접촉했다. 1880년대 후반 조선에 주재하는 외교 사절은 미국, 러시아, 일본, 독일, 영국이었다. 외교 사절의 등급은 미국 공사, 러시아 공사, 일본 대리공사, 영국 서리총영사, 독일 영사였고, 프랑스는 정부위원이었다.[110)] 고종은 열강이 조선의 자주외교를 지지해주기를 기대했다. 고종이 1888년 프랑스 대통령에게 조선의 독립을 천명하는 서한을 보낸 것은 바로 그 같은 이유에서 나온 것이었다.[111)] 고종은 매년 증가하는 외국 사절들과 영사들을 보는 것을 만족해했다. 고종은 특히 탈청에 기여하는 외교 사절을 우대했고, 그 같은 입장은 외국 사절단을 접대하는 방식에서 표출됐다. 조선 정부는 국경일에 신임장을 받은 대표들, 즉 미국, 러시아, 일본 공사를 먼저 알현하게 하고, 청국 주재의 공사들에 종속된 대표들, 즉 독일, 영국의 총영사를 그 다음으로 알현하

---

107) 『프랑스외무부문서』 4, 1890년 5월 18일, 156~157쪽.

108) 이양자, 앞의 책, 182쪽.

109) 『프랑스외무부문서』 2, 1888년 7월 11일, 44~45쪽.

110) 『프랑스외무부문서』 4, 1890년 1월 29일, 53~54쪽; 『프랑스외무부문서』 4, 1890년 1월 12일, 9쪽.

111) 『프랑스외무부문서』 2, 1888년 11월 17일, 106~107쪽.

게 했다. 프랑스 정부위원 플랑시는 첫 번째 줄에 설 권리를 주장했고, 결국 미 · 러 · 일 공사와 같이 같은 줄에 섰다.[112]

조선 주재 외교사절단은 두 파로 나뉘어졌다. 즉 오랜 시일 같이 일해온 미국, 러시아 대리공사와 뒤늦게 합류한 일본 대리공사가 한 파를 형성했고, 원세개를 지지하는 영 · 독 총영사가 다른 한 파를 형성했다. 플랑시는 전자를 자주국가파, 후자는 청국파로 분류하면서 전자는 고종의 지지를 받아 우세한 자리를 차지한 반면 후자는 영 · 독을 위하여 아무런 이득이 없는 행동을 하고 있다고 평가했다. 플랑시는 본국 정부에 후자는 조선 정부로부터 혐의를 받은 결과 조선에서의 영향력이 크게 축소됐고, 반면에 미국 공사 등은 청에 대항하여 조선의 독립을 지지했으므로 영향력이 막강하다고 보고했다.[113] 플랑시는 미국이 조선에서 성공한 이유는 주재 공사를 설치했기 때문이라고 지적하면서 프랑스도 주재 공사를 파견해야 한다고 건의했다.[114]

조선 정부는 1888년 11월 데니와 원세개가 크게 충돌한 사건 이후 청군의 침공을 우려했다. 고종의 최측근인 민영환, 이종건, 한규설은 미국, 프랑스, 러시아에 접근했고, 특히 민영환은 프랑스와의 군사동맹을 추진했다. 민영환은 플랑시에게 청군 침공설을 언급하면서 프랑스의 지원을 요청하는 한편 협력의 대가로 신앙의 자유와 일부 영토의 양도를 할 것이라는 언질을 주었다. 플랑시는 프랑스는 안남조약으로 청과 친교의 의무가 있다고 지적하면서 민영환의 제의를 거부했다.[115] 이후 고종은 미국에 적극적으로 접근하여 군사 교관인 다이(W. M. Dye)

112) 『프랑스외무부문서』 2, 1888년 9월 12일, 66~67쪽.
113) 『프랑스외무부문서』 2, 1888년 9월 18일, 69~71쪽.
114) 『프랑스외무부문서』 5, 1892년 10월 1일, 205쪽.
115) 『프랑스외무부문서』 3, 1889년 2월 23일, 49~55쪽.

에게 조선 방어 계획안을 작성하게 했고,[116] 청의 무력 개입에 대비하여 미국 교관들에게 궁궐에 체류할 것을 지시했다.[117] 또 고종은 허드미 공사에게 군사 지원을 요청했고, 허드는 50여명의 해병대를 서울에 입성시켰고 3척의 군함을 제물포에 입항시켰다.[118]

한편 고종은 청에 대한 종주국 대우를 청산하고자 결정했고, 그에 따라 조공국으로서 준수하던 구관례를 폐기한다는 방침을 정했다. 한편 청은 1890년 조선에서 조대비에 대한 국가의례가 거행되자 이를 종주권 강화에 이용하고자 획책했다. 플랑시는 청은 종주권을 주장하기 위하여 특사를 파견할 것이라고 예측했다.[119] 실제로 청은 조선 정부에 총리아문대신을 정사로, 호부좌시랑을 부사로 하는 특사단으로 파견할 것이라고 통보했다.[120] 플랑시는 그 국가의례를 조선이 구미 국가들과의 조약 체결 이후 맞는 가장 중요한 의식이라고 간주하면서[121] 예식 때 고종이 구예법이 정한 관례를 따를 것인지를 주목했다.[122] 고종은 청의 특사 파견을 거부하고자 했으므로 전승정원 도승지 홍종영을 청에 보내 청 사신 체재 시 비용조달문제를 이유로 파견하지 말 것을 요청했다.[123] 한편으로 고종은 원세개를 회유하여 청 사신에게 줄 선물을 원세개에게 줄 수 있다고 제의했다. 그러나 원세개는 조선에 대한 청의 권리를 확인할 수 있는 좋은 기회로 인식했으므로 이 제의를 거부했다. 청은 조선에 경비부담을 삭감하는 방법을 제시하며 특사

116) 『프랑스외무부문서』 4, 1890년 9월 14일, 198~199쪽.
117) 『프랑스외무부문서』 3, 1889년 2월 10일, 34~38쪽.
118) 『프랑스외무부문서』 4, 1890년 10월 16일, 207쪽.
119) 『프랑스외무부문서』 4, 1890년 2월 6일, 63쪽.
120) 『프랑스외무부문서』 4, 1890년 10월 28일, 215~216쪽.
121) 『프랑스외무부문서』 4, 1890년 11월 10일, 222~225쪽.
122) 『프랑스외무부문서』 4, 1890년 2월 6일, 63쪽.
123) 『고종실록』 권27, 고종 27년 5월 24일, 11월 6일.

파견을 통보했다.[124] 청 황제는 조선 정부에 육로행은 조선에 막대한 부담을 주므로 해로행을 택하겠다고 통보하는 한편 조선 국왕이 규정에 있는 모든 의식을 엄격히 준수할 것을 요구했다. 플랑시는 청 황제의 강력한 어조가 고종의 사고에 영향을 줄 것으로 판단했다.[125]

고종은 청 특사의 방한을 저지하지 못하자 다른 수단을 강구했다. 외국인들은 고종에게 청에 대한 관례를 거부하지 않으면 독립을 주장하는 조선의 권리가 심각한 타격을 받을 것이라고 설득했다. 고종은 허드에게 조선에 대표를 파견한 열강들이 해군 함대의 강력한 시위로 자신을 지지해준다면 과거의 그릇된 관행을 단절하고, 더 이상 청 특사에게 예를 표하지 않겠다고 언급했다.[126] 허드는 고종의 제의를 수용하고 플랑시에게 접근했다. 프랑스 외무부 장관은 플랑시에게 조·청관계에 어떤 방식으로든 개입하지 말 것을 지시했다.[127] 플랑시는 중립을 자처했지만 청 관리와 친밀한 관계를 유지하는 등 청에 기울었다.[128] 플랑시는 본국 정부에 미·러 공사의 조선 지원은 조선을 고립시킬 것으로 보고하면서 미 공사의 반청 태도는 조선을 합방시키거나 보호할 계획이 없는 미국 정부의 입장으로 볼 때 기이한 일이며, 미 군함의 주둔, 미 장교의 알현도 이해하기 곤란하다고 지적했다. 그는 미국의 의도는 러시아에 힘을 실어주려는 의도로 해석하는 한편 미·청의 우호관계가 이로울 것으로 판단했다.[129]

청 특사는 1890년 11월 서울에 도착했다. 데니와 르장드르는 고종에

124) 『清季中日韓關係史料』 5, No.1564. 광서 16년 8월 30일, 2827~2828쪽.
125) 『프랑스외무부문서』 4, 1890년 11월 17일, 244~247쪽.
126) 『프랑스외무부문서』 4, 1890년 8월 20일, 191~192쪽.
127) 『프랑스외무부문서』 4, 1890년 10월 20일, 212~213쪽.
128) 『프랑스외무부문서』 3, 1889년 7월 3일, 156쪽.
129) 『프랑스외무부문서』 4, 1890년 2월 19일, 76~78쪽.

게 청 특사 영접 시 고종이 출영하지 말 것을 권고했고, 원세개는 고종에게 출영을 강요했다.[130] 플랑시는 본국 정부에 고종이 구관례의 거부를 통해 청의 종주권을 부인하려 한다고 보고했다. 플랑시는 고종의 결심은 단호하지만 대신들은 자주성에 대한 개념이 희박하여 결국 구관례를 따를 것으로 내다봤다. 고종은 경기 감영의 청 막사에 도착하여 청 사신을 영접했고 남별궁에서 청사를 배웅했다. 플랑시는 고종이 성문 밖 영접이란 관례를 따른 것은 대신들의 건의를 수용한 결과라고 추정했다.[131]

플랑시는 본국 정부에 고종 혼자 조선의 독립을 추구한다고 보고하면서 고종의 시도가 무산된 주 요인을 조선 관리들의 사대주의에서 찾았다. 플랑시는 조선의 관리들은 청의 요구를 수용하는 입장이라고 지적하면서 내무부독판 민응식이 '수백년간 청은 조선의 후원국이었습니다. 조선은 세력이 미약해서 저항이 불가능합니다.'라는 상소를 올렸다는 사실을 지적했다. 플랑시는 조선의 관리들은 서구의 간섭보다는 청의 억압이 낫다고 인식하므로 고종이 반청정책을 고집할 경우 측근들에게 외면당할 것으로 판단했다.[132] 플랑시는 고종이 비슷한 독립정신을 지닌 관리들을 측근에 두지 못했으며 고종을 지지한 고위 관리들은 민영환, 한규설, 이종건 등 세 장군뿐이라고 파악했다. 그 외의 관리들은 청과의 마찰을 원하지 않았고, 구관습을 유지하기를 희망했다고 파악했다.[133]

플랑시는 조선 관리들이 청의 종주권을 인정한 것은 문화적 존경심

---

130) 이양자, 앞의 책, 87쪽.

131) 『프랑스외무부문서』 4, 1890년 11월 7일, 218~220쪽; 『프랑스외무부문서』 4, 1890년 11월 10일, 222~225쪽; 『프랑스외무부문서』 4, 1890년 11월 13일, 227쪽.

132) 『프랑스외무부문서』 4, 1890년 1월 24일, 41~42쪽.

133) 『프랑스외무부문서』 4, 1890년 8월 20일, 191~192쪽.

이 그 배경이라고 해석했다. 그는 조선왕국의 문명은 모두 청국에서 비롯된다고 지적하면서 조선의 고위관료들은 청 제국을 존경하므로 조선왕조의 선왕들 중에서가 아닌 청국 최초의 왕조에서 동질성을 추구하고 있다고 파악했다. 조선 정부는 1890년 1월 8일 고종에게 요준순휘우모탕경(堯峻舜徽禹謨湯敬) 존호를 올리기로 결정했다. 플랑시는 청에 대해 유일하게 적대적인 고종도 이 존호를 수용했다고 강조했다.[134] 이상과 같은 플랑시의 조·청 관계 인식은 오래가지 않았다. 조선 정부는 4년 뒤인 1894년 8월 프랑스 측에 청과의 종속(宗屬) 관계를 인정한 제조약을 철폐한다고 통보했다.[135]

4. 한청통상조약 교섭 인식

고종은 1897년 2월 경운궁으로 환궁한 직후 칭제를 시도했다. 플랑시는 청국의 칭제 대응을 예의 주시했다. 그는 1888년 조선에 부임할 때부터 조·청관계를 주시한 바 있었다. 청은 1897년 11월 당소의를 총영사로 한국에 파견하여 한청통상조약을 교섭하게 했다. 한국정부는 수십조에 달하는 조약초고를 마련하고 주진독리(駐津督理)를 역임했던 성기운(成岐運)을 청에 파견하려 했으나 당소의는 이를 저지하였다.[136] 고종은 외부대신 민종묵을 당소의에게 보내 칭제 승인을 요청했다. 그러나 당소의는 한국이 평행자주국이라는 것도 인정하지 않았

134) 『고종실록』 권26, 고종 26년 12월 17일; 『프랑스외무부문서』 4, 1890년 3월 3일, 94~95쪽.

135) 『법안 1』, No.567. 1894년 8월 15일, 230쪽.

136) 권석봉, 앞의 글, 219쪽.

는데, 하물며 한국의 국왕을 황제로 인정하는 것은 더욱 불가하다고 극력 반대했다.[137] 이는 청의 대한정책이 통상관계의 유지에 국한하고 한국을 대등한 국가로 인정하지 않겠다는 명확한 의사표시였다. 이처럼 청은 칭제에 대해 강력히 반발했다.

한편 독일은 1897년 11월 교주만을 강점했고, 러시아는 12월 시베리아 철도와 연결할 수 있는 여순·대련을 강점했다. 한국 정부는 청이 열강에 영토유린을 당한 것을 인지하자 청에 대해 단호하게 행동하기로 결정했다.[138]

플랑시는 청의 총리아문은 광서제에게 고종에 대해 황제 칭호를 부여할 것을 건의하기를 주저한다고 보았다. 플랑시는 청의 주저가 한·청간의 협상을 진전시키지 못하고 있다고 인식했다.[139] 그 사이 고종은 10월 12일 황제 즉위식을 거행하고 황제 자리에 올랐다. 플랑시는 한국 정부는 칭제를 인정하지 않는 국가들과는 어떠한 조약도 맺지 않을 것으로 판단했다. 그는 청은 한국이 같은 반열에 오르는 것을 용인하지 않을 것이므로 오랫동안 한국과 관계를 맺지 않을 것으로 인식했다.[140]

청은 한청통상조약문 서문에 옛 종주국과 조공국이 동등하게 기재되고 또 같은 칭호를 사용해야 하는 사태를 우려했다. 그러나 고종은 청의 우려를 무시했다. 외부대신 조병식은 플랑시에게 한·청회담에

137) 『淸季中日韓史料』 第8卷, No.3430, 光緒 23년 8월 11일, 5040쪽.

138) 『프랑스외무부문서』 9, 〈대청조약 협상과 변화된 대한제국의 태도〉, 1899년 5월 28일, 11~13쪽.

139) 『프랑스외무부문서』 8, 〈조선 국왕의 황제 창호 변경에 대한 청국의 태도〉, 1897년 3월 31일, 42쪽.

140) 『근대 한불 외교자료』 Ⅲ, 〈조선의 국왕이 황제의 칭호를 얻은 사실에 대한 보고〉, 10월 14일, 415~417쪽.

대해 지원을 요청했다. 플랑시는 한국 정부의 조언 요청에 대해 청의 반대를 설득하기가 불가능하다고 통보했다. 그러면서 플랑시는 조약문에 군주 칭호가 문제되지 않도록 하기 위해서는 한·청의 전권 공사가 임시협약에 조인하고, 한·청의 외무대신이 비준할 것을 권고했다. 또 플랑시는 군주 칭호를 빼고 두 정부의 명칭만 기재하라고 충고했다. 고종은 플랑시의 요청을 수용했고, 조병식은 당소의에게 플랑시의 안을 제의했다. 당소의는 스페에르 러시아 공사에게 청은 한청조약 체결을 희망한다면서 플랑시의 안에 대해 상의했다. 나아가 러시아가 한·청조약 협상에 대한 중재에 나서줄 것을 요청했다.[141] 플랑시는 한국 정부가 한청조약 협상에 대해 조언을 요청하자 군주 칭호를 배제하여 두 나라의 반발을 무마하는 방향으로 임할 것을 충고했다. 플랑시는 한국이 자신의 제안을 수용하고, 청에 자신의 제안을 타진했다고 파악했다.

고종은 스페에르에게 플랑시의 안대로 한청조약을 체결할 것을 희망했다. 스페에르는 러시아 정부에 북경 주재 러시아 공사가 협상 성공을 위하여 알선할 수 있다는 승인을 해달라고 요청했다. 당소의는 프랑스 정부의 중재를 원한다며 플랑시에게 그 계획을 논의했다.[142] 아노토 프랑스 외무부 장관은 조·청관계 회복에 대한 플랑시의 중재를 높이 평가했다.[143]

청은 한국이 일본 정부의 강력한 지원을 받아 계속해서 조약 체결을

141) 『프랑스외무부문서』 8, 〈대한제국의 황제 칭호에 대한 청국의 반발과 외교적 해결방안 모색 제시〉, 1897년 11월 12일, 92~93쪽.

142) 『프랑스외무부문서』 8, 〈대한제국의 황제 칭호 관련 대한제국.청국간의 갈등 해결을 위한 러시아 공사의 역할〉, 1897년 12월 5일, 96쪽.

143) 『근대 한불 외교자료』Ⅲ, 〈조선 국왕의 황제 선언에 대한 보고〉, 1898년 1월 15일, 445쪽.

추진하고,[144] 또 각국이 칭제를 승인하자 대한정책을 재검토하게 되었다. 청은 점차 한국 측이 기대하는 것은 통상조약이 아니라 국교재개를 위한 수호조약의 체결임을 인식하게 되었다. 이에 따라 청은 서수붕(徐壽朋)을 주한흠차대신(駐韓欽差大臣)으로 임명하여 조약 체결을 추진하게 했다.[145] 전권 공사 서수붕은 1899년 1월 25일 서울에 도착했다. 서수붕은 고종의 칭제를 인정하고 고종에 대해 청황제에 대해 사용하는 것과 동일한 경어를 사용했다. 서수붕이 휴대한 신임장은 한·청의 군주가 완전히 대등한 지위에 있다는 것을 확인했다.[146]

서수붕은 조약교섭을 유리하게 이끌기 위해 그동안 거부해왔던 자국 황제의 국서를 고종에게 전달했다. 국서의 내용은 "한·중은 같은 아시아대륙에 있어 수륙이 연계되어 있고, 수백년간 상부상조하여 왔습니다. 중국은 마관조약(시모노세키조약)으로 한국의 독립자주를 인정했습니다. 멀리는 과거의 우호를 생각하고 가까이는 시국의 어려움으로 인해 순치보거의 의가 더욱 절실합니다."라는 것이었다. 고종은 청 황제의 국서를 받고 고무됐다. 이에 고종은 청과의 구의를 기억할 뿐 아니라 신맹을 공고히 하려 한다고 화답했다. 여기에서 신맹이라는 용어를 사용한 것은 외세의 침략에 맞서 청과의 제휴를 기대한 것이다.

한·청간의 조약 교섭은 지루하게 계속됐다. 한국은 청인을 서울에서 추방하고자 했으며, 청은 자국민에게 은화 외에 타 화폐로 관세를 지불할 수 있는 권리를 요청했다. 결국 한·청은 논쟁점을 제쳐놓고

---

144) 『韓國近代史에 對한 資料』 No.58. 1899년 10월 20일, 390~391쪽.

145) 권석봉, 앞의 글, 223~228쪽.

146) 『프랑스외무부문서』 9, 〈새로운 조약 협상을 위한 청의 전권 공사 도착〉, 1899년 1월 26일, 5쪽.

1899년 9월 조약을 타결했다. 한청통상조약은 완벽한 호혜를 바탕으로 이루어졌으며, 과거 종주권은 부정됐다.

플랑시는 서수붕이 휴대한 신임장에 한 · 청의 군주가 완전히 대등한 지위에 있다고 기재된 것을 확인했다. 청은 한국과의 협상에서 군주 칭호를 빼자는 플랑시의 제의보다 더 나아가 고종의 황제 호칭을 인정했고, 그 결과 한 · 청은 대등한 성격을 지닌 한청통상조약을 체결했다.

5. 맺음말

1장은 프랑스 외교관은 청의 대조선정책에 대해 어떻게 인식했는지를 분석했다. 플랑시는 프랑스 정부의 지침에 따라 청의 대조선정책을 예의 주시했다. 그는 청의 대조선정책의 핵심은 종주권 행사, 속방 편입, 보호국화, 병합 추진 등으로 인식했다. 그는 청이 당면적으로는 종주권을 강력히 행사하려 한다고 파악했고, 그 근거로서 청은 파사 저지, '영약삼단' 준수 요구, 외국인 고문 견제를 예시했다. 다음으로 그는 청이 조선을 속방으로 편입하려 한다고 파악했는데 청의 조선에 대한 관세, 차관정책을 속방화정책의 연장선상에 있는 것으로 인식했다. 끝으로 플랑시는 청이 조선 병합을 추진하고 있으며 그 근거로서 청의 파병설을 예시했다. 플랑시는 청의 대조선 정책을 특정하지는 않았다. 전반적으로 플랑시는 청이 전통적인 조공관계를 넘어 조선을 속방, 보호국으로 편입시키거나 한 단계 더 나아가 병합까지도 검토하고 있다고 파악했고, 러시아를 조선정책에 가장 큰 걸림돌로 지목하고 있다고 인식했다.

한편 청국 정부는 1885년 원세개에게 '주차조선총리교섭통상사의'라는 직함을 주어 조선에 파견했다. 원세개는 조 · 청간의 외교통상문제를 다루는 것이 공식임무였지만 조선의 국정에 간여하지 않은 것이 없었다. 원세개는 고종을 폐위하고 대원군의 손자인 이준용을 국왕으로 추대하고자 획책했지만 민영익의 밀고로 실패했다. 플랑시는 원세개가 고종 폐위 모의로 조선에서 영향력이 약화됐다고 파악했다. 플랑시는 원세개의 주된 활동을 청군 파병 기도, 조선 파사 저지, 외국인 고문 견제, 종주권 행사로 인식했다. 플랑시는 원세개의 공작으로 조선이 미국과 유럽에 전권 공사를 파견하지 않을 것으로 예측했다. 또 플랑시는 원세개가 조선이 청으로부터만 차관을 도입하고 다른 국가에서 차관을 도입하는 것을 적극 저지하는 등 청의 대조선정책을 충실히 실천하고 있다고 판단했다. 다만 원세개가 청군 파병을 기도한 것에 대해서는 실추된 영향력을 회복하려는데 있다고 파악했다.

2장은 프랑스 외교관은 조선의 대청정책에 대해 어떻게 인식했는지를 분석했다. 조선 정부는 청군 철수 이후에도 자행되는 청의 내정간섭을 탈피하고자 1887년 미국과 유럽에 전권 공사를 파견했다. 플랑시는 조선이 자주외교를 추진한 것은 미국, 러시아 등의 외교 사절과 외국인 고문의 권고가 크게 작용했다고 판단했다. 플랑시는 본국 정부에 프랑스는 조선을 독립국으로 간주했기 때문에 청의 간섭을 용납하지 말고, 미국 정부같이 조선대표를 접대할 것을 건의했다. 한편 주미 공사는 '영약삼단'의 준수를 거부했다. 청은 조선 정부에 주미 공사의 소환과 처벌을 요구했다. 고종은 박정양을 승정원 도승지직에서 면직시킬 것을 약속했지만 약속을 이행할 의사는 없었다. 플랑시는 고종이 청에 도전하고 있다고 평가했다.

고종은 폐위 모의사건 이후 원세개를 크게 경계했으므로 데니로 하여금 원세개를 견제하게 했다. 고종은 수차 이홍장에 대해 원세개의 교체를 요구했지만 이홍장은 고종의 요구를 거부했다. 그런 분위기에서 청인에 대한 고문 사건이 발생하자 플랑시는 강력한 반청을 의미한다고 평가했다. 플랑시는 조선의 독자적 전신선 가설 시도에 대해서도 탈청정책으로 해석했다.

한편 고종은 탈청을 위하여 조선에 주재하는 외교 사절과 긴밀히 접촉했다. 고종은 특히 탈청에 기여하는 외교 사절을 우대했다. 플랑시는 조선 주재 외교사절단은 두 파로 나뉘어졌다고 인식했고, 미국 · 러시아 · 일본 대표를 자주국가파, 영 · 독 대표를 청국파라고 분류했다. 그리고 전자는 청에 대항하여 조선의 독립을 지지했으므로 영향력이 막강한 반면에, 후자는 청을 지지한 결과 조선에서의 영향력이 크게 축소됐다고 판단했다. 플랑시는 본국 정부에 미국 등이 조선에서 성공한 이유는 주재 공사를 설치했기 때문이라고 지적하면서 주재 공사를 파견해야 한다고 건의했다.

플랑시는 고종 혼자 조선의 독립을 추구했다고 파악했다. 플랑시는 고종이 청의 무력 개입에 대비하여 러시아 · 프랑스 · 미국에 접근하여 군사적 지원을 얻으려 하며, 열강 중 미국이 그 요구에 응하고 있다고 파악했다. 또 플랑시는 고종이 청에 대한 종주국 예우를 청산하는데 힘을 쏟고 있다고 인식했다. 플랑시는 고종의 시도가 무산된 주 요인을 조선 관리들이 청을 문화적으로 존경했기 때문으로 해석했다.

청은 1897년 11월 당소의를 총영사로 한국에 파견하여 한청통상조약을 교섭하게 했다. 외부대신 민종묵은 당소의에게 칭제 승인을 요청했다. 그러나 당소의는 한국이 평행자주국이라는 것도 인정하지 않았는데, 하물며 한국의 국왕을 황제로 인정하는 것은 더욱 불가하다고 극력 반대했다. 이는 청의 대한정책이 통상관계의 유지에 국한하고,

한국을 대등한 국가로 인정하지 않겠다는 명확한 의사표시였다.

플랑시는 한국 정부는 1897년 11월 청의 영토유린을 인지하자 청에 대해 단호하게 행동하기로 결정했다고 인식했다. 플랑시는 한국 정부는 칭제를 인정하지 않는 국가들과는 어떠한 조약도 맺지 않을 것으로 인식했다. 플랑시는 청 정부는 한국 국왕에게 황제 칭호를 부여하기를 주저하고 있으며, 청의 칭제 반대가 한·청간의 협상을 진전시키지 못하고 있다고 판단했다. 플랑시는 청은 한국이 같은 반열에 오르는 것을 용인하지 않을 것이므로 오랫동안 한국과 관계를 맺지 않을 것으로 단정했다. 한국 정부는 플랑시에게 한청조약 협상에 대해 조언을 요청했다. 이에 대해 플랑시는 조약문에 군주 칭호를 빼고, 두 정부의 명칭만 기재하라고 충고했다. 아울러 한·청의 전권 공사가 임시협약에 조인하고, 한·청의 외부대신이 비준할 것을 권고했다. 고종은 플랑시의 제안을 수용했고, 외부대신 조병식은 당소의에게 플랑시의 제안을 타진했다. 플랑시의 제안은 협상에서 군주 칭호를 일체 배제하여 두 나라의 반발을 무마하려는 것이었다.

청은 한국측이 기대하는 것은 통상조약이 아니라 국교 재개를 위한 수호조약의 체결임을 인식하게 되었다. 이에 따라 청은 1899년 1월 서수붕을 전권 공사로 파견하여 조약체결을 추진하게 했다. 플랑시는 서수붕이 휴대한 신임장에 한·청의 군주가 완전히 대등한 지위에 있다는 내용이 기재됐다는 것을 확인했다. 청은 한국과의 협상에서 일체 군주 칭호를 빼자는 플랑시의 제안보다 더 나아갔다. 서수붕은 고종의 칭제를 인정하고 고종에 대해 청 황제에 대해 사용하던 동일한 경어를 사용했다. 그 결과 한·청은 1899년 9월 대등한 성격을 지닌 한청통상조약을 체결할 수 있었다.

2부

프랑스가 본 대한제국

4장
프랑스의 칭제운동 인식

1. 머리말

조선에서 국왕을 황제라 호칭해야 한다고 주장한 '칭제(稱帝)' 논의가 시작된 것은 1895년 10월경이었다. 친일내각은 을미사변이 발생한 지 일주일만인 10월 15일 고종에게 칭제를 건의했다. 내각이 주장한 칭제의 명분은 국민에게 중국으로부터 자주독립의식을 심어주자는 것이었다. 내각은 고종의 승인을 얻자 10월 26일 황제즉위식을 거행하기로 결정했다. 구미 열강 공사들은 칭제 논의가 일본 주도의 을미사변, 폐비조칙, 왕비간택령의 연장선상에 있다는 것을 간파했다. 구미 열강 공사들은 일련의 조치들은 고종의 본의가 아니라고 간주했다. 그러므로 미국, 러시아, 프랑스 외교 대표들은 고종에게 난국을 당해 칭제에 동의하지말 것을 요청했다. 구미 대표들의 반대로 황제즉위식은 무산됐다.

고종은 1897년 2월 환궁을 단행한 직후 칭제를 시도했다. 고종은 여러 가지 목적을 가지고 칭제를 기획했다. 칭제는 대내적으로는 국왕의 권위를 격상시켜 국왕을 교체시키려는 쿠데타 등을 저지하려는 의도에서 나왔다. 칭제는 대외적으로는 세계 각국과 대등한 관계를 맺고 국제사회에 진출하여 국권을 유지하려는 의도로 볼 수 있다.

고종은 1897년 10월 12일 황제 즉위식을 거행하고 황제 자리에 올랐고, 10월 14일에는 대한(大韓)이라는 국호를 제정했다. 황제국인 대한제국이 출범한 것이다. 고종은 10월 12일 칭제 의식에 외국 사절들을 초대했다. 칭제에 대한 열강의 반응은 달랐다. 열강 공사들은 칭제는 한국의 자주에 속하는 일이라 간여할 바가 아니라고 했지만, 칭제에 대해 대체로 냉담한 반응을 보였다.

고종의 입장에서 칭제는 매우 중요한 사안이었다. 칭제 실현은 고종의 왕권을 강화하여 정국의 주도권을 장악할 수 있게 하는 동인이었다. 한편으로 칭제는 외국과의 대등한 외교를 추진하는 기반이기도 했다. 따라서 칭제에 대한 심층적 연구는 대한제국의 정치는 물론 외교 정책을 이해하는데 기여하리라 여겨진다.

기존의 대한제국기 칭제에 대한 연구는 3편에 불과한 실정이다. 먼저 열강이 고종의 칭제에 대해 어떻게 대응했는지를 분석한 연구가 이루어졌다.[1] 이 연구는 청의 외교 자료인『淸季中日韓關係史料』를 주 자료로 활용하여 열강의 칭제 인식과 대응을 분석했다. 이 연구는 러시아는 칭제에 강력히 반대한 입장이었고, 이후 서구 열강이 칭제를 인정하자 그를 따라갔다고 주장했다. 그러나 러시아, 프랑스 외교 자료를 검토하면 그 같은 주장은 사실과 거리가 있다고 보여진다. 즉 러시아가 칭제를 승인한 이후 서구 열강이 칭제를 승인한 것이 사실과 부합된다.

다음으로 조선의 칭제 논의를 분석한 연구가 이루어졌다.[2] 이 연구

1) 이구용,「대한제국의 칭제건원 논의에 대한 열강의 반응」,『崔永禧先生 華甲紀念 韓國史學論叢』, 탐구당, 1987.
2) 이민원,「칭제논의의 전개와 대한제국의 성립」,『청계사학』5, 1988.

는 조선 정부는 칭제를 통해 자주독립을 해외에 선포하고 일반 국민에게 이를 인식시키고자 노력했다고 언급했다. 또 이 연구는 칭제논의는 아관파천 이전에는 친일내각, 이후에는 친러내각이 주도했다고 주장했다. 이 연구는 조선 내부의 칭제논의에 초점을 두어 외국의 칭제 대응에 대해서는 언급하지 않았다. 이후 미국 외교 자료를 주자료로 활용하여 열강이 대한제국의 칭제에 대해 어떻게 대응했는지를 분석한 연구가 이루어졌다.[3] 이 연구는 러시아는 직접적으로 칭제를 승인했고, 일본은 간접적으로 칭제를 승인했다고 주장했다. 그러나 러시아, 일본의 외교 자료를 검토하면 그 같은 주장은 사실과 거리가 있다고 보여진다. 즉 러시아는 간접적으로 칭제를 승인했고, 일본은 직접적으로 승인했다.

기존 칭제에 대한 연구들은 고종의 칭제에 대해 본격적인 연구의 초석을 세웠다는데 중요한 의미가 있다. 그러나 중국과 미국의 자료에 주로 의지한 결과 러·일 등 외국의 칭제 대응에 대해 일부 사실과 다른 해석을 내린 것으로 보여진다. 향후 칭제에 대한 외국의 대응은 러시아, 일본은 물론 서구 열강의 외교 자료를 분석하는 과정에서 그 사실관계가 명확히 구명될 것으로 보여진다.

본 연구는 프랑스의 칭제 대응을 분석하고자 한다. 먼저 프랑스의 칭제 운동 인식을 분석하고자 한다. 구체적으로 환궁 직후 시기와 칭제 논의 고조 시기로 구분하여 검토하고자 한다. 다음으로 프랑스는 타국의 칭제 대응에 대해 어떻게 파악했는지를 분석하고자 한다. 구체적으로 칭제 이전 시기와 칭제 이후 시기로 구분하여 검토하고자 한다. 끝으로 프랑스의 칭제 대응을 분석하고자 한다. 구체적으로 칭제

---

3) 이민원, 「대한제국의 성립과정과 열강과의 관계」, 『한국사연구』 64, 1989.

승인 이전 시기와 러 · 일의 칭제 승인 이후 시기로 구분하여 검토하고자 한다.

본 연구는 프랑스 외교문서를 주자료로 활용하고 러시아, 일본의 외교문서를 참고했다. 본 연구의 대상 시기는 1897년 3월 환궁 직후부터 1898년 3월 칭제 승인까지이다.

2. 칭제 운동 인식

1) 환궁 직후 시기

고종은 1896년 2월 일본의 감시를 피해 러시아 공사관으로 피신했다. 그러나 얼마 뒤 조선에서는 아관파천에 대해 비판적 여론이 고조되었다. 정부 인사들과 국민들 사이에서 자주 독립에 대한 인식이 고조되었기 때문이었다. 독립신문의 창간, 독립협회의 창설, 독립문과 독립공원의 건립 등은 그러한 시대의식의 소산이었다. 결국 고종은 강력한 환궁 요청을 수용하여 파천한지 1년만인 1897년 2월 경운궁으로 환궁했다.

환궁 직후 칭제논의가 본격적으로 일기 시작했다. 전 승지 이최영 등은 5월 1일 고종에게 상소를 올려 칭제를 건의했다. 그들은 자주독립의 시대에 조선은 이미 조서와 칙서로서 황제의 제도를 시행하고 있는데도, 아직 고종이 군주의 자리에 있는 것은 문제가 있다고 지적하며 칭제를 역설했다. 그들은 군주와 황제는 천하에 통용되는 칭호이지만, 신민은 황제 칭호를 원한다고 주장했다.[4] 유학 권달섭 등도 5월 9일 상소를 올려 칭제를 건의했다. 이들은 자주독립은 자기 마음대로 하는 것이지 다른 나라에 질의하는 것에 있지 않다고 주장하며 자주국인 조선은 독자적으로 황제를 칭해야 한다고 건의했다.[5] 칭제 운동은 5월 활기를 띠다가 6월 들어서 중단됐다.[6]

플랑시(Collin de Plancy) 주한 프랑스 공사는 1897년 4월 칭제 운동을 감지했다. 플랑시는 아노토(G. Hanotaux) 프랑스 외무부 장관에게 "우리가 앞서 그 필요성을 이해하지 못했던 민영환의 임무는 조선 왕실을 황실로 바꾸는 것에 승인을 받으려 유럽 국가를 방문한 것입니다. 프랑스도 칭제에 대한 요구를 받게 될 것이 확실하며, 그러한 요청이 오면 즉시 각하께 보고하겠습니다."[7]라고 보고했다. 플랑시는 5월에도 "민영환이 유럽 공관들에 칭제 시도를 전하기 위해 활동하고 있습니다. 나아가 민영환은 러시아에 가서 칭제를 제의했는데 러시아의 수락여부는 알 수 없습니다."고 보고했다.[8] 플랑시는 칭제의 주체를 고종으로 인식했고, 민영환이 유럽에 특사로 파견된 것은 칭제를 타진하려는 목적이라고 파악했다.

민영환은 1897년 4월 초순 러시아, 영국, 독일, 이탈리아, 프랑스, 오스트리아에 주재하는 특명전권공사로 파견된 바 있었다. 이 무렵 고종은 러·일의 주권 유린을 저지하고자 유럽 열강의 군사적, 외교적 지원을 추진했다. 그 직전 러·일은 베베르-고무라 각서 및 로바노프-야마가타 의정서를 비밀리에 체결하여 조선의 주권을 유린했고, 그를 인

4) 『고종실록』 권35, 고종 34년 5월 1일.

5) 『고종실록』 권35, 고종 34년 5월 9일.

6) 『러시아문서 번역집』 3, 1897년 6월 4일, 37~38쪽.

7) 『근대 한불 외교자료』Ⅲ, 〈조선의 국왕이 황제가 되고자 시도하는 사안에 대한 보고〉, 플랑시 → 아노토, 1897년 4월 17일, 409쪽.

8) 『근대 한불 외교자료』Ⅲ, 〈조선의 국왕이 황제가 되고자 시도하는 사안에 대한 보고〉, 플랑시 → 아노토, 1897년 5월 23일, 410쪽.

지한 고종은 크게 경악하였다.[9] 고종은 민영환에게 프랑스와 독일과 조선의 독립을 보장하는 내용의 비밀협정을 체결하라고 지시했다.[10] 이를 통해 실제 민영환의 사명은 칭제가 아니라 안전보장 협정 체결에 있다고 보여진다. 그러므로 플랑시가 민영환이 칭제 승인을 얻기 위하여 유럽에 갔다고 보는 것은 더 심층적인 검토가 필요하다고 보여진다.

2) 칭제 논의 고조 시기

칭제 시도는 8월 재개됐다. 고종은 내부적으로는 칭제를 결심하고 원로대신 심순택을 의정에 기용하고 칭제 의식에 대비하도록 했다. 그 뒤 의정 심순택은 8월 14일 고종에게 광무와 경덕, 두 가지를 건원연호로 올렸다. 고종은 광무로 결정하고 15일부터 사용하기 시작했다.[11] 건원은 칭제의 정지작업이었다. 칭제 논의는 9월 하순부터 급속히 진행되었다.[12] 플랑시는 칭제 시도가 착착 진행되고 있다고 인식했다.

---

9) 『영국외무성 한영자료집』, 동광출판사 편, 1997(이하 『한영자료집』으로 약칭), No. 25, Jordan → MacDonald, 1897년 3월 10일, pp.290~291;『뮈텔 주교 일기』Ⅱ(한국교회사연구소 역, 1993), 1897년 3월 4일, 151쪽.

10) 『한영자료집』 8, No. 61, Jordan → MacDonald, 1897년 8월 3일, pp.342~343; ibid., Inclosure 3 in No. 108, p.343. 고종이 민영환을 파견한 것은 프랑스 정부에 자신의 신변 안전을 보장받기 위해 서울 주재 프랑스 공사관에 해군수비대를 파병하도록 요청한 것이라고 보는 견해가 있다. 한홍수, 「주불 공사관 설치 과정」, 『한불외교사』, 1987, 58~59쪽.

11) 『고종실록』 권35, 고종 34년 8월 14일.

12) 『러시아문서 번역집』 3, 〈스페에르가 무라비요프 백작에게 보낸 편지〉, 스페에르 → 무라비요프, 1897년 9월 27일, 63~65쪽; 『근대 한불 외교자료』Ⅲ, 〈조선의 국왕이 황제의 칭호를 얻은 사실에 대한 보고〉, 플랑시 → 아노토, 10월 14일, 415~417쪽.

플랑시는 본국 정부에 "민영환이 시도한 러시아와 영국에서의 사명이 무산됐음에도 불구하고, 칭제는 거의 실현 단계입니다. 즉 조선 군주가 예전에 중국 황제의 사신들을 맞이했던 바로 그 자리에 기념물을 세웠습니다. 군주는 칭제로 인해 유럽 열강들과 직면하게 될 난관들을 인지하고 있습니다. 군주는 외국으로부터 칭제가 인정받기를 기대하지 않습니다. 군주는 공식적으로 칭제에 대해 거부 통보를 받는 것을 가장 우려하고 있습니다. 군주는 친서, 외교 편지에는 조선의 국왕으로 표기할 것입니다. 그러나 그의 영토와 신하들에게는 황제 칭호가 사용될 것입니다."라고 보고했다.[13] 플랑시는 고종이 외국 정부가 쉽사리 칭제를 용인하지 않을 것으로 보고, 단지 외국 정부가 칭제를 묵인하기를 기대한다고 파악했다. 그리고 고종이 국내에서만 황제 칭호가 통용되기를 기대한다고 파악했다.

플랑시는 고종이 칭제를 강행하는 이유가 궁금했다. 그런데 스페에르(Alexei de Speyer) 러시아 공사가 9월 27일 플랑시에게 칭제 배경을 설명했다. 다음은 스페에르가 조선측으로부터 전해들은 칭제의 배경이다.

> 조선 군주는 9월 15일 최측근을 본인에게 보내 칭제의식을 거행하기로 했다고 통보했다. 그 자리에서 군주는 본인에게 칭제 추진의 속사정을 토로했다. 군주는 대원군은 명헌태후의 동의를 얻어 부모의 권위로 자신을 왕좌에서 끌어내리고, 대원군이 지지하는 손자 이준용에게 왕위를 넘기려 한다고 토로했다. 대원군은 일본에 체류중인 이준용에게 자금을 제공했다. 군주는 국왕 후보로 거명되던 이준용을 크게 경계했다. 군주는 스페에르에게 황제 칭호 수락은 왕위 교체 음모에서 벗어나는 길이라고 설명했다. 아울러 칭제는 부모의 영향력에서 벗어날 수

---

13) 『근대 한불 외교자료』Ⅲ, 〈조선의 국왕이 황제가 되고자 시도하는 사안에 대한 보고〉, 플랑시 → 아노토, 1897년 9월 27일, 412~414쪽.

> 있게 해주고, 또 황제에 대항한 자들을 반역자라고 선언할 수 있게 해줄 것이라고 언급했다. 나아가 군주는 열강이 칭제를 승인하리라고는 생각하지 않는다고 전제하면서, 스페에르에게 러시아 황제가 칭제선포를 공식 부인하지 않고 넌지시 동의해줄 것을 희망했다. 또 군주는 러시아가 계속 국왕 칭호를 사용해도 좋다고 제안했다. 군주는 러시아가 공식적으로 칭제를 인정하지 않을 경우 개인적으로 위험에 처하게 되고 조선에서의 러시아의 우월성도 위험에 처할 것이라고 경고했다. 나아가 무라비요프에게 그 같은 의중을 전해줄 것을 요청했다.[14]

스페에르에 따르면 고종은 대원군의 왕위 교체 시도를 크게 경계했다. 칭제는 고종의 권위를 격상시켜 대원군의 책략을 무산시키려는 의도에서 나왔다. 결국 칭제논의의 주도자는 개화파도 보수파도 아닌 바로 고종이었다. 칭제에 대해 스페에르는 반대 의사를 보였다. 그에 대해 고종은 스페에르에게 칭제가 조선에서 러시아의 우월성을 보장해주는 수단이라고 설득한 것을 보여준다.

플랑시는 고종이 칭제를 추진한 사유에 대해 자신을 왕으로 만든 신정왕후와 흥선대원군의 퇴위 시도를 저지하려는 목적이라고 이해했다. 플랑시는 고종의 칭제 시도는 중대한 사유로 인한 것이라고 평가했다. 아울러 플랑시는 스페에르의 입장은 본국 정부의 의견에 따른다는 것임을 확인했다.[15]

조선 정부는 칭제를 계속해서 추진했다. 농상공부 협판 권재형은 9월 25일 상소를 올려 칭제를 건의했다. 그는 을미사변 당시 칭제를 건의한 친일내각 멤버였다. 권재형은 『만국공법』 84장에 의하면 140년 전

---

14) 『러시아문서 번역집』 3, 〈스페에르가 무라비요프 백작에게 보낸 편지〉, 스페에르 → 무라비요프, 1897년 9월 27일, 63~65쪽.

15) 『근대 한불 외교자료』 Ⅲ, 〈조선의 국왕이 황제가 되고자 시도하는 사안에 대한 보고〉, 플랑시 → 아노토, 1897년 9월 27일, 412~414쪽.

러시아의 군주가 황제라고 개칭했는데, 처음에는 각국이 좋아하지 않았지만 20년 뒤에 대부분 칭제를 인정했다고 강조했다. 그는 그러므로 타국의 칭제 인정 여부는 중요하지 않고 우리가 어떻게 하느냐에 달려 있다고 주장했다.[16] 그 뒤 봉조하 김재현 등 관리 716명은 9월 29일 연명 상소를 올려 조선은 이미 황제국들과 수교했으므로 황제 칭호를 사용해야 외국과 평등한 교류를 할 수 있다는 논리를 전개했다.[17] 얼마 뒤 의정부 의정 심순택, 궁내부 특진관 조병세 등 시원임 대신들은 9월 30일 경운궁의 함녕전에서 고종을 청대하고 칭제를 건의했다. 이들은 "조선의 문물, 예악은 세상의 표준이며 영토는 4천리로서 당당한 천자의 국가입니다. 칭제는 천명이며 칭제할 경우 각국은 흔연히 인정할 것입니다."라고 주장했다.[18] 정부 관리, 유생 등은 지속적으로 고종에게 칭제 상소를 올렸다. 이들은 칭제는 만국공법상 자주국의 고유권한이므로, 칭제를 단행하여 조선의 자주독립을 세계만방에 선언하자고 주장했다.

고종은 1897년 10월 3일 칭제를 재가했으며 10월 5일 칭제를 단행했고, 10월 12일 원구단에서 황제 즉위식을 거행하고 황제 자리에 올랐다. 10월 14일에는 대한이라는 국호를 제정했다. 황제국인 대한제국이 출범한 것이다. 고종은 궁내부대신 민영규를 플랑시에게 보내 13일 서울에 있는 육해군 장교들을 대동하고 궁궐로 와줄 것을 요청했다.[19]

플랑시는 9월 27일 칭제에 대한 마지막 보고 이후 사건이 급속히 진행되었다고 인식했다. 그는 본국 정부에 "관료들은 군주의 독려로 황제의 칭호를 받아들이게끔 간청하는 청원서를 올리고 또 올렸습니다.

16) 『고종실록』 권36, 고종 34년 9월 25일.
17) 『고종실록』 권36, 고종 34년 9월 29일.
18) 『고종실록』 권36, 고종 34년 9월 30일.
19) 『근대 한불 외교자료』Ⅲ, 1897년 10월 14일, 〈별첨 3〉, 422쪽.

여러 번 거부의사를 표했던 군주는 모든 신하들의 기원과도 같이 표현된 청원서에 만족을 표했습니다. 군주는 10월 12일 황제의 옷을 입고, 명대에 사용된 금관을 쓰고, 노란 가마를 타고, 호위대와 함께 남별궁에서 즉위식을 거행했습니다. 명헌태후와 민비는 황비의 반열에 올랐고, 왕세자는 황태자가 되었고, 조선이라고 불렸던 국가는 대한이란 이름을 가지게 되었습니다."라고 보고했다.[20] 아울러 플랑시는 고종은 최고의 즉위식을 거행하는 한편 사면 조치를 내렸다고 보고했다.[21] 플랑시는 고종이 관료, 유생들의 칭제 운동을 사주했으며, 결국 칭제 의식을 강행했다고 인식한 것을 보여준다.

고종은 즉위식 다음날 알현 때 자신이 황제의 칭호를 얻었음을 외국 사절들에게 통보했다. 외부대신 민종묵은 10월 14일 외교 사절들에게 칭제를 공식적으로 확인시키는 공문을 보냈다. 플랑시는 고종을 알현한 자리에서 축하 표시를 하지 않은 채 칭제에 대해 본국 정부에 알리겠노라고 응답했다. 플랑시는 본국 정부에 고종은 칭제에 대한 냉담한 반응에 매우 겸연쩍어했다고 보고했다. 이어 플랑시는 외부대신은 칭제 승인을 요구하지 않았다고 언급하며 칭제에 대한 지침을 내려줄 것을 건의했다.[22]

---

20) 『근대 한불 외교자료』Ⅲ, 〈조선의 국왕이 황제의 칭호를 얻은 사실에 대한 보고〉, 플랑시 → 아노토, 10월 14일, 415~417쪽.

21) 『근대 한불 외교자료』Ⅲ, 1897년 10월 14일, 〈별첨 2〉, 421쪽.

22) 『근대 한불 외교자료』Ⅲ, 〈조선의 국왕이 황제의 칭호를 얻은 사실에 대한 보고〉, 플랑시 → 아노토, 10월 14일, 415~417쪽.

3. 타국의 칭제 대응 타진

1) 칭제 이전 시기

조선에서 '칭제 논의'는 1895년 10월경 대두됐다. 칭제논의를 주도한 국가는 일본이었다. 일본 정부는 칭제를 통해 조선의 자주독립을 표방하면서 러시아 등 열강의 간섭을 배제하고 일본만의 독점적 지배권을 확보하고자 했다. 또 다른 배경으로는 을미사변으로 악화된 고종과 조선인의 대일 감정을 무마하려 한 데 있었다. 일본은 그 같은 의도를 가지고 친일내각을 사주했고, 친일내각도 일정 부분 을미사변에 연루되었으므로 일본의 의도에 적극 영합했다.

플랑시는 1897년 4월 칭제 논의가 재론되자 일본의 반응을 주시했다. 플랑시는 프랑스 외무부 장관에게 1895년 말의 칭제 시도는 외교사절단의 반대로 무산되었던 바, 현재 다시 칭제가 거론되고 있다고 보고했다. 플랑시는 일본 공사로부터 일본 정부는 조선의 칭제를 인정하는 데 불편해하지 않는다는 언질을 받았다. 미국 역시 플랑시에게 황제 칭호에 대해 어떤 반대도 하지 않는다는 언질을 주었다.[23] 그 결과 플랑시는 1897년 4월의 시점에서 칭제를 인정하려는 국가는 일본과 미국이라고 인식한 것을 보여준다.

플랑시는 그 중에서도 일본이 고종의 칭제에 대해 호의적이라고 인식했다. 플랑시는 일본이 칭제를 인정하려는 배경을 분석했다. 그는 "조선의 백성과 조선 관료의 대부분은 일본에 대한 원한을 수세기 동

---

23) 『근대 한불 외교자료』Ⅲ, 선인, 2018, 〈조선의 국왕이 황제가 되고자 시도하는 사안에 대한 보고〉, 플랑시 → 아노토, 1897년 4월 17일, 409쪽.

안 이어왔고, 최근 몇 년 간 벌어진 사건들로 인해 더욱 원한이 강해졌습니다. 그러나 조선 국왕은 을미사변을 잊지 않으면서도 겉으로는 두 나라의 관계를 원활히 하려고 노력하고 있습니다. 얼마 전부터 상호간 정중한 예의를 갖추는 흔적이 눈에 띕니다. 일본 국왕은 조선 공사에게 예우하라고 지시했고, 조선 공사에게 대십자 훈장을 수여했습니다. 또 얼마 전에는 왕실에만 수여하는 국화대능장을 조선 국왕에게 보내기도 했습니다."라고 보고했다.[24] 플랑시는 이 무렵 고종은 일본에 유화 제스처를 보였고, 일본도 조선에 대해 화해 태도를 보였다고 분석했다. 플랑시는 일본이 고종의 칭제를 승인하려는 것은 조선에 대한 유화정책과 연관이 있다고 판단한 것으로 여겨진다.

플랑시는 미·일 이외의 타국은 칭제에 대해 어떤 반응을 보이는지를 주시했다. 조선 관료는 같은 해 5월 서울의 각국 공사관과 영사관을 방문하여 칭제 계획을 설명했다. 각국의 외교사절단은 조선 정부의 칭제 요구에 대해 공식적으로 동의 의사를 표명하지 않았다. 플랑시는 특히 베베르 러시아 공사가 칭제에 대해 달가워하지 않는다고 인식했다. 아울러 독일 영사도 자신과 마찬가지로 어떤 의견도 내보이지 않고, 본국 정부의 의견에 따르고 있다고 이해했다.[25] 플랑시는 미·일 외 각국의 외교사절단은 칭제에 대해 동의하지 않고 있으며, 특히 러시아가 부정적인 반응을 보이고 있다고 판단했다.

플랑시는 9월 하순부터 칭제 시도가 급속히 진행되고 있음을 의식했다. 플랑시는 러시아의 반응을 예의 주시했다. 이 무렵 플랑시는 스

---

24) 『프랑스외무부문서』 8, 〈명성황후의 시해사건 이후 완화된 조선과 일본 관계 보고〉, 1897년 4월 25일, 45~46쪽.

25) 『근대 한불 외교자료』 Ⅲ, 〈조선의 국왕이 황제가 되고자 시도하는 사안에 대한 보고〉, 플랑시 → 아노토, 1897년 5월 23일, 409쪽, 410쪽.

페에르와의 면담을 통해 러시아의 의중을 탐지했다. 다음은 스페에르가 칭제에 대해 언급한 내용이다.

> 조선 국왕은 1897년 봄 일본 주재 조선 공사를 저에게 보내 조선 국민은 칭제를 원한다고 전제하며 칭제를 수락할지 여부에 대해 질의했다. 저는 유럽 열강은 칭제를 인정하지 않을 것이라고 대답하는 한편, 칭제는 국왕에게 악의를 가진 자만이 권고할 것이라고 응대했다. 저는 국왕에게 칭제를 호소하는 고관대작의 건의를 즉각 중지시키고, 향후 그와 유사한 청원을 가지고 국왕을 알현하려는 것조차 금지시킬 것을 요청했다. 제가 서울에 도착할 무렵 국왕은 칭제 논의를 중지시키기는 커녕 하늘에 제사지내기 위한 원구단 축조를 서두를 것을 명령했다. 국왕은 원구단에서 황제 칭호를 수락하는 의식을 거행하고 하늘에 제사를 지내고자 했다. 저는 국왕에게 그 계획을 이행하지 말라고 충고했다. 그에 대해 국왕은 칭제 논의는 자신이 구상한 것이 아니라 온 국민이 원하는 것이고, 그 문제에 대해 최종명령을 내린바 없다고 언급했다. 저는 일본만이 칭제를 인정할 것으로 내다봤다. 일본은 조선에서 우월한 영향력을 누리던 때에 조·청관계를 단절시키고자 칭제를 처음으로 권고했다. 저는 일본이 실추된 정치적 상황을 회복하고자 그 기회를 놓치지 않을 것이고, 미국이 그 뒤를 따를 것이라 내다봤다.[26]

이상을 통해 고종은 환궁 직후인 1897년 봄 일본에서 러시아 공사로 근무하던 스페에르에게 칭제 수락 여부를 타진했다. 이에 대해 스페에르는 유럽 열강은 칭제를 인정하지 않을 것이라고 지적하며 칭제 논의를 즉각 중지할 것을 요구했다. 스페에르는 그해 가을 조선에 공사로 재부임했을 때 칭제 움직임을 인지하고 칭제 운동을 중지할 것을 요구했다. 플랑시는 스페에르가 칭제에 대해 강력히 반대한다는 입장이라는 것을 확인했다. 또 플랑시는 스페에르가 미국과 일본이 칭제를 지

---

26) 『러시아문서 번역집』 3, 〈스페에르가 무라비요프 백작에게 보낸 편지〉, 스페에르 → 무라비요프, 1897년 9월 27일, 63~65쪽.

지한다고 확신하고 있음을 인식한 것으로 보여진다.

고종은 궁내부대신 민영규를 외교대표들에게 보내 13일 알현해줄 것을 요청했다.[27] 외교사절단은 10월 9일 최연장자인 가토 마쓰오(加藤增雄) 일본 공사 자택에 모여 알현 대책을 논의했다. 외교사절단은 조선 정부의 초대장에 특별한 목적이 기재되지 않았다면 모두 알현하고, 그 반대의 경우에는 어떤 행동도 하지 않기로 의견을 모았다. 이 자리에서 플랑시는 미국과 일본의 대표들은 본국 정부로부터 어떤 지침도 받지 못했으므로 다른 외교 대표들과 같이 행동하고자 한다고 인식했다.[28]

2) 칭제 이후 시기

플랑시는 칭제 직후 열강의 대응을 예의 주시했다. 플랑시는 칭제 직후인 10월 14일 미국은 칭제에 대해 고종이 자기만족을 위해 부여하는 것인 만큼 반대할 필요를 느끼지 않는 것 같다고 이해했다. 그러나 플랑시는 러시아, 독일, 영국 등 유럽 국가들은 고종의 칭제를 절대 승인하지 않을 것이라고 판단했다.[29] 플랑시는 구미 국가들 중에서 미국은 칭제를 지지하는 반면 유럽은 칭제에 반대하고 있다고 분석했다.

일본은 칭제에 대해 신속히 대처했다. 가토 주한 일본 공사는 고종의 환심을 사기 위하여 자국 정부에 칭제를 조속히 승인할 것을 건의했다. 오오쿠마 외상은 11월 6일 가토에게 일본 정부는 칭제를 승인했

---

27) 『근대 한불 외교자료』Ⅲ, 1897년 10월 14일, 〈별첨 3〉, 422쪽.

28) 『근대 한불 외교자료』Ⅲ, 〈조선의 국왕이 황제의 칭호를 얻은 사실에 대한 보고〉, 플랑시 → 아노토, 1897년 10월 14일, 415~417쪽.

29) 『근대 한불 외교자료』Ⅲ, 〈조선의 국왕이 황제의 칭호를 얻은 사실에 대한 보고〉, 플랑시 → 아노토, 1897년 10월 14일, 415~417쪽.

다는 훈령을 보냈다.[30] 오오쿠마의 후임으로 외상에 취임한 니시(西德二郎)는 가토에게 훈령을 보내 "칭제에 대해 러·프·영·미·독·청 등 각국 주차 일본 공사에게 훈시했다. 과거 일본 정부는 외국 군주에 대해서는 모두 황제 칭호를 사용했다. 그러므로 조선 군주에게 동일한 칭호를 사용하는 것은 추호도 부적합하지 않다. 일본 정부는 타국 정부의 칭제 인정 여부에 구애받지 않고 금후 고종에 대해 황제 칭호를 사용하고자 한다."라고 언급했다.[31] 일본 정부는 11월 10일 가토에게 고종을 황제로 칭할 것을 지시했다. 일본은 가장 먼저 칭제를 승인하여 고종을 크게 만족하게 했다.[32]

플랑시는 일본 정부가 칭제를 쉽게 인정한 이유를 분석했다. 플랑시는 일본에서는 독립국의 군주를 지칭하기 위한 의전용어로 '코테이'라는 단 하나의 표현을 쓰기 때문이라고 이해했다. 즉 일본에서 코테이라는 용어는 조선어로는 황제에 해당한다는 것이었다. 플랑시는 일본에서는 하와이의 옛 국왕도 황제라 불렀는데, 조선 국왕만 지금까지 황제로 불리지 못했다고 지적한 것을 인지했다. 플랑시는 일본 정부는 가토를 통해 한국 정부에 고종이 매우 소중하게 생각하는 황제 칭호를 사용할 것을 통보했다고 인식했다.[33]

러시아는 일본이 칭제를 승인하자 발빠르게 움직였다. 이 무렵 러시아는 부산 지역에 저탄소 부지를 물색중이었다. 스페에르는 두바소프(F.V.Dubasov) 러시아 극동함대 사령관을 대동하고 11월 29일[34] 고종

---

30) 國史編纂委員會, 『駐韓日本公使館記錄』(이하 『일공사기록』으로 약칭) 12, 252호, 1897년, 283쪽.

31) 『일공사기록』 12, 기밀송제92호, 1897년 11월 10일, 100~101쪽.

32) 『日本外交文書』 32, 機密第號, 1899년 5월 17일, 458쪽.

33) 『프랑스외무부문서』 8, 〈일본의 대한제국 황제 칭호 인정〉, 1897년 11월 10일, 91~92쪽.

을 알현했다. 고종은 러시아 장교들을 반갑게 영접했으며, 러시아의 한국 지지에 사의를 표명했다. 두바소프는 고종에게 러시아 해군이 부산 절영도에 저탄소 부지를 선정했다고 통보하고, 그 곳의 사유재산 몰수 수속을 조속히 마치고 부지를 러시아에 인도할 것을 요청했다. 스페에르는 이 같은 특별한 상황에서는 고종의 약속을 얻어내는 것이 좋은 방법이라고 판단했다. 그것은 러시아에 적대적인 외국인들이 러시아가 선정한 부지가 이미 외국인 거류지로 지정된 바 있다고 언급하며, 한국 정부에 강하게 항의했기 때문이었다. 한국인 지주들도 러시아에 비싼 지가를 요구했다. 그에 대해 스페에르는 고종의 허락이 긴요하다고 판단했다.[35)]

러시아가 고종의 칭제를 승인한 것은 바로 절영도 부지를 획득하고자 고종의 허락을 얻어내려던 때였다. 러시아가 고종의 칭제를 인정한 계기는 주한 러시아 공사관이 12월 18일[36)] 러시아 황제 니콜라이 2세(Nicholas Ⅱ)의 명명축일을 맞이하여 개최한 축하 연회였다. 궁내부대신은 명명축일에 대한 고종의 축하 전문을 스페에르에게 전달했다. 니콜라이 2세는 12월 20일 고종에게 보낸 답신에서 칭제를 인정하는 표현을 집어넣었다. 이에 고종은 크게 만족감을 표명하고 스페에르에게 알현해줄 것을 요청했다. 고종은 12월 22일 스페에르를 궁궐로 초대하여 칭제를 인정한 것에 대해 니콜라이 2세에게 감사 인사를 전해줄 것을 요청했다. 스페에르는 12월 24일 무라비요프(M. N. Muraviev) 외상에게 니콜라이 2세의 전문이 한국에서 러시아의 이익을 증대시킬 것

---

34) 러시아 구력은 1897년 11월 17일.

35) 『러시아문서 번역집』 3, 〈스페에르가 무라비요프 백작에게 보낸 편지〉, 스페에르 → 무라비요프, 1897년 12월 15일(러시아 구력은 1897년 12월 3일), 71~72쪽.

36) 러시아 구력은 12월 6일.

이라고 보고했다.[37]

기존 연구는 일본은 11월 22일경 고종에게 '대한국대황제폐하'라는 존호가 들어간 국서를 전달하는 방식으로 간접적으로 칭제를 승인했고, 러시아는 12월 23일경 고종에게 '대한국대황제폐하'라는 존호가 들어간 답신을 통해 직접적으로 칭제를 승인했다고 언급했다.[38] 그러나 러시아, 일본의 외교 자료를 검토한 결과 그 같은 주장은 사실과 거리가 있다고 보여진다. 즉 일본 정부는 11월 6일 가토에게 칭제를 승인하는 훈령을 보냈고, 11월 10일 고종을 황제로 칭할 것을 주한 공사에게 지시했다. 일본은 공식 외교 라인을 통해 직접적으로 칭제를 승인한 것을 의미한다.

플랑시는 러시아가 칭제 반대에서 지지로 선회한 것을 인식했다. 플랑시는 스페에르의 제안으로 고종이 니콜라이 2세에게 "러시아 황제에게 친애하는 마음을 표하고자 축하인사를 드립니다. 또한 황제의 영원한 통치와 번영을 소망합니다."라는 내용의 축하 전보를 보냈고, 니콜라이 2세는 고종의 칭제를 인정하려고 하는 것같은 답전을 보낸 것을 인지했다. 플랑시는 스페에르가 니콜라이 2세의 칭제 인정에 당황해서 자국 정부에 칭제 결정에 대한 공문을 보내줄 것을 요청한 것을 인지했다.[39] 플랑시는 스페에르가 칭제 승인을 건의하지도 않았는데도 니콜라이 2세가 칭제를 승인한 것이라고 판단했다.

프랑스는 일본에 이어 러시아가 칭제를 인정한 것을 인지했다. 한편

---

37) 『러시아문서 번역집』3, 〈스페에르가 무라비요프 백작에게 보낸 편지〉, 스페에르 → 무라비요프, 1897년 12월 24일(러시아 구력은 1897년 12월 12일), 76~77쪽.

38) 이민원, 「대한제국의 성립과정과 열강과의 관계」, 『한국사연구』 64, 1989, 141~142쪽.

39) 『근대 한불 외교자료』Ⅲ, 〈조선의 국왕이 황제의 칭호를 얻은 사실에 대한 보고〉, 플랑시 → 아노토, 1897년 12월 21일, 428~429쪽.

러시아 주재 프랑스 대사관은 칭제에 대한 러시아 정부의 의향을 타진했다. 그에 대해 러시아 황실의 장관은 '한국 정부의 통지에 응답할 필요가 있다고 생각하지 않습니다.'라고 회답했다. 러시아 주재 프랑스 대사관은 프랑스 외무부 장관에게 "러시아 황제는 예의상 전보문에서 한국 국왕이 쓴 칭호를 그대로 써야만 했습니다. 한국 국왕은 러시아 황제의 승인을 받았다고 생각했고, 결과적으로 러시아 정부도 그러한 결론을 묵시적으로 인정했습니다. 하지만 한국 외부대신이 러시아 대표에게 전한 통지에 대해 공식적인 답변이 없었고, 새로 부임한 러시아 공사 마튜닌의 신임장에는 오직 '조선의 군주'라는 칭호를 사용했다는 점에 주목해야 합니다"라는 의견을 제출했다.[40] 러시아 황실은 고종에게 보낸 답신에 황제 표현을 써서 칭제를 묵시적으로 인정하는 태도를 보였다. 그러나 프랑스는 러시아 정부가 한국 정부에 공식적으로 칭제를 인정하는 문서를 보내지 않았다는 사실을 주목했다.

스페에르는 한국 외부에 조회하여 러시아의 칭제 승인을 통보했다. 일본은 러시아가 칭제를 승인한 것은 일본이 칭제를 승인한 것을 보고 한국의 환심을 사고자 했기 때문이라고 해석했다.[41] 플랑시는 프랑스 외무부 장관에게 칭제와 관련한 한국의 상황을 보고했다.

> 러시아 대리공사가 방금 러시아 정부가 한국 국왕의 칭제를 인정해 주었음을 한국 외부대신에게 공식적으로 통보했음을 각하께 알려 드립니다. 스페에르는 자신도 모르게 취해진 조치에 대한 설명을 듣기 위해 생 페테르부르크로 전보를 쳤습니다. 무라비요프는 칭제 결정을 확인해주면서 한·러 관계를 더욱 더 돈독하게 해주기를 희망한다고 덧

---

40) 『근대 한불 외교자료』Ⅲ, 〈조선 국왕의 황제 선언에 대한 보고〉, 생 페테르부르크 주재 프랑스 대사관 → 프랑스 외무부 장관, 1898년 1월 5일, 435쪽.

41) 『일공사기록』 12, 기밀제2호, 1898년 1월 12일, 390쪽.

> 붙였습니다. 한국 국왕은 칭제 인정이 지체될 것을 예측했기에, 자신의 소망이 그처럼 빨리 이루어진 것에 극도로 만족해하였습니다. 한국 국왕은 한국과 관계를 맺고 있는 다른 국가들도 러시아의 경로를 따르기를 기대합니다. 아직 입장 표명을 하고 있지 않은 국가들의 대표들과 새로운 교섭이 이루어지고 있습니다. 저로서는 칭제 문제를 논하고자 저를 만나려 하는 한국 관료들에게 프랑스 정부의 결정을 끈기 있게 기다려달라고 할 뿐입니다. 한국 정부는 다른 열강들의 칭제 인정에 대한 논거들을 충족시키기 위해 지난 12월 30일 관보에 두 전보문을 게재한 것 같습니다. 당국은 이 기회를 이용하여 같은 호에 일본 천황이 왕비의 장례식 때에 "조선 황제"라고 쓴 서한을 게재했습니다. 그 문서의 번역문을 동봉합니다.[42]

플랑시는 1898년 1월 초순 러시아 정부가 고종의 칭제를 공식적으로 인정한 것을 인지했다. 플랑시는 한국 정부는 러시아 정부가 칭제를 승인하자 프랑스를 비롯한 타 열강도 조속히 칭제를 승인하기를 열망하고 있다고 판단했다.

러시아 정부가 공식 외교 라인을 통해 직접적으로 칭제를 승인한 것은 1898년 1월 초순이었다. 그러므로 기존 연구에서 러시아가 12월 하순 직접적으로 칭제를 승인했다고 주장한 것은 재검토가 필요하다고 보여진다. 다시 강조하면 러시아는 처음에는 간접적으로 칭제를 승인했다가 추후 직접적으로 승인했고, 일본은 처음부터 직접적으로 칭제를 승인했다.

프랑스는 러 · 일 이외의 국가들이 보인 칭제에 대한 태도를 주시했다. 이탈리아 외무부 장관은 러시아의 칭제 인정을 보고 이탈리아 주재 프랑스 대사에게 이탈리아는 한국 국왕이 황제 칭호를 얻는 것에

---

42) 『근대 한불 외교자료』Ⅲ, 〈조선 국왕의 황제 선언이 러시아와 일본으로부터 인정받은 것에 대한 보고〉, 생 페테르부르크 주재 프랑스 대사관 → 프랑스 외무부 장관, 1898년 1월 6일, 437~438쪽.

대해 반대할 사유가 없다고 언급했다. 이탈리아 주재 프랑스 대사관은 프랑스 외무부 장관에게 무라비요프 러시아 외상이 러시아 주재 이탈리아 대사에게 러시아 황제가 취한 결정을 통보한 것을 언급하며, 사실상 러시아가 한국 국왕의 칭제를 인정해주었다는 것을 받아들여야 한다고 언급했다.[43] 이탈리아 주재 프랑스 대사는 러시아에 이어 이탈리아도 한국의 칭제를 인정하려는 방침을 확인하며 프랑스도 칭제를 승인할 것을 건의한 것을 보여준다. 프랑스 외무부 장관은 러시아 주재 프랑스 대사에게 러시아 정부의 최종 결정 여부를 알려주고, 러시아가 공식문서에서 한국의 군주에 대해 황제 칭호를 사용하는지 여부를 알려달라고 지시했다.[44] 프랑스 정부는 1898년 1월 하순 러시아가 공식 문서에서 고종에 대해 황제 칭호를 사용하는 것을 확인하고자 시도했다.

한편으로 프랑스는 미국, 영국의 칭제 대응을 주시했다. 플랑시는 1898년 2월 28일 본국 정부에 "대원군의 유고는 미국 대통령이 황제 칭호를 인정하게 하는 구실을 제공했습니다. 맥킨리 대통령은 대원군의 유고를 맞이하여 '황제 폐하에게'라고 기재한 전보문을 보냈습니다. 미국 외무부 장관은 러시아와 일본이 공식적으로 칭제 승인의 입장을 밝히자, 한국 군주의 칭제가 전쟁이나 혁명에서 야기된 것이 아니라 평화롭게 이행된 변동사항이므로 그것을 인정하고자 했습니다. 그는 알렌 공사에게 칭제에 대한 결정권을 허락했습니다. 영국은 한국 총영사에게 한국 황제를 인정하고 있는 다른 정부들의 태도를 따르라고 지시

---

43) 『근대 한불 외교자료』Ⅲ, 〈조선의 국왕이 황제 선언이 러시아로부터 인정받은 것에 대한 보고〉, 로마 주재 프랑스 대사관 → 프랑스 외무부 장관, 1898년 1월 14일, 441쪽.

44) 『근대 한불 외교자료』Ⅲ, 〈조선 국왕의 황제 칭호에 대한 전달사항〉, 프랑스 외무부 장관 → 생 페테르부르크 주재 프랑스 대사, 1898년 1월 27일, 447쪽.

했습니다. 서울에 공관을 둔 열강들 중 프랑스와 독일만이 아직 그러한 의사를 알리지 않았습니다."라고 보고했다.[45] 프랑스는 미국은 1898년 2월 칭제를 승인했고, 영국도 미국의 방침을 따를 것이라는 것을 인지했다. 그러나 프랑스와 독일은 그때까지도 고종의 칭제를 승인하지 않았다.

4. 프랑스의 칭제 대응

1) 칭제 승인 이전 시기

프랑스 정부는 1897년 4월경 조선에서 칭제 운동이 재개된 것을 인지했다. 플랑시는 6월 본국 외무부 장관에게 미·일은 조선의 칭제를 승인할 것이라고 보고했다. 아울러 플랑시는 민영환은 유럽 공관들에 칭제 사안에 대해 전달하는 임무를 받았으며, 프랑스 정부도 칭제에 대한 동의 요청을 받을 것이라고 언급했다. 프랑스 외무부는 러시아 주재 프랑스대사에게 러시아 정부가 취한 칭제 조치에 대해 보고할 것을 지시했다.[46] 프랑스 정부는 동맹국이자 조선에 영향력을 행사하고 있던 러시아의 의중을 탐색하고자 한 것을 보여준다.

플랑시는 칭제 직후인 10월 14일 아노토 프랑스 외무부 장관에게 한국 정부는 칭제를 인정하지 않는 국가들과는 어떠한 조약도 맺지 않을

---

45) 『근대 한불 외교자료』Ⅲ, 〈미국과 영국이 대한제국의 황제를 인정했다는 사실〉, 플랑시 → 아노토, 1898년 2월 28일, 454쪽.

46) 『근대 한불 외교자료』Ⅲ, 〈황제로 불리려는 조선 국왕의 계획〉, 프랑스 외무부 → 생 페테르부르크 주재 프랑스 대사, 1897년 6월 28일, 412쪽.

것이며, 아직 교류를 맺지 않은 스페인, 포르투갈, 벨기에, 네덜란드와 같은 다른 열강들도 마찬가지일 것이라고 보고했다. 나아가 고종이 한 달 동안은 현재의 칭호를 유지하는 데 동의하겠지만, 그 시기가 지나면 감정적 저항심이 강해져 칭제를 승인하지 않은 국가들은 온갖 곤란한 상황을 맞을 것이라고 언급했다. 플랑시는 아노토에게 프랑스가 고종에게 전달할 문서에 '조선의 국왕'이라는 칭호 대신 '대한제국의 폐하'라는 표현을 사용하여 난국을 피해가자고 건의했다.[47] 플랑시는 프랑스 정부가 한국의 칭제를 승인하지 않은 것이 장차 불이익으로 이어질 것을 우려한 것을 보여준다. 플랑시는 황제 용어를 사용하는 대신 '대한제국의 폐하'라는 용어를 사용할 것을 건의했다. 플랑시는 편법을 사용하여 난처한 상황을 피해가기로 결심한 것을 보여준다.

2) 러 · 일의 칭제 승인 이후 시기

프랑스 정부는 11월 일본이 고종의 칭제를 승인하고 12월 들어서는 러시아도 칭제를 승인하려 한다는 것을 인지했다. 아노토 외무부 장관은 12월 하순 러시아 주재 프랑스 대사에게 일본과 미국이 조만간 칭제를 인정할 것이라고 언급하며, 러시아 정부의 칭제 대책을 알려줄 것을 지시했다.[48] 프랑스는 계속해서 동맹국인 러시아 정부의 칭제 대응에 촉각을 곤두세운 것을 보여준다.

한국 정부는 러시아와 일본이 칭제를 승인하자 칭제에 대한 입장을

47) 『근대 한불 외교자료』Ⅲ, 〈조선의 국왕이 황제의 칭호를 얻은 사실에 대한 보고〉, 플랑시 → 아노토, 1897년 10월 14일, 415~417쪽.

48) 『근대 한불 외교자료』Ⅲ, 〈조선 국왕이 황제의 칭호를 얻은 사실에 대한 통보〉, 프랑스 외무부 장관 → 생 페테르부르크 주재 프랑스 대사, 1897년 12월 27일, 430쪽.

표명하지 않은 정부의 대표들에게 러 · 일이 칭제를 승인했다는 사실을 전달했다. 플랑시는 한국 정부의 칭제 승인 요청에 대해 프랑스 정부의 결정을 좀 더 기다려달라고 응대했다.[49] 그 무렵 러시아 주재 프랑스 대사는 아노토에게 러시아 정부가 한국 정부의 칭제 통지에 대한 호의적 반응을 보였다고 보고했다.[50]

아노토는 플랑시가 '조선의 국왕'이라는 칭호 대신 '대한제국의 폐하'로 대체하자고 건의한 의견을 수용했다. 아노토는 1898년 1월 15일 중국 주재 프랑스 대사에게 플랑시의 의견에 동의한다는 훈령을 보냈다.[51] 아노토는 열강 국가에 주재하고 있는 프랑스 대사들에게 칭제에 대한 주재국 정부의 관점을 알려달라고 지시했다.[52] 아노토는 칭제와 관련된 플랑시의 공문을 외교 의전 사무국에 동봉했다. 아노토는 1월 19일 고종에게 보낼 문서들에 '조선의 국왕'을 '대한제국의 폐하'라는 표현으로 대체하기로 결정했다.[53] 아노토는 러시아 주재 프랑스 대사에게 문서에 기재할 때 '조선의 국왕'을 '대한제국의 폐하'라는 표현으로 대체하라고 지시했다.[54] 프랑스 정부는 황제 용어를 사용하는 대신

---

49) 『근대 한불 외교자료』Ⅲ,〈조선 국왕의 황제 선언이 러시아와 일본으로부터 인정받은 것에 대한 보고〉, 생 페테르부르크 주재 프랑스 대사관 → 프랑스 외무부 장관, 1898년 1월 6일, 437~438쪽;『근대 한불 외교자료』Ⅲ, 〈보고서 요약문〉, 1898년 1월 6일, 440쪽.

50) 『근대 한불 외교자료』Ⅲ, 〈대한제국 국왕의 황제 선언과 조선 · 중국의 관계 회복에 대한 의견〉, 프랑스 외무부 장관 → 생 페테르부르크 주재 프랑스 대사, 1898년 1월 19일, 446쪽.

51) 『근대 한불 외교자료』Ⅲ, 〈조선 국왕의 황제 칭호에 대한 내용과 한 · 중 간의 관계 회복에 대한 보고〉, 프랑스 외무부 장관 → 베이징 주재 프랑스 대사, 1898년 1월 15일, 443쪽.

52) 『근대 한불 외교자료』Ⅲ, 〈조선 국왕의 황제 선언에 대한 보고〉, 아노토 → 플랑시, 1898년 1월 15일, 443~445쪽.

53) 『근대 한불 외교자료』Ⅲ, 〈조선 국왕의 황제 선언에 관련한 의견〉, 프랑스 외무부 장관 → 의전담당부서, 1898년 1월 19일, 445쪽.

'대한제국의 폐하'라는 용어를 사용하기로 한 것을 의미한다. 프랑스는 러시아가 고종의 칭제를 공식적으로 인정했음에도 불구하고, 영·미 등 다른 열강의 칭제 승인 여부를 주시한 것으로 보여진다. 프랑스는 영·미 등이 칭제를 승인하지 않은 것을 인지하고, 황제 용어를 사용하는 대신 '대한제국의 폐하'라는 편법을 사용하기로 한 것으로 여겨진다.

한편 프랑스 주재 이탈리아 대사는 2월 1일 프랑스 정부에 대해 칭제에 대한 답변을 듣고 싶다고 통보했다.[55] 프랑스 외무부 장관은 2월 3일 프랑스 주재 이탈리아 대사에게 프랑스 정부는 '조선의 국왕' 대신 '대한제국의 폐하'라는 표현을 쓰기로 했다고 통보했다.[56] 동시에 프랑스 외무부 장관은 런던, 베를린, 비엔나, 마드리드, 로마, 워싱턴, 브뤼셀, 리스본, 도쿄 주재 프랑스 대사관에 프랑스 정부가 고종에게 보낼 통지들은 플랑시가 제안한 방식을 채택하기로 통보했다.[57] 이상과 같이 프랑스 정부는 1898년 2월까지 칭제를 승인하지 않았고 '대한제국의 폐하'라는 편법을 구사했다.

프랑스 정부는 미국, 영국이 2월 하순 칭제를 승인한 것을 인지한 직후 고종의 칭제를 승인했다. 아노토는 3월 4일 플랑시에게 한국의 국왕을 황제로 인정하는 데 불편한 점이 없다고 생각한다면 허락한다

---

54) 『근대 한불 외교자료』Ⅲ, 〈대한제국 국왕의 황제 선언과 조선·중국의 관계 회복에 대한 의견〉, 프랑스 외무부 장관 → 생 페테르부르크 주재 프랑스 대사, 1898년 1월 19일, 446쪽.

55) 『근대 한불 외교자료』Ⅲ, 〈조선의 제국 선언에 대한 보고〉, 파리 주재 이탈리아 대사관 → 프랑스 외무부, 1898년 2월 1일, 448쪽.

56) 『근대 한불 외교자료』Ⅲ, 〈조선 국왕의 황제 칭호에 대한 전달사항〉, 프랑스 외무부 장관 → 생 페테르부르크 주재 프랑스 대사, 1898년 2월 3일, 450쪽.

57) 『근대 한불 외교자료』Ⅲ, 〈조선 국왕의 황제 칭호에 대한 보고〉, 프랑스 외무부 장관 → 런던, 베를린, 비엔나, 마드리드, 로마, 워싱턴, 브뤼셀, 라아에, 리스본, 도쿄 주재 프랑스 대사관, 1898년 2월 3일, 452쪽.

고 훈령했다.[58] 프랑스 외무부는 런던, 베를린, 페테르부르크, 비엔나, 마드리드, 로마, 워싱턴, 브뤼셀, 리스본, 도쿄, 베이징 주재 프랑스 대사에게 동일한 지시 사항을 통보했다.[59] 플랑시는 3월 5일 프랑스 정부의 결정을 한국의 외부대신에게 통보했다. 고종은 3월 8일 칭제를 승인하지 않은 독일 대표를 제외하고 칭제를 승인한 열강 대표들을 초대하여 칭제 축하식을 개최했다. 그 자리에서 고종은 플랑시에게 프랑스 대통령에게 프랑스 정부 이름으로 우호적인 결정을 내려준 것에 대해 감사 인사를 전해달라고 부탁했다.[60]

이후 아노토는 플랑시에게 열강의 칭제 승인에 대한 정보들을 알려달라고 지시했다.[61] 플랑시는 아노토에게 러시아, 일본, 미국, 영국이 고종의 칭제를 인정했다고 보고했다. 그 과정에서 플랑시는 3월 13일 한국 정부에 공식적으로 프랑스 정부의 칭제 인정을 통보했다.[62] 프랑스 정부가 칭제를 승인하기로 결정한 것은 3월 4일이었고, 플랑시가 한국 외부에 구두로 통보한 것은 3월 5일이었다. 프랑스 정부가 한국 정부에 칭제 승인을 공식적으로 통보한 것은 3월 13일이라고 할 수 있다.

프랑스 정부는 한국 정부에 칭제 승인을 공식 통보한 직후 해외 주재 자국 외교 사절들에게 칭제 승인 사실을 통보했다. 프랑스 외무부

58) 『근대 한불 외교자료』Ⅲ, 〈조선 군주의 황제 칭호에 대한 전달사항〉, 프랑스 외무부가 서울로 보내는 전보문〉, 아노토 → 플랑시, 1898년 3월 4일, 455쪽.

59) 『근대 한불 외교자료』Ⅲ, 〈조선 군주의 황제 칭호에 대한 전달사항〉, 프랑스 외무부 → 런던, 베를린, 페테르부르크, 비엔나, 마드리드, 로마, 워싱턴, 라아예, 브뤼셀, 리스본, 도쿄, 베이징 주재 프랑스 대사, 1898년 3월 9일, 457쪽.

60) 『근대 한불 외교자료』Ⅲ, 〈미국이 대한제국 황제를 인정했다는 사실〉, 플랑시 → 아노토, 1898년 3월 10일, 458쪽.

61) 『근대 한불 외교자료』Ⅲ, 〈프랑스 외무부 장관이 보내는 전보문〉, 아노토 → 플랑시, 1898년 3월 11일, 459쪽.

62) 『근대 한불 외교자료』Ⅲ, 〈콜랭 드 플랑시가 보내는 전보문〉, 플랑시 → 아노토, 1898년 3월 13일, 460쪽.

장관은 런던, 베를린, 페테르부르크, 비엔나, 마드리드, 로마, 워싱턴, 브뤼셀, 리스본, 도쿄, 베이징 주재 프랑스 대사에게 "플랑시가 한국 정부에 프랑스 정부의 황제 칭호 인정을 통보했습니다. 플랑시는 러시아, 일본, 영국, 미국이 칭제를 인정했다는 사실을 알려왔습니다."라고 전달했다.[63] 동시에 프랑스 정부는 칭제 승인에 대해 각국에 통보하기 시작했다. 즉 아노토는 3월 15일 프랑스 주재 이탈리아 대사에게 프랑스 정부의 칭제 인정을 전달했다.[64] 프랑스 정부는 러시아, 일본, 미국, 영국 다음으로 한국의 칭제를 승인했다. 기존 연구는 러시아는 서구 열강이 칭제를 인정하자 그를 따라갔다고 주장했다.[65] 그러나 러시아, 프랑스 외교 자료를 검토한 결과 그 같은 주장은 사실과 거리가 있다고 할 수 있다. 즉 러시아가 칭제를 승인하자 그 뒤를 따라 서구 열강이 칭제를 승인한 것이다.

이상의 과정을 통해 프랑스 정부가 칭제 승인에 대해 매우 신중하게 접근한 것을 알 수 있다. 이같이 프랑스 정부가 고종의 칭제를 뒤늦게 승인한 것은 상기의 국가들에 비해 한국에 대한 이해관계가 미약했기 때문으로 보여진다.

---

63) 『근대 한불 외교자료』Ⅲ, 〈조선 군주의 황제 칭호 인정에 대한 전달사항〉, 프랑스 외무부 장관 → 런던, 베를린, 페테르부르크, 비엔나, 마드리드, 로마, 워싱턴, 라아예, 브뤼셀, 리스본, 도쿄, 베이징 주재 프랑스 대사, 1898년 3월 15일, 462쪽.

64) 『근대 한불 외교자료』Ⅲ, 〈조선 군주의 황제 칭호 인정에 대한 전달사항〉, 프랑스 외무부 → 파리 주재 이탈리아 대사관, 1898년 3월 15일, 461쪽.

65) 이구용, 앞의 글.

5. 맺음말

1장은 프랑스는 조선의 칭제 운동에 대해 어떻게 인식했는지를 분석했다. 조선에서는 환궁 직후 칭제논의가 본격적으로 일기 시작했다. 플랑시 프랑스 공사는 1897년 4월 칭제 운동을 감지했다. 플랑시는 고종이 칭제를 추진한 사유에 대해 자신을 왕으로 만든 신정왕후와 흥선대원군의 퇴위 시도를 저지하려는 목적이라고 이해했다. 플랑시는 고종의 칭제 시도에 대해 중대한 사유로 인한 것이라고 평가했다.

플랑시는 칭제의 주체를 고종으로 인식했고, 민영환이 유럽에 특사로 파견된 것은 칭제를 타진하려는 목적이라고 파악했다. 플랑시는 고종이 외국 정부가 쉽사리 칭제를 용인하지 않을 것으로 보고, 외국 정부가 단지 칭제를 묵인하기를 기대한다고 파악했다. 그리고 고종이 국내에서만 황제 칭호가 통용되기를 기대한다고 파악했다.

플랑시는 1897년 4월의 시점에서 칭제를 인정하려는 국가는 일본과 미국이라고 인식했고, 그 중에서도 일본이 고종의 칭제에 대해 적극적이라고 인식했다. 플랑시는 이 무렵 고종은 일본에 유화 제스처를 보였고, 일본도 조선에 대해 화해 태도를 보였다고 분석했다. 플랑시는 일본이 고종의 칭제를 승인하려는 것은 조선에 대한 유화정책의 연장선상에 있다고 판단했다. 플랑시는 미 · 일 외 다른 국가들의 외교사절단은 칭제에 대해 동의하지 않고 있으며, 특히 러시아 대표가 칭제에 대해 반대하고 있다고 판단했다.

고종은 1897년 10월 12일 원구단에서 황제 즉위식을 거행하고 황제 자리에 올랐다. 플랑시는 고종이 관료, 유생들의 칭제 운동을 사주했으며, 결국 칭제 의식을 강행했다고 인식했다. 고종은 궁내부대신 민영규를 외교사절단에게 보내 13일 알현해줄 것을 요청했다. 플랑시는 외교사절단 대책회의에서 미국과 일본의 대표들은 본국 정부로부터 지침을 받지 못하자 다른 외교 대표들과 같이 행동하고자 한다는 것을 인지했다. 플랑시는 고종을 알현한 자리에서 축하 표시를 하지 않은 채 칭제에 대해 본국 정부에 알리겠노라고 응답했다.

2장은 프랑스는 타국의 칭제 대응에 대해 어떻게 인식했는지를 분석했다. 플랑시는 칭제 직후 열강의 대응을 예의 주시했다. 플랑시는 구미 국가들 중에서 미국은 칭제를 지지하는 반면 유럽은 칭제에 반대하고 있다고 분석했다. 일본 정부는 11월 초순 고종을 황제로 칭할 것을 주한 공사에게 지시했다. 러시아 황제 니콜라이 2세는 12월 하순 고종에게 보낸 답신에서 칭제를 인정하는 표현을 사용했다. 플랑시는 스페에르가 칭제 승인을 건의하지도 않았는데도 니콜라이 2세가 칭제를 승인한 것이라고 판단했다. 그러나 프랑스는 러시아 정부가 한국 정부에 대해 공식적으로 칭제를 인정하는 문서를 보내지 않았다는 사실을 주목했다. 플랑시는 1898년 1월 초순 러시아 정부가 고종의 칭제를 공식적으로 인정한 것을 인지했다. 플랑시는 한국 정부는 러시아 정부의 승인을 받자 타국도 조속히 칭제를 승인하기를 열망하고 있다고 판단했다.

프랑스는 러·일 이외의 국가들이 보인 칭제에 대한 태도를 주시했다. 이탈리아 주재 프랑스 대사는 러시아에 이어 이탈리아도 한국의 칭제를 인정하려는 방침을 확인하며 프랑스도 칭제를 승인할 것을 건의했다. 프랑스는 미국은 1898년 2월 칭제를 승인했고, 영국도 미국의 방침을 따를 것이라는 것을 인지했다. 그러나 프랑스는 독일과 함께 그때까지도 고종의 칭제를 승인하지 않았다.

3장은 프랑스의 칭제에 대한 대응을 분석했다. 프랑스 정부는 1897년

4월경 조선에서 칭제 운동이 재개된 것을 인지했다. 프랑스 정부는 동맹국이자 조선에 영향력을 행사하고 있던 러시아의 의중을 탐색하고자 했다. 플랑시는 칭제 직후 프랑스 정부가 고종의 칭제를 승인하지 않은 것이 장차 불이익으로 이어질 것을 우려했다. 플랑시는 편법을 사용하여 난처한 상황을 피해가고자 시도했다. 플랑시는 10월 중순 본국 정부에 황제 용어를 사용하는 대신 '대한제국의 폐하'라는 용어를 사용할 것을 건의했다.

일본은 가장 먼저 칭제를 승인했고, 러시아가 그 뒤를 따랐다. 기존 연구는 일본은 1897년 11월 22일경 고종에게 '대한국대황제폐하'라는 존호가 들어간 국서를 전달하는 방식으로 간접적으로 칭제를 승인했고, 러시아는 12월 23일경 고종에게 '대한국대황제폐하'라는 존호가 들어간 답신을 통해 직접적으로 칭제를 승인했다고 언급했다. 그러나 프랑스, 러시아, 일본의 외교 자료를 검토한 결과 그 같은 주장은 사실과 거리가 있다. 즉 일본 정부는 11월 6일 가토에게 칭제를 승인하는 훈령을 보냈고, 11월 10일 고종을 황제로 칭할 것을 주한 공사에게 지시했다. 일본은 처음부터 공식 외교 라인을 통해 직접적으로 칭제를 승인한 것을 의미한다.

러시아 정부가 공식 외교 라인을 통해 직접적으로 칭제를 승인한 것은 1898년 1월 초순이었다. 그러므로 기존 연구에서 러시아가 12월 하순 직접적으로 칭제를 승인했다고 주장한 것은 재검토가 필요하다고 보여진다. 다시 강조하면 러시아는 처음에는 간접적으로 칭제를 승인하다가 추후 직접적으로 승인했고, 일본은 처음부터 직접적으로 칭제를 승인했다.

프랑스는 칭제에 대해 동맹국인 러시아의 대응에 촉각을 곤두세웠다. 한국 정부는 러시아와 일본이 칭제를 승인하자 칭제에 대한 입장을 표명하지 않은 정부의 대표들에게 러 · 일이 칭제를 승인했다는 사실을 전달했다. 그에 대해 플랑시는 프랑스 정부의 결정만을 기다릴 뿐이라고 응대했다. 그 무렵 러시아 주재 프랑스 대사는 아노토에게 러시아 정부가 한국 정부의 칭제 통지에 대한 호의적 반응을 보였다고 보고했다. 그에 아노토는 플랑시가 '조선의 국왕'이라는 칭호 대신 '대한제국의 폐하'로 대체하자고 건의한 의견을 수용했다. 아노토는 1898년 1월 15일 해외 주재 프랑스 대사에게 플랑시의 의견에 동의한다는 훈령을 보냈다. 프랑스 정부는 황제 용어를 사용하는 대신 대한제국의 폐하라는 용어를 사용하기로 했다. 프랑스는 러시아가 고종의 칭제를 공식적으로 인정했음에도 불구하고, 영 · 미 등 다른 열강의 칭제 승인 여부를 주시한 것으로 보여진다. 프랑스는 영 · 미 등이 칭제를 승인하지 않은 것을 인지하고, 황제 용어를 사용하는 대신 '대한제국의 폐하'라는 편법을 사용하기로 한 것으로 볼 수 있다. 프랑스 정부는 1898년 2월까지 칭제를 승인하지 않았고 '대한제국의 폐하'라는 편법을 구사했다.

프랑스 정부는 미국, 영국이 2월 하순 칭제를 승인한 것을 인지하자 3월 초순 고종의 칭제를 승인했다. 프랑스 정부가 칭제를 승인하기로 결정한 것은 3월 4일이었고, 플랑시가 한국 외부에 구두로 통보한 것은 3월 5일이었다. 프랑스 정부가 한국 정부에 칭제를 승인하기로 공식적으로 통보한 것은 3월 13일이었다. 이상의 과정을 통해 프랑스 정부가 칭제 승인에 대해 매우 신중하게 접근한 것을 알 수 있다. 프랑스 정부는 일본, 러시아, 미국, 영국 다음으로 한국의 칭제를 승인했다. 기존 연구는 러시아는 서구 열강이 칭제를 인정하자 그를 따라갔다고 주장했다. 그러나 러시아, 프랑스 외교 자료를 검토한 결과 그 같은 주장은 사실과 거리가 있다고 할 수 있다. 즉 러시아가 칭제를 승인하자 그 뒤를 따라 서구 열강이 칭제를 승인한 것이다.

프랑스는 열강 중 끝자리에서 칭제를 승인했다. 이같이 프랑스 정부가 고종의 칭제를 뒤늦게 승인한 것은 이 시기 타 열강에 비해 한국에 대한 이해관계가 미약했기 때문이었다고 할 수 있다.

5장
프랑스의 독립협회운동 인식

1. 머리말

1896년 7월 출범한 독립협회는 국권수호를 기치로 내세우며 활발한 활동을 전개했다. 독립협회는 1897년 10월 대한제국 수립 직후 러시아의 내정간섭이 강화되자 그에 대해 강력히 저항했으며, 다른 열강의 이권요구에 대해서도 강력한 저지운동을 전개했다. 또한 독립협회는 서구적 개혁을 요구하는 한편, 보수적 경향을 보인 대신들을 정부에서 축출하는 정치운동을 전개했다.[1] 그 과정에서 독립협회가 점차 한국 국민의 지지를 획득해나가자 열강은 독립협회의 운동 방향을 예의 주시했다. 대한제국기 한반도에 영향력을 행사하던 열강은 러시아, 일본, 독일, 프랑스, 영국, 미국이었다. 이들 열강은 처음부터 독립협회운

---

1) 독립협회에 대한 연구 동향에 대해서는 이민원, 「대한제국의 성립과 광무개혁, 독립협회에 대한 연구성과와 과제」, 『한국사론』 25, 국사편찬위원회, 1995 참조. 그 뒤에 발표된 논문은 다음과 같다. 김신재, 「독립협회의 대외인식과 자주국권론」, 『경주사학』 17, 동국대학교 경주사학회, 1998; 오태진, 「독립협회의 대외인식과 민족교육론」, 『한국교육사학』 21, 한국교육학회 교육사연구회, 1999; 임선화, 「선교사의 독립협회와 대한제국 인식」, 『전남사학』 14, 전남사학회, 2000; 최형익, 「한국에서 근대 민주주의의 기원-구한말 독립신문, 독립협회, 만민공동회 활동」, 『정신문화연구』 96, 한국정신문화연구원, 2004; 이신철, 「독립협회와 만민공동회의 근대성 논의 검토」, 『사림』 39, 수선사학회, 2011.

동에 대해 공동보조를 취하지는 않았다.

독립협회는 고종 황제와 타협, 대립을 거듭하다가 1898년 12월 강제 해산됐다. 독립협회운동의 실패는 국내적 요인은 물론 국외적 요인도 고려해야 할 것이다. 기존의 연구들은 대부분 수구파 정권의 무력 탄압, 독립협회 지도층의 지도력 부족과 과격성 등 국내적 요인들이 독립협회운동의 실패를 야기했다고 보았다. 그에 비해 독립협회운동의 실패는 열강 공사의 간섭 등 국외적 요인들이 크게 작용했다고 보는 시각이 있다.[2)] 후자의 연구는 독립협회 해산 원인을 러·일 공사의 개입 때문으로 보았다. 고종이 독립협회에 대한 무력 해산을 결심했을 때 대한제국 주재 열강 공사와 상의한 것을 고려할 때 열강 공사의 독립협회 입장은 주목할 가치가 있다. 그런 측면에서 열강 공사의 개입이 독립협회 해산에 큰 영향을 주었다는 것은 심층적으로 구명할 필요가 있다고 여겨진다. 러·일 공사가 독립협회 해산에 깊숙이 개입한 것은 주지하는 바이다.[3)] 그러므로 프·영·미 공사의 독립협회에 대한 입장을 구명할 필요가 있다.

본 연구는 프랑스 공사의 독립협회 인식과 대응을 분석하고자 한다. 대한제국 시기 프랑스 공사는 플랑시(Collin de Plancy)였다. 플랑시는 프랑스의 조선 대표라 할 수 있는 프랑스 정부위원(Commissaire)자격으로 1888년 6월 서울에 도착하여 1891년 6월까지 근무했으며, 1896년 재부임하여 1905년 11월까지 재직했다.

플랑시는 1897년경부터 적극적으로 고종에게 접근하였고, 고종은 프랑스가 중립적인 견지에서 한국을 보호해줄 수 있다고 인식하게 되

---

2) 이민원, 「독립협회에 대한 열국 공사의 간섭」, 『청계사학』 2, 청계사학회, 1985.

3) 그 같은 견해를 대표하는 연구는 신용하, 『독립협회연구 (하)』, 일조각, 2006; 이민원, 「독립협회에 대한 열국 공사의 간섭」을 들 수 있다.

었다. 그러므로 고종은 1897년 조선분할설이 유포되자 민영환을 프랑스에 특명전권공사로 파견하여 조선독립에 관한 비밀협정을 체결할 것을 지시하기도 했다. 프랑스는 1898년 4월 로젠-니시협정(Rosen-Nishi Convention) 체결 이후 러 · 일이 한국 내정에 직접적인 간섭을 하지 않을 것을 약정하자 적극적인 대한외교를 전개했다. 고종은 국내외 중요 사안이 발생할 때마다 플랑시에게 수시로 자문을 구했다. 그러므로 플랑시의 외교적 비중은 매우 높았다고 할 수 있다.

본 연구는 먼저 플랑시는 독립협회의 내정활동에 대해 어떻게 인식했는지를 신흥정치세력 인식과 체제도전세력 인식으로 구분하여 검토하고자 한다. 다음으로 플랑시는 독립협회의 대외활동에 대해 어떻게 인식했는지를 검토하고자 한다. 구체적으로 영국의 대한 적극정책에 따른 친영파의 부상 인식과 독립협회의 대외성향에 대한 인식을 검토하고자 한다. 끝으로 플랑시는 독립협회에 어떻게 대응했는지를 다른 공사와 비교하며 검토하고자 한다. 본 연구가 독립협회운동을 이해하는 데 기여하기를 기대한다.

2. 독립협회의 내정활동에 대한 평가

1) 독립협회의 정치적 파워 인정

러시아는 조선 국왕의 아관파천을 도왔지만 조선 진출보다는 만주 진출에 더 많은 관심을 가지고 있었다. 그러나 러시아는 청의 저항으로 만주 침투계획이 여의치 않자 1897년 9월 조선 진출을 적극화하는 노선으로 정책방침을 전환하였다. 러시아 정부는 조선의 내정에 적극적으로 개입하고자 스페에르(Alexei de Speyer)를 조선 공사에 임명했다. 스페에르는 10월 고종에게 자신이 구상한 신내각 명단을 통보하면서 그의 의견이 수용되지 않을 경우 러시아 수비대를 궁궐에서 철수시키겠다고 위협하였다. 고종은 그의 요구에 굴복하여 친러 성향의 조병식(趙秉式)을 법부대신, 민종묵(閔種黙)을 외부대신에 임명하였다.[4] 조던(J.N. Jordan) 영국 공사는 친러파가 한국의 외부를 장악하고 있다고 평가했다.[5]

고종은 1897년 10월 국왕권을 강화하고 자주독립을 내외적으로 천명하기 위하여 칭제를 단행하고, 제국을 선포하였다. 그러나 이 같은 고종의 기도는 스페에르의 내정 간섭으로 인해 난관을 맞이했다. 고종과 대신들은 러시아 교관단과 러시아 공사관의 수석통역관 김홍륙(金鴻陸)의 횡포에 분개했다.[6] 김홍륙은 러시아 국적의 한인으로서 12년간 공사관 통역을 담당했으며 외부협판 등의 요직을 역임했다.

한편 독립협회는 러시아가 군사교관단 · 재정고문을 파견하여 한국의 군사권 · 재정권을 장악하자 러시아의 대한 진출을 경계했다. 독립협회는 1898년 들어서 열강의 이권 요구가 거세지자 강력한 이권반대 운동을 전개했다. 독립협회는 2월 고종에게 올린 상소에서 외국 열강 중 어느 일국에 군사권 및 재정권을 맡겨서는 안 된다고 건의했다.[7] 여기서 독립협회가 지목한 일국은 바로 러시아였다. 그런 중 김홍륙이 궁중 출입문 옆에서 피습을 당한 사건이 발생했다.[8] 스페에르는 피습

---

4) Scott. S. Burnett, *Korean-American Relations VOLUME Ⅲ*, University of Hawaii Press, 1989(이하 K-A-R Ⅲ로 약칭), No.10. 1897년 10월 2일, pp.29~30; ibid., No.27. 1897년 10월 25일, p.34.

5) 『한영자료집』 8, No.150. 1897년 10월 18일, p.387.

6) 『한영자료집』 9, No.80. 1898년 3월 3일, pp.47~48.

7) 『고종실록』 권37, 광무 2년 2월 22일.

사건의 주모자를 고종의 친척인 전궁내부대신 이재순이라고 단정하며 한국 정부에 대해 피습사건 연루자를 문책할 것을 강력히 요구했다.[9]

독립협회는 1898년 3월 2일 만민공동회를 열고 김홍륙을 매국노로 지칭하며 처벌을 요구했다. 플랑시는 그 집회를 계기로 독립협회 활동을 주시한 것으로 여겨진다. 그 집회 이전에 플랑시는 독립협회에 대해 특별히 언급한 바가 없었다. 플랑시는 독립협회의 상소와 그 영향에 대해 본국 정부에 다음과 같이 보고했다.

> 김홍륙이 의정부 운영에 개입하는 등 정부의 수장 역할을 자행했으며 대신들을 하인으로 부렸다. 또 그는 매직을 일삼아 사익을 위하여 칙령을 만들었으며, 사법당국을 움직이고자 칙령을 사용했고 원한을 갚고자 고관들을 투옥시켰다. 궁궐에서의 그의 영향력이 막강하여 그의 지시 없이는 어떤 관리도 궁궐을 출입할 수 없었다. 무법자가 정부를 통제할 때에는 그 어떤 국가도 정의를 누릴 수 없다. 무법자를 지도자로 인정하지 않는 사람은 관직을 유지할 수 없다. 협잡이 판을 쳐서 애국심이 사라졌다. 상소를 지지하는 서명자들이 급증하고 있으며, 많은 사람들이 시위에 참가 차 지방에서 서울로 집결중이다.[10]

플랑시는 독립협회의 영향력이 점차 증대하고 판단했다. 그는 많은 한국인들이 정의와 애국심을 호소하는 독립협회의 주장에 공감하며 그 운동에 동참하고 있다고 인식한 것을 보여준다.

이후 『독립신문』은 고종의 국정운영 방식을 비판했다. 『독립신문』은 외국의 경우 대신들은 장기간의 재직으로 사무에 숙달한데 비해 한국은 대신, 협판을 주막의 나그네처럼 1년에 수차례 교체시켜 사무를

8) 『고종실록』 권37, 광무 2년 2월 22일.

9) 『러시아문서 요약집』, 1898년 2월 27일, 377쪽; 『러시아문서 요약집』, 1898년 3월 12일, 245쪽.

10) 『프랑스외무부문서』 8, 1898년 3월 12일, 138~139쪽.

학습할 시간을 주지 않는다고 비판했다. 그 결과 외국인은 한국 정부를 불신하여 외국과의 교제가 친밀하지 못하다고 지적했다.[11] 그에 따라 독립협회는 민영환 · 박정양 · 한규설 · 권재형 등 진보적 인물들로 하여금 강력한 내각을 조직하여 국정을 담당시키려 했다.[12]

한편 러시아 정부는 동아시아정책을 만주집중정책으로 전환했다. 그에 따라 러시아는 1898년 4월 25일 일본과 러 · 일의 한국 내정에의 불간섭, 군사교관과 재정고문의 한국 파견 시 상호 협의, 일본의 한국 내 상공업 발전을 인정하다는 내용의 로젠-니시협정을 체결하였다. 그 결과 러시아는 5월 하순 군사교관단과 재정고문을 철수시켰다.

플랑시는 러시아의 철군 이후 독립협회의 영향력이 갈수록 커지고 있다고 평가했다. 이 무렵 플랑시는 한국의 정국 상황에 대해 다음과 같이 평가했다.

> 황제는 외국의 후견으로부터 자유를 얻게 되자 큰 혼란에 빠졌다. 황제는 러시아의 무관심이 확실해지자 내각 구성에 주저하고 있다. 새 내각이 구성되기 무섭게 구성원들 간에 갈등이 계속된 결과 2개월이 되지 않았는데도 사직자들이 속출하고 있다. 황제는 논의를 이끌 원칙을 제시할 능력이 없다. 또 황제는 특권에 너무 집착하고 배신을 두려워하므로 권한 중 일부를 관료들에게 주기를 기피한다. 그러므로 가장 충직한 인물마저 황제와 소원해졌다. 그들은 상황을 호전시킬 능력이 없으므로 책임이 큰 공직에서 사직하려 한다. 결국 고관들은 혼란에 연루되기를 기피하여 사직했다. 현 정권은 파국을 맞이하여 단기에 끝날 것이다.[13]

플랑시는 러시아 철군 뒤 고종의 권력이 급격히 약화되고 있다고 판

---

11) 『독립신문』, 1898년 5월 31일, 〈외국 사람의 의견〉.

12) 신용하, 『독립협회연구 (상)』, 215~217쪽.

13) 『프랑스외무부문서』 8, 1898년 6월 5일, 204~205쪽.

단했다. 플랑시는 정부 각료들이 권한이 없는 대신직을 기피하고 있으며, 황제보다는 독립협회에 의지하고 있다고 단정했다.

얼마 뒤 플랑시는 본국 정부에 황제와 독립협회의 역학관계를 다음과 같이 보고했다.

> 독립협회는 한국 정부에 대해 황제가 줄 수 없는 자극을 준다. 그토록 나약하고 변덕스런 군주 밑에서는 내일을 기약할 수 없다고 생각하는 대신들은 독립협회에 의지하려 한다. 대신들은 독자적으로는 감히 추진하지 못할 조치들을 독립협회 회원과 논의하고 있으며, 책임을 회피하고자 황제에게는 압력을 피할 수 없다고 보고한다. 대신들은 독립협회의 명령이면 무조건 따르고 독립협회의 심문에 가장 겸손한 태도로 답한다. 그 이상한 태도는 사전 합의에 의한 것이다. 이 같은 합의가 내각과 독립협회 간에 존재하지 않는다면 외부대신이 마튜닌과 제(플랑시)가 언론에 대해 요구한 조치를 취하는데 그토록 강경하게 버티지는 않았을 것이다. 유기환은 신중을 기했으므로 동료와 지지자를 얻었고, 덜 신중한 법부대신은 사직해야 했다. 언론은 그를 비난했다. 독립협회는 사관학교의 입학시험에서 부정행위가 벌어지자 군부대신을 강력히 비판했다. 독립협회 회원을 위조지폐 발행자로 지목한 경무사도 공격을 받았다. 독립협회는 탁지부대신에게 청동 화폐의 명목가치를 유지하기에 해당 화폐의 유통량이 과도하며 은화의 발행이 충분치 않아서 가치하락의 위험에 처했다고 지적했다. 그런데 센트의 무한 주조는 황제의 승인 때문이다. 주조업자는 황제에게 많은 수수료를 지불한다. 며칠 전 황제가 홍릉으로 행차할 때 비가 오자 많은 수행 관리들이 흩어져 거의 혼자 궁에 들어가야 했던 것은 황제에 대한 존경심이 사라지는 것을 보여주는 사건이다.[14)]

플랑시는 독립협회가 국정에 강력한 영향력을 행사하자 의정부 대신들은 황제의 지시보다는 독립협회의 의사를 추종하고 있다고 단정했다. 플랑시는 시간이 경과할수록 독립협회의 영향력은 더욱 강화될

---

14) 『프랑스외무부문서』 8, 1898년 6월 30일, 209~210쪽.

것으로 내다봤다. 그 무렵 고종이 궁궐 밖으로 행차했다가 돌아오는 길에 비가 오자 호위하던 사람들이 대열을 빠져나간 사건이 발생했다.[15] 플랑시는 그 사건을 통해 고종의 국정 장악력이 큰 한계를 드러냈다고 파악했다.

플랑시는 독립협회는 정부 각료에 영향력을 행사하는 것은 물론 고종의 각료 인선에도 영향력을 행사하고 있다고 인식했다. 그 무렵 외부대신 민종묵은 이태리, 오스트리아에 칭제 사실을 조회하지 않았다는 죄목으로 면직됐다.[16] 그에 대해 플랑시는 독립협회의 외교노선을 지지하는 의정부 대신들이 친러성향의 민종묵에 대해 극심한 적대감을 드러냈으며, 결국 그를 축출했다고 단정했다. 고종은 민종묵을 면직시키고 4월 15일 새 외부대신에 조병직을 임명했다. 플랑시는 조병직이 과거 외부를 맡았을 때 러 · 프 공사를 비난하는 등 늘 껄끄러운 관계를 유지했음을 기억해냈다.[17] 플랑시는 조병직이 러시아 공사에 대해 극심한 적대감을 보여온 것을 상기하며, 조병직의 외부대신 취임은 한 · 러간의 단절을 가속화시킬 것으로 예측했다.[18] 플랑시는 후임 외부대신 이도재도 스페에르와 대립한 바 있으므로 러시아에 대해 타협하지 않을 가능성이 크다고 내다봤다.[19] 플랑시는 독립협회의 영향력 행사로 친러성향의 각료는 축출을 당하는 반면 반러성향의 대신들이 입각하고 있다고 인식한 것을 보여준다.

---

15) 『고종실록』 권37, 광무 2년 6월 5일.
16) 『고종실록』 권37, 광무 2년 3월 24일.
17) 『프랑스외무부문서』 8, 1898년 6월 1일, 201쪽.
18) 『프랑스외무부문서』 8, 1898년 3월 25일, 167쪽.
19) 『프랑스외무부문서』 8, 1898년 8월 4일, 214쪽.

2) 독립협회의 정치적 지향 평가

플랑시는 독립협회 주도층의 노선을 급진파와 온건파로 분류했다. 플랑시는 급진파가 공화 혁명을 꿈꾸며 황제체제의 와해를 기도하는데 비해, 온건파는 황제체제를 부정하지는 않는다고 파악했다. 그리고 그는 온건파는 황태자를 황제로 옹립하기를 반대하고 고종의 측근 중에서 황제를 물색 중이라고 보았다. 플랑시는 온건파는 영국에 체류 중인 이준용 혹은 일본에 체류중인 의화군, 둘 중에서 황제후보자를 선택하려고 한다고 인식했다. 플랑시는 그 중에서 의화군은 추종자들이 황제로 추대할 경우를 대비해서 귀국할 준비를 하고 있으며, 그 때문에 고종은 그를 경계하고 있다고 파악했다.[20] 그 무렵 조던은 향후 독립협회가 혁명적 수단으로 나아갈 것이라고 예측함으로써 급진파의 득세 가능성을 예측했다.[21] 그러나 플랑시는 공화정 수립을 기도하는 급진파보다는 황위 교체를 추구하는 온건파에 주목했다. 그는 전독립협회 회장 안경수의 쿠데타 기도도 황위 교체에 있다고 인식했다.

안경수는 1898년 7월 일부 대신들과 연합하여 황태자 대리청정과 내각 교체를 기도했다. 안경수의 쿠데타 기도는 이 사건에 박영효가 관련되어 있었고, 안경수 자신이 참여했던 갑오개혁이 군주권을 제한한 정치체제였던 점을 고려할 때 내각중심의 입헌군주제를 수립하려 한 것으로 여겨진다.[22] 고종은 이 사건의 목적은 의화군이나 이준용에게 양위하는 것이라고 의심했다. 그 과정에서 정부는 이 사건과 연루된 진보파 관리들을 체포했다.[23] 고종은 이 사건의 연루자들과 정적 관계에 있는 조병

20) 『프랑스외무부문서』 8, 1898년 6월 5일, 202~203쪽.

21) 『한영자료집』 9, No.128. 1898년 7월 24일, pp.96~97.

22) 송경원, 「한말 안경수의 정치활동과 대외인식」, 『한국사상사학』 8, 1997, 256쪽.

식을 법부대신에 임명했다. 그에 맞서 독립협회는 고종에게 정부의 실정을 비판하는 상소를 제출함으로써 안경수사건에 연루된 각료들을 비호했다. 또 독립협회 회원은 조병식의 면직을 요구하는 시위를 전개하여 조병식을 면직시켰다. 그 과정에서 독립협회 회원은 지속적으로 증가했고, 지방으로까지 활동 영역을 확장했다. 외교 사절들은 향후 독립협회가 혁명적 수단으로 나아갈 것이라고 예측했다.[24] 플랑시는 안경수가 일본 공사관으로 피신했으며, 피의자들은 대부분 독립협회 소속이라고 단정했다.[25] 플랑시는 안경수의 쿠데타 기도는 독립협회와 연계된 것으로서 황위 교체를 추구하고 있다고 판단한 것을 보여준다.

한편 플랑시는 독립협회가 황실측근의 숙청을 기도한다고 인식했다. 대표적인 황실측근인 이용익은 황실의 재정을 주관했다.[26] 이용익은 1897년 경 뮈텔(Gustav Mutel) 주교를 방문하여 가톨릭 신자가 되겠다고 약속한 바 있었다. 이후 이용익은 프랑스 공사를 통해 상해에 있던 프랑스계 은행과 차관도입을 교섭하는 등 본격적으로 프랑스와 접촉을 하기 시작했다.[27] 그러므로 플랑시는 이용익을 친불파로 간주하며 그의 동향을 예의 주시한 것으로 보여진다. 다음은 플랑시가 본국 정부에 한국의 정국 동향을 보고한 내용이다.

---

23) 『한영자료집』 9, No.126. 1898년 7월 15일, p.95.

24) 『한영자료집』 9, No.128. 1898년 7월 24일, pp.96~97.

25) 『프랑스외무부문서』 8, 1898년 8월 16일, 215~216쪽.

26) 이용익의 국내 활동에 대해서는 다음 글 참조. 이윤상, 「대한제국기 내장원의 황실재정 운영」, 『한국문화』 17, 1996; 오진석, 「광무개혁기 근대산업육성정책의 내용과 성격」, 『역사학보』 193, 2007.

27) 전정해, 「광무년간의 산업화 정책과 프랑스 자본 · 인력의 활용」, 『국사관논총』 84, 1999, 4~5쪽.

독립협회는 1,300명이 서명한 탄원서를 황제에게 보내 폭넓은 개혁을 요구했다. 독립협회는 악습을 검토하라는 요구가 많은 효과를 거두리라 생각했다. 그리하여 광산, 화폐, 철도, 인삼전매를 총괄하던 이용익을 제거하려는 운동을 개시했다. 이용익은 최하층 계급이었지만 매우 불법적으로 재산을 모았고, 그 재산으로 황제의 내탕고에 헌납금을 바쳐 높은 지위에 올랐다. 독립협회는 이용익에 반대하는 논의석상에 궁내부, 농상공부, 탁지부 대신을 불렀다. 대신들은 이용익에 대한 백성의 원성이 한결같다는 견해에 동의했으며, 황제에게 그의 숙청을 건의할 것을 약속했다. 독립협회는 이용익을 고등법원에 소환하기로 결정했다. 그러나 이용익은 도피했다. 황제는 총애하는 이용익을 보호하고자 노력했다. 또 황제도 이용익의 공범이므로 황제를 소환해야 한다고 언급한 회원들 가운데 한명을 체포하는 방식으로 독립협회를 위협할 수 있다고 생각했다. 또 황제는 시내에서의 정치적 집회를 금지했으며 대규모의 군대를 배치했다.[28]

플랑시는 독립협회는 전제군주제의 강력한 지지자인 이용익을 숙청하려 기도하고 있으며, 의정부 대신들이 그 시도에 동조한다고 인식했다. 그리고 플랑시는 고종은 독립협회와 의정부의 공조에 맞서 이용익을 강력 비호한다고 판단했다.

플랑시는 독립협회운동이 황제권 축소를 지향하고 있다고 평가했다. 그 무렵 독립협회 지도자 윤치호는 고종에게 허가 없이 궁을 드나들며 대신들의 활동을 방해하는 자들의 출입을 금지할 것, 관리임명에 대한 황제의 권한을 축소할 것을 건의했다.[29] 플랑시는 전자의 요구안이 성공할 경우 황제는 환관들, 궁녀들에 둘러싸여 궁에서 고립될 것이며, 후자의 요구안이 성공할 경우 황제는 소득이 크게 줄어들 것이라 예측했다. 플랑시는 독립협회는 두 문제에 대해 전혀 양보할 기미가 없으

28) 『프랑스외무부문서』 8, 1898년 8월 16일, 215~216쪽.

29) 『고종실록』 권37, 광무 2년 7월 9일.

며, 두 가지 요구 사안으로 황제의 특권을 위협한다고 인식했다.[30]

플랑시는 독립협회운동이 실제 고종의 황제권을 축소시키고 있다고 단정했다. 고종은 독립협회운동을 크게 경계했으므로 군, 경에 강경 진압 명령을 내렸다. 그러나 군, 경은 고종의 진압 명령에 소극적인 태도를 보였다. 고종은 독립협회운동이 격화하는 정국에서 시위대의 충성심과 규율에 회의를 느낀 나머지 상해에서 미국, 영국, 프랑스, 독일, 러시아 국적의 외국인 30인을 고빙해서 친위대를 조직했다.[31]

플랑시는 애국심을 강조하던 독립협회의 대응을 주시했고, 본국 정부에 용병고빙과정을 다음과 같이 보고했다.

> 친위대 조직에 대해 대신과 독립협회, 군·경이 동요하자, 황제는 외국인 고용의 지시를 내린 바 없다고 강변했다. 독립협회는 17일 대신들에게 항의서를 보내 누가 외국인을 서울에 오게 했는지를 밝히라고 요구했으며, 외부대신 박제순은 그에 대해 전혀 몰랐다고 답변했다. 독립협회는 18일에도 외부에서 회의를 소집하고 외부대신에게 6가지 반대이유를 통보했다. 외부대신은 그 안건을 의정부에 제출할 것이라고 답변했다. 의정부는 19일 만장일치로 황제의 계획을 반대했으며, 그 결과 친위대는 복무에 들어가기도 전에 해산됐다.[32]

플랑시는 고종의 용병고빙계획을 강력히 반대한 독립협회는 의정부에 영향력을 행사하여 결국 용병창설을 좌절시켰다고 평가했다.

한국 정부는 친위대 용병과 1년 고용 계약을 체결했었다. 열강 외교관들은 한국 정부가 6개월치 봉급만 지불하려 하자 자국인의 1년치 지불 요구를 전달했다. 결국 한국 정부는 26일 친위대를 해산하며 거액

30) 『프랑스외무부문서』 8, 1898년 8월 16일, 215~216쪽.
31) 신용하, 『독립협회연구 (상)』, 415~417쪽.
32) 『프랑스외무부문서』 8, 1898년 9월 20일, 223~224쪽.

을 지불해야 했다. 플랑시는 재원이 바닥난 내장원은 친위대의 경비 보상을 위하여 황제가 저지른 행동의 대가를 치러야 할 것이라고 예측했다.[33)]

3. 독립협회의 대외활동에 대한 인식

1) 친영파의 부상 인식

영국은 러시아가 아관파천을 계기로 한반도에 대한 영향력을 강화하자 크게 경계했다. 그 결과 영국은 그동안 소홀히 여겨왔던 한반도에 대해 적극적으로 접근했다. 커즌(G. N. Curzon) 영국 외무차관은 1897년 7월 영국 의회에서의 답변을 통해 영국의 대조선정책의 요체는 첫째, 조선의 독립 유지에 있다. 둘째, 타국이 조선의 국토 · 항만을 장악하고, 동양에서의 해상권을 장악하려 기도한다면 좌시하지 않을 것이라고 언명했다. 커즌은 두 달 뒤에도 러시아가 조선을 영토상, 행정상으로 병합하는 것은 좌시하지 않겠다고 천명하는 등 조선의 독립을 저해할 우려가 있는 국가로 러시아를 지목했다. 솔즈베리(R. G. Salisbury) 영국 수상은 커즌의 그 같은 외교 방침을 지지했다.[34)]

러시아는 9월 알렉시에프(Kiril Alekseevich Alekseyev)를 파한시켜 재정고문에 취임하게 했으며, 10월에는 영국인 재정고문 브라운(J. McLeavy

---

33) 『프랑스외무부문서』 8, 1898년 9월 20일, 223~224쪽; 『프랑스외무부문서』 8, 1898년 9월 29일, 226쪽.

34) 『일공사기록』 12, 기밀송제65호, 1897년 7월 26일, 85쪽; 『일공사기록』 12, 기밀송제77호, 1897년 9월 11일, 91~93쪽.

Brown)을 면직시켜 한국의 재정권을 장악하려 기도하였다. 스페에르는 10월 고종에게 브라운을 해임시킬 것을 요구했다. 고종은 이를 받아들여 브라운을 해임한 뒤 러시아인 알렉시에프를 총세무사 겸 재정고문으로 임명했다.[35] 그 결과 대한제국의 재정은 러시아의 통제를 받게 되었고, 러시아는 한국에서 우월한 지위를 차지하게 되었다.[36]

한편 만주시장에의 진출을 기도하고 있던 미국은 러시아가 만주 폐쇄를 획책하자 영·일과 연합하여 러시아를 견제하려 했고, 일본도 영·미에 접근하면서 러시아의 팽창을 저지하려 했다. 그 결과 이 시기 동북아 정세는 동북아에 팽창을 추진한 러시아와 이를 저지하려는 영·미·일의 대립이라는 새로운 구도가 형성되기 시작했다.[37]

스페에르는 서울에 주재하고 있는 대부분의 열강 사절들이 러시아를 견제하고 있다고 인식했다. 그러므로 그는 프랑스 공사를 제외한 다른 외교사절들을 의심하였고, 그들을 신랄하게 비난했다.[38] 그는 특히 일본과 미국 공사관이 반러단체인 독립협회를 지원하고 있다고 인식하였다. 아울러 그는 미국인 선교사들이 독립협회를 후원하고 있다고 판단하여 미국인의 이권획득을 방해하였다.[39]

조던(J. N. Jordan) 주한 영국총영사는 고종에게 영국 정부가 브라운의 면직에 강한 불만을 가지고 있다는 사실을 전달하는 한편 스페에르의

35) K-A-R Ⅲ, No.10. 1897년 10월 2일, pp.29~30; ibid., No.27. 1897년 10월 25일, p.34.

36) Ian Nish, *The Origins of The Russo-Japanese War*, London and New York, Longman, 1985, p.34.

37) Nish, *op.cit.*, pp.66~67.

38) 『러시아문서 요약집』, 1898년 2월 26일, 377쪽; K-A-R Ⅲ, No.89. 1898년 3월 19일, p.43.

39) 『러시아문서 요약집』, 1898년 2월 26일, 377쪽; K-A-R Ⅲ, No.22. 1897년 10월 16일, p.33; *ibid.*, No.89. 1898년 3월 19일, pp.42~43.

요구에 굴복하지 말 것을 건의했다.[40] 조던은 영국을 지지하는 관료를 접촉하는 한편 브라운에 호의적이라고 판단한 알렌(H. N. Allen) 주한 미국 공사와 제휴를 추진했다.[41] 조던과 알렌의 제휴는 친미파, 친영파는 물론 고종도 고무시킨 것으로 보인다. 고종은 11월 초 조던에게 사절을 보내 한국 정부에 대해 브라운과의 계약 이행을 요구하라고 요청했다.[42]

한편 브라운의 퇴진은 한국에서 영국의 이익이 크게 감소하는 것을 의미했다. 영국 정부는 브라운의 한국 내 활동을 높이 평가하고 있었다. 브라운이 모국인 영국의 정치·전략적 목표 추구에 크게 기여해왔기 때문이었다.[43] 영국 정부는 러시아가 여순·대련을 점령하자 일련의 사태를 러시아의 만주와 한반도에 대한 동시진출로 인식하고, 동양함대를 제물포에 급파하였다. 이와 같은 영국의 조치는 브라운의 복직을 위한 것일 뿐만 아니라 러시아해군의 남진을 막으려는 데 그 목적을 둔 것이었다. 한편 일본도 러시아해군의 여순 입항을 계기로 브라운의 해임과 알렉시에프의 임명에 항의함과 동시에 러시아의 진출에 대항하여 해군함대를 대마도해협에 배치하였다. 이상의 조치들은 영국과 일본의 합동 작전을 의미하는 것이었다. 영국 함대는 제물포에 출동하여 12월까지 정박하였다. 12월 중순 영국함대가 제물포에 입항하자 한국에서는 영국의 한국 침공설이 유포되었다.[44]

40) 『한영자료집』 8, No.149. 1897년 10월 14일, pp.385~386; 『한영자료집』 8, No.163. 1897년 10월 26일, p.395.

41) 『한영자료집』 8, No.162. 1897년 10월 24일, p.393.

42) 『한영자료집』 8, 1897년 11월 3일, p.414.

43) 김현숙, 「한말 고문관 J. McLeavy Brown에 대한 연구」, 『한국사연구』 66, 1989, 147~148쪽.

44) 『한영자료집』 9, No.48. 1898년 1월 6일, p.16.

이 무렵 프랑스는 친러파, 친불파를 통해 내각에 영향력을 행사했다. 법부대신 조병식, 탁지부대신 정낙용이 러시아, 프랑스 공사관의 대변인 역할을 하고 있었다.[45] 특히 조병식은 가톨릭교회에 출석했고, 프랑스 공사관을 빈번히 방문했다.[46] 그러므로 프랑스 공사관은 영국 함대의 방한에 따른 정국의 추이를 예의 주시한 것으로 보인다.

러시아는 영국의 강경한 대응으로 브라운을 축출하는데 실패했다. 플랑시 주한 프랑스 공사는 친미파, 친영파는 영국 함대가 수도 근처에 주둔하고 있는 상황을 이용하여 반러적 성향의 인물들로 신정부를 구상중이라고 판단했다. 플랑시는 고종은 러시아의 강압에 분개한 나머지 법부대신과 외부대신을 겸직한 조병식을 해직하고, 이유인을 법부대신, 이도재를 외부대신에 임명했다고 파악했다.[47] 플랑시는 영국 함대의 무력시위는 고종에게 영향을 주어 친러파, 친불파를 실각하게 하고 친미파, 친영파의 부상을 야기하는 등 한국 정치세력의 부침을 가져왔다고 인식했다. 플랑시는 영국의 적극적 동아시아 정책이 친영파를 고무시킨 것으로 판단한 것을 보여준다. 한편으로 플랑시는 러프동맹과 그에 맞선 영·미의 제휴를 강하게 의식한 것으로 보여진다. 아울러 그는 그 같은 열강의 대립구도가 한국 정계에서도 친러파, 친불파 연합과 친미파, 친영파 연합의 대립으로 이어졌다고 분석한 것으로 여겨진다.

영국은 브라운 해직 문제로 러시아와 갈등을 겪은 뒤 한층 한국을 중시했다. 커즌은 1898년 3월 1일 의회 연설에서 동아시아에 대한 세력 확장을 역설했다.[48] 영국 정부는 그 직후인 1898년 3월 조던을 총

45) 『한영자료집』 8, No.22. 1897년 12월 9일, pp.449~450.
46) 『한영자료집』 8, No.140. 1897년 10월 5일, p.373.
47) 『프랑스외무부문서』 8, 1898년 1월 31일, 116~118쪽.

영사에서 대리공사로 승진시켰다.[49] 그 무렵 주한 외교사절 중 한국 정계에서 일정한 세력을 가지고 있었던 것은 일본, 러시아, 미국 공사였다. 가토 마쓰오 일본 공사는 영국이 일본, 러시아, 미국과는 달리 정치세력을 육성하지는 않았다고 추정했다.[50] 그러나 플랑시는 다른 외교사절들과는 달리 친영파의 실체를 예의 주시했다. 플랑시는 친미파, 친영파는 영국 총영사의 사주를 받아 고종을 영국 공사관으로 파천시킨 뒤에 체영중인 이준용을 추대할 것이라는 첩보를 예의 주시했다.[51] 그렇지만 플랑시는 구체적으로 친영파에 속한 인물을 적시하지는 않았다.

러시아 정부는 일본이 반환했던 여순을 조차하는 과정에서 영·일의 집중 견제를 받자 한반도문제에서 일본에 양보하려 했다. 이후 러시아는 일본과 1898년 4월 대한제국에 있어 일본의 상공업상 우월성이 명문화된 로젠-니시협정(Rosen-Nishi Convention)을 체결했다. 신임 주한 러시아 공사 마튜닌(N. G. Matiunin)은 로젠-니시협정이 절대적으로 일본에 유리하다고 인식하여 이 협정의 개정을 주장하는 등 불만을 표명하였다.[52] 마튜닌은 5월 14일에 가서야 협정 내용을 한국 정부에 통보하였다.[53]

마튜닌은 로젠-니시협정 이후 한국문제에서 불간섭주의의 원칙을 견지하려고 했다.[54] 플랑시는 마튜닌이 로젠-니시협정에 따라 일본의

---

48) 『프랑스외무부문서』 8, 1898년 3월 2일, 125~126쪽.

49) 『구한국외교문서』 〈영안 1〉, No.1333, 광무 2년 3월 10일.

50) 『일공사기록』 13, 기밀제20호, 1899년 3월 28일, 240~241쪽; 『일공사기록』 13, 기밀제36호, 1899년 5월 17일, 276~281쪽.

51) 『프랑스외무부문서』 8, 1898년 3월 5일, 133쪽.

52) 『일본외교문서』 31-2, 1898년 11월 24일, 418쪽.

53) 『아안 1』 No.1061, 광무 2년 5월 14일.

54) 『러시아문서 요약집』, 1898년 9월 22일, 141~142쪽.

상공업 발전을 저해하지 않으려 한다고 파악했다. 플랑시는 마튜닌이 러시아 정부의 지시로 일 · 영 · 미의 한국 진출에 방관자의 역할을 수행하고 있다고 인식했다. 플랑시는 러시아가 일 · 영 · 미에 완전한 행동의 자유를 주었다고 판단했다. 그러나 그는 일 · 영 · 미는 러시아가 한국에 복귀하려 시도할 경우 자국의 이익을 확보하고자 동맹을 체결하여 러시아를 견제할 것이라 내다봤다.[55] 플랑시는 러시아는 로젠-니시협정 체결을 계기로 한국문제에 불간섭원칙을 준수하고 있다고 판단했다. 그는 반면에 일 · 영 · 미는 러시아를 견제하고자 동맹 체결을 검토할 정도라고 분석했다.

플랑시는 러시아인 군사 · 재정고문이 철수한 뒤 한국 정계의 동향을 예의 주시했다. 고종은 강력한 영향력을 행사하던 스페에르가 한국을 떠나자 내각의 인사이동을 단행했다. 고종은 4월 15일 의정 서리에 박정양, 탁지부대신에 심상훈, 외부대신에 조병직을 임명했다.[56] 새로 입각한 심상훈은 1895년 브라운과의 계약에 서명한 바 있었고, 박정양은 1897년 브라운의 면직에 반대하는 등 영국에 우호적인 정치인이었다. 인사이동으로 친러파는 모두 추방되었다.[57] 친러파의 지도자인 조병식은 한직인 중추원 의관으로 밀려났다.

한편 조던은 5월 19일 고종에게 국서를 봉정했다. 얼마 뒤인 5월 22일 고종은 성기운을 영국 주재 특명전권공사로 임명했다.[58] 일련의 사건은 고종의 대영 중시 정책을 의미했다. 플랑시는 스페에르의 퇴진 뒤 한국 내각에 스페에르가 배제한 관리들이 복귀했고, 이재순도 궁내부

55) 『프랑스외무부문서』 8, 1898년 7월 25일, 213쪽.
56) 『고종실록』 권37, 광무 2년 4월 15일.
57) 『한영자료집』 9, No.104. 1898년 4월 21일, p.73.
58) 『고종실록』 권37, 광무 2년 5월 19일, 5월 22일.

대신에 복직했음을 인지했다. 플랑시는 브라운이 다시 재정고문직을 수행하고 있으며, 양전사업에 미·일인이 고용될 가능성을 예측했다.[59] 플랑시는 러시아 군사·재정고문 철수를 계기로 영국이 한국에 대해 영향력을 강화하려 시도할 것이라 내다봤다. 그러므로 그는 영국 이익의 주요 대변자인 브라운의 동향을 예의 주시한 것으로 보인다.

브라운은 8월 19일 철도사무감독에 취임했다. 플랑시는 브라운이 한국 정부의 개입을 허용하지 않고 자의적으로 청국 해관출신 직원을 고용했으며, 탁지부 재정 감독직, 철도국 사무관직을 장악했다고 단정했다. 그 무렵 한국 황실은 황태자의 영어 가정교사로 인천 영국 부영사의 부인 졸리(Joly)를 2년간 고용했다. 플랑시는 그에 대해 중요한 의미를 부여했다. 즉 플랑시는 영국은 태국 궁정에서 그랬던 것처럼 영국 여인을 한국 황실의 여인과 밀접한 관계를 맺게 하여 세력을 확장하려 할 것이라 내다봤다. 결론적으로 플랑시는 한국에서 러시아의 쇠퇴와 맞물려 영국의 영향력이 더 커질 것으로 예측했다.[60]

플랑시는 러시아의 군사·재정고문이 철수한 뒤 영국의 한국내 영향력이 더욱 증대되고 있다고 평가했다. 그는 그 증거로서 브라운의 요직 장악, 황실의 영국인 고빙, 친영 성향 인물의 내각 진출, 반러 성향 고관의 복직 등을 예거했다.

2) 독립협회의 대외성향 평가

스페에르는 독립협회를 러시아에 적대적인 사회단체로 평가하였다.[61] 스페에르는 김홍륙 피습사건을 러시아에 대한 공격으로 받아들

59) 『프랑스외무부문서』 8, 1898년 7월 25일, 213쪽.
60) 『프랑스외무부문서』 8, 1898년 10월 19일, 228쪽.

였으므로 외부대신 민종묵에게 범인을 엄중히 처벌할 것을 요구하는 한편 러시아 공사관 경비병을 40명으로 증원하게 했다.[62] 스페에르는 피습사건을 반러세력을 소탕하고, 독립협회에 일격을 가할 기회로 삼으려 획책했다.[63]

플랑시는 독립협회가 러시아 군사·재정고문을 해고시킬 것을 주장하고, 김홍륙의 횡포를 비난했다는 사실을 인지했다. 플랑시는 고종이 시위자가 많은 것에 겁을 먹고 상소에 긍정적인 답변을 했고, 그 직후 김홍륙이 궁중출입문 옆에서 피습을 당한 사건이 발생하였다고 파악했다.[64] 플랑시는 김홍륙 피습은 독립협회와 연관이 있다고 파악한 것을 보여준다.

스페에르는 김홍륙 피습사건의 주모자를 고종의 친척인 궁내부대신 이재순(李載純)이라고 단정했다.[65] 그에 따라 스페에르는 고종이 이 사건과 연관이 있다고 판단한 것으로 보인다. 그 때문에 스페에르는 경무사 이충구(李忠九)가 피습사건의 유력한 용의자 이재순을 체포했다는 이유로 해임되자 이충구를 러시아 공사관에 피신시켰다.[66] 플랑시도 이재순이 김홍륙 피습에 연루되어 있다고 보았다. 플랑시는 스페에르가 그 사건을 이용하여 반러세력의 영향력을 약화시키고, 독립협회에 타격을 주려 한다고 파악했다.[67] 플랑시는 김홍륙 피습사건에 대

---

61) 『러시아문서 요약집』, 1898년 2월 23일, 244쪽; 같은 책, 1898년 2월 26일, 244~245쪽.

62) 『구한국외교문서』 〈아안 1〉, No.989, 광무 2년 2월 23일; 『러시아문서 요약집』, 1898년 2월 23일, 377쪽.

63) 『한영자료집』 9, No.80. 1898년 3월 3일, pp.47~48.

64) 『프랑스외무부문서』 8, 1898년 3월 3일, 127~128쪽.

65) 『러시아문서 요약집』, 1898년 2월 27일, 377쪽.

66) 『한영자료집』 9, Inclosure in No.80. 1898년 3월 3일, pp.47~48; 『러시아문서 요약집』, 1898년 2월 28일, 14쪽.

해 스페에르와 인식을 같이 했다. 플랑시는 김홍륙 피습은 반러운동을 전개하던 독립협회와 연관이 있고, 고종도 이 사건과 연관이 있다고 판단했다.

고종은 8월 23일 조칙으로 김홍륙을 유배 보냈다. 마튜닌은 김홍륙에 대한 처벌을 무효화하라고 요구하지는 않았다. 플랑시는 김홍륙이 최하층 출신인 무식자로서 수탈을 자행하기는 했지만 러시아에 큰 기여를 한 인물이라고 평가했다. 플랑시는 고종은 마튜닌이 김홍륙을 비호하지 않자 현행법에 위반하는 방법으로 원한을 풀고자 한다고 해석했다. 플랑시는 고종이 러시아 공사관에서 근무했다는 바로 그 이유 때문에 김홍륙을 공격한다고 판단했다. 플랑시는 김홍륙 유배 처분에 대해 한국정부가 러시아에 취한 무례한 조치로 평가했다. 아울러 그는 유배조치로 인해 한국에서 러시아의 명예는 또 한 번 추락했다고 평가했다.[68]

러시아는 1897년 8월부터 한국 정부에 러시아 해군을 위하여 절영도 저탄소의 조차를 요구했다. 외부대신 이도재는 절영도 조차는 물론 러시아의 목포, 증남포 조차 요구도 거부했다.[69] 플랑시는 친미파, 친영파가 이도재에게 절영도의 조차를 거부하도록 압력을 행사했다고 인식했다.[70] 플랑시는 러시아에 대한 절영도 조차 거부를 친미파, 친영파의 공작의 결과로 단정했다. 플랑시는 친미파, 친영파가 러시아에 적대적이라고 판단한 것을 보여준다.

그 뒤 이도재는 외부대신직을 사직했고, 민종묵이 2월 16일 외부대신에 취임했다. 민종묵은 의정부와의 논의도 거치지 않고 러시아에 절

---

67) 『프랑스외무부문서』 8, 1898년 3월 3일, 129쪽.

68) 『프랑스외무부문서』 8, 1898년 9월 3일, 221~222쪽.

69) 신용하, 『독립협회연구 (상)』, 353~356쪽.

70) 『프랑스외무부문서』 8, 1898년 2월 19일, 120~122쪽.

영도의 조차를 허가하려 했다. 독립협회는 절영도 저탄소의 조차를 강력히 반대했다. 독립협회는 고종을 압박하여 절영도 저탄소 설치 협정을 취소시키고 서울에 개설된 한러은행을 폐쇄할 것을 건의했다.[71] 플랑시는 민종묵이 러시아에 절영도 저탄소의 조차를 허가하려 하는데 반해, 외부의 관리들은 러시아에 대한 협조를 거부한다고 인식했다. 플랑시는 의정부 대신들도 민종묵의 독단을 비판하며 사직서를 제출했으며 한러은행 설립도 반대한다고 파악했다. 또 플랑시는 독립협회가 민종묵에게 일본에 허여한 바 있던 절영도 부지를 회수하라고 요구했고, 탁지부대신에게는 한러은행과 거래하지 말도록 요구했다는 것을 인지했다. 플랑시는 독립협회가 회의를 열어 민종묵을 그들의 재판에 회부했다고 평가했다.[72] 그 과정에서 러시아는 3월 17일 한국 정부에 대해 절영도 조차 요구를 철회했다.

플랑시는 러시아에 대한 절영도 조차 거부를 친미파, 친영파의 공작의 결과로 규정했다. 또 그는 한 달도 채 되지 않는 기간에 독립협회를 절영도부지 반대운동의 주체로 규정했다. 그것은 플랑시가 친미파, 친영파와 독립협회의 연관성을 의식했을 가능성을 의미한다.

독립협회는 1898년 2월 고종에게 상소를 올려 러시아의 이권 침탈을 비판하면서 러시아 군사·재정고문을 해고시킬 것을 건의하였다.[73] 러시아 외상은 니콜라이 2세(Nicholas Ⅱ)에게 한국의 반러 분위기 때문에 러시아가 한국문제에 적극적으로 개입할 수 없게 되었다고 보고했다. 이에 니콜라이 2세는 한국이 러시아의 지원이 더 이상 필요하지 않다고 인정하고 있는지 문의하라고 지시하면서, 군사·재정고문이 필

---

71) 『독립신문』, 1898년 3월 10일, 〈논설〉.

72) 『프랑스외무부문서』 8, 1898년 3월 9일, 134~136쪽.

73) 『고종실록』 권37, 광무 2년 2월 22일.

요치 않다면 러시아는 당연히 그들을 소환해야 한다고 언급했다.[74)]

플랑시는 독립협회가 3월 10일 만민공동회를 열고 주권 수호차원에서 러시아의 사관·탁지부 고문관 철수를 요구했다는 사실을 인지했다.[75)] 스페에르는 독립협회가 러시아 군사·재정고문의 철수를 요구하자 한국 정부에 24시간 내 러시아 군사·재정고문의 고빙 지속 여부에 대해 회답할 것을 요구하였다. 플랑시는 스페에르가 고종에게도 동일한 요구를 했다고 파악했다.[76)] 그러나 의정부 대신들은 러시아인의 송환을 결정했다. 민종묵은 3월 12일 러시아 공사에게 보낸 공문에서 "한국은 외국의 지원 없이도 군대를 재정비하고 재정을 관리할 수 있습니다. 또 향후 군무는 전적으로 한국인으로 하여금 주관하게 할 것이므로 일체 외국인 사관·고문관 등을 고빙하지 않겠습니다."라고 통보했다.[77)] 플랑시는 고종은 러시아 황제의 선의를 믿고 러시아 재정·군사고문의 계속 주둔을 희망한다고 판단했다. 그러므로 그는 고종이 의정부에 대해 러시아 고문의 주둔 필요성을 역설했지만, 의정부는 고종의 의사를 따를 듯한 태도를 보이다가 결국 러시아 교관의 철수를 요구했다고 파악했다. 아울러 플랑시는 스페에르가 그 날 저녁 한국의 답장을 러시아 정부에 전달했음을 인지했다.[78)] 플랑시는 독립협회의 러시아 철수요구가 러시아 정부의 철수검토를 야기했으며, 의정부 대신들의 러시아 철수 요구도 그 과정에서 제기됐다고 판단한 것을 보여준다.

---

74) 『러시아문서 요약집』, 1898년 3월 3일, 378쪽.

75) 『프랑스외무부문서』 8, 1898년 3월 12일, 138~139쪽.

76) 『프랑스외무부문서』 8, 1898년 3월 9일, 134~136쪽.

77) 『아안 1』, No.1001, 광무 2년 3월 12일.

78) 『아안 1』, No.1001, 광무 2년 3월 12일; 『프랑스외무부문서』 8, 1898년 3월 14일, 142~143쪽.

스페에르는 고종을 알현하여 한국의 회답을 취소시키려 시도했으나 소용이 없었다. 그는 이에 대한 대책으로 본국 정부에 한국 정부에 대해 모든 외국인 고문을 파면시킬 것과 통역관 피습사건 연루자를 문책할 것을 요청해야 하며, 한국이 거부할 경우 원산을 점령할 것을 건의했다.[79] 플랑시는 스페에르가 본국 정부에 반러운동을 끝내려면 동시베리아에 주둔중인 러시아군을 진입시켜 한국 북부지방을 점령하게 할 것을 건의했다고 파악했다. 또 플랑시는 스페에르가 고종에게 아관파천을 권고했지만 러시아 외상의 제지를 받자 고종에게 아관파천 제의를 취소했다고 보았다.[80] 플랑시는 스페에르가 한국 영토 점령, 제2의 아관파천 등을 추진할 정도로 독립협회의 반러운동에 격분한 것을 인지했다.

이상과 같이 플랑시는 독립협회는 러시아에 대해 적대적이라고 규정했다. 그는 그 근거로서 김홍륙 피습사건, 절영도 조차 거부, 러시아 고문 고빙 반대를 예시했다. 주목할 것은 플랑시가 독립협회를 친미파, 친영파와 연계시킨 점이다. 그 무렵 조던은 독립협회는 친미세력이 주도하고 있다고 파악했으며,[81] 스페에르는 미국 공사관이 배후에서 독립협회를 교사하고 있다고 추정했다.[82] 그에 비해 플랑시는 친미파, 친영파가 독립협회에 참여했다고 판단했다.[83] 플랑시는 친미파는 물론 친영파도 독립협회와 긴밀한 연관이 있다고 파악한 것을 보여준다.

---

79) 『러시아문서 요약집』, 1898년 3월 12일, 245쪽.
80) 『프랑스외무부문서』 8, 1898년 3월 14일, 142~143쪽.
81) 『한영자료집』 9, No.76. 1898년 2월 24일, pp.42~43.
82) 『러시아문서 요약집』, 1898년 2월 26일, 244~245쪽.
83) 『프랑스외무부문서』 8, 1898년 3월 3일, 127~128쪽.

4. 독립협회운동에 대한 프랑스의 대응

조던은 미, 일 공사와의 공조를 강화해 나갔다. 스페에르는 대부분의 열강 사절들이 러시아를 견제하고 있다고 판단했으므로 프랑스 공사를 제외한 다른 외교사절들을 의심하였다. 플랑시는 스페에르와 긴밀하게 공조했다. 플랑시는 한국의 재정권을 장악하고자 스페에르의 계획에 동참했고, 프랑스인을 총세무사 후보로 추천했다.[84] 스페에르는 브라운의 후임으로 프랑스인을 총세무사에 임명시키려 했다. 플랑시는 유럽에서의 러프동맹을 반영하듯이 스페에르와 완벽한 공조를 유지했다.

마튜닌은 1898년 5월 11일 한국 외부에 목포, 증남포 토지의 조차를 요구했고, 같은 날 플랑시도 외부에 평양 광산의 허여를 요구했다. 독립협회 계열의 『매일신문』은 러·프 공사를 격렬히 비난하며 한국인은 그 요구를 좌시하지 말아야 한다고 촉구했다. 그런 중 격앙한 독립협회는 총대위원으로 하여금 외부에 서한을 보내게 하여 향후 대응 조치에 대해 문의하게 했다.[85]

플랑시는 마튜닌의 독립협회 계열 언론에 대한 대응을 예의 주시했다.

> 마튜닌은 한국 언론이 무절제로 치달아 심각한 결과를 야기할 수 있다고 판단한다. 그러므로 그는 외국인에게 공격적으로 대하는 고관, 언론을 제압하고자 육군이나 해군 분견대를 각국 공사관에 주둔시키는 방안을 검토했다. 그는 각국 외교관들이 공동으로 황제에게 정부 구성에 대해 자문할 필요가 있다고 판단한다.[86]

---

84) 『한영자료집』 8, No.164. 1897년 10월 27일, p.396; 『한영자료집』 8, No.3. 1897년 11월 6일, p.416.

85) 『매일신문』, 1898년 5월 16일, 5월 17일 〈잡보〉.

플랑시는 마튜닌이 독립협회 계열 언론과 반러적인 정부 각료들을 극도로 혐오하고 있는 것을 잘 알고 있었다. 플랑시는 마튜닌이 조만간 독립협회에 의해 발생할 것으로 예상되는 사건들을 지연시킬 방법들을 검토하고 있다고 인식했다. 그리고 그는 마튜닌이 생각하는 대응 방안은 각국 외교관들에게 고종에 대해 매우 강경한 태도를 취할 필요가 있음을 상기시키게 하는 것이지만 실현가능성은 없어 보인다고 판단했다. 또 플랑시는 마튜닌은 더 이상 각국 공사관에 경비대를 주둔시키는 방안을 고려하지 않으며, 일본 공사와 공조할 생각도 포기했다고 인식했다. 플랑시는 일본 공사의 입장에 대해서는 한국 내정에 불간섭하기로 한 본국 정부의 방침대로 사태를 방임하고 있다고 파악했다.[87] 플랑시는 마튜닌이 독립협회운동에 대해 강력 대응하려 했지만 각국 공사의 지지를 받지 못하자 독립협회운동에 대해 적극 대응하지 않았다고 파악한 것을 보여준다. 그 무렵 마튜닌은 고종이 대러관계의 과오를 인식하고 있으므로 독립협회운동이 격화될 경우 러시아의 도움을 요청하게 될 것이라고 장담했다.[88]

플랑시는 마튜닌과 마찬가지로 독립협회의 반외세 운동을 우려했으며, 특히 『매일신문』의 반외세 논조를 우려했다. 플랑시는 막강한 힘을 가지고 있는 한국 언론은 고관들에게 두려움을 고취시키고 있으며, 무절제로 치달아 심각한 사건을 야기할 수 있다고 판단했다. 플랑시는 본국 정부에 외국인에게 공격적으로 대하는 언론을 제압하려면 외국군의 주둔이 필요하다고 건의했다. 그는 육군이나 해군 분견대가 각국 공사관에 주둔 조치를 취하면 열강이 한 뜻으로 움직인다는 것을 보여

86) 『프랑스외무부문서』 8, 1898년 6월 5일, 202~203쪽.
87) 『프랑스외무부문서』 8, 1898년 6월 30일, 209~210쪽.
88) 『러시아문서 요약집』, 1898년 7월 9일, 15쪽: 같은 책, 1898년 7월 9일, 94쪽.

주기 때문에, 고종에게 영향력을 행사할 수 있을 것이라 판단했다. 그러나 그는 영·러간의 대립, 미국의 스페인전쟁 참여, 독일의 반대 등으로 합의가 가능하지 않을 것으로 예측했고, 그 상황을 호전시킬 유일한 방법은 러·일간의 합의에 있다고 확신했다. 한편으로 그는 본국 정부에 프랑스는 러시아와 합세하여 고종에게 사태의 심각성을 주지시키고 대책을 요구하여 무질서와 무정부상태를 예방해야 한다고 건의했다.[89]

이상을 통해 플랑시는 프랑스의 이권요구에 대해 강경한 반대운동을 전개하는 독립협회운동에 대한 강경방침을 천명한 것을 알 수 있다. 그러나 그는 열강의 이해관계로 인해 공동 대응은 어렵다고 보고 러시아와 연합하여 고종에게 강경 진압을 건의하는 방안을 검토했다. 그는 독립협회를 해산시키기 위하여 사실상 무력사용을 지지한 것이다. 앞서 언급했듯이 플랑시는 독립협회의 정치적 파워를 인정했다. 그러므로 플랑시는 독립협회의 반외세 운동에 대응하기 위해서는 외국군의 한국 주둔이 필요함을 인식한 것으로 여겨진다.

한편『독립신문』은 자주독립의 실현이라는 목적을 추구하면서 이중적인 여론 조성을 추구했다.『독립신문』은 외국인의 한국 진출을 무조건 배척하지 않았으며, 그들의 정치, 사회적 목적에 따라 비판과 옹호라는 이중적인 태도로 대응했다. 그 같은 의도는 한국인 대상의 한글판과 외국인 대상의 영문판의 논조가 크게 다른 것을 통해 드러났다.[90] 즉 한글판인『독립신문』은 개항은 이익이 크며 손해가 적다고 주장하며 추가 개항의 필요성을 주장했다. 또 외국과 무역이 왕성한

89)『프랑스외무부문서』8, 1898년 6월 5일, 202~203쪽.

90) 김지형,「독립신문의 대외인식과 이중적 여론 조성」,『한국근현대사연구』44, 2008, 117~119쪽.

서국 국가들의 경우 인민은 편리하고 국가는 부강하다고 주장했다. 『독립신문』은 철도, 광산 등 이권의 허여는 반대했지만 개항과 해외 무역에 대해서는 옹호했다. 그 뒤에도 『독립신문』은 개항은 경제적 이익뿐만 아니라 민권의 향상을 가져온다고 주장했다.[91] 그에 비해 영문판인 『INDEPENDENT』는 한국 정부와 국민이 진보하여 자기 권리를 보호할 줄 알기 전까지는 외국인에게 철도, 광산 등의 이권을 허여하는 것과 추가로 개항하는 것을 반대했다.[92] 『매일신문』도 『INDEPENDENT』와 유사한 논조를 전개했다. 즉 『매일신문』은 외국인의 자본유입은 외국인의 이익 독점, 곡가 상승, 한국인 노동자의 임금 하락을 야기한다고 지적하며 강력히 비판했다. 또 『매일신문』은 외국상품의 수입이 급증할 경우 한국은 재화가 다수 유출하는 반면 외국인은 큰 이득을 볼 것이라 주장하는 등 수출, 수입의 증가는 한국인에게 손해를 끼칠 것이라 주장했다. 결론적으로 『매일신문』은 자력으로 상업을 흥왕시키고, 철도를 부설하기 전까지 개항은 불가하다고 강조했다.[93]

플랑시는 독립협회 계열 언론의 반외세운동에 대한 경계를 늦추지 않았다. 그는 본국 정부에 다음과 같이 독립협회 계열 언론의 반외세 성향을 보고했다.

> 외국인에 대한 공격태도는 점점 심해지고 있다. 한국 언론은 항구 시설의 혜택을 타국인들만 볼 수 있다는 이유로 새로운 항구를 무역 개방에 사용하는 것을 비판한다. 한국 언론은 타국인들만 영업하여 큰 이익을 본다고 주장한다. 또 수입을 하면 자국의 공업 발전이 저해된다고 주장하며 자국의 상품을 수출하면 가격이 상승하여 한국 소비자

91) 『독립신문』, 1898년 6월 9일, 6월 16일 〈논설〉.

92) 『INDEPENDENT』, 1898년 6월 7일 〈논설〉.

93) 『매일신문』, 1898년 6월 13일, 6월 14일 〈논설〉.

> 가 피해를 본다고 경고하고 있다. 본 공사는 그로 인한 혼란은 위험하다고 판단한다. 그간 조용히 지내던 국민들을 선동하는 자들이 추구하는 목적이 무엇인지 알 수 없다. 그들은 극단적인 일도 저지를 수 있다. 선동자들이 원하는 것은 외국인들이 현지도자들에 대해 무능하여 아무것도 개선시키지 못할 것이라는 확신을 갖게 하는 것이다. 그들은 체제 전복을 바라도록 상황을 매우 어렵게 만드는데 있다.[94]

플랑시는 독립협회가 두 가지의 목적을 추구한다고 파악했다. 하나는 외국인의 무역독점을 격렬하게 공격하여 외국과의 무역을 차단하고, 다른 하나는 외국인으로 하여금 한국 현체제에 대해 불신감을 증폭시키려 한다는 것이다. 플랑시는 독립협회가 추구하는 운동 방향이 프랑스에 불리하다고 단정했다. 그 같은 플랑시의 인식은 독립협회 해산을 적극 지지하는 방향으로 이끌었다고 볼 수 있다.

외교 사절들은 외국의 이권허여 요구를 존중하는 친외세 성향의 외부대신을 지지했다. 외교 사절들은 박제순이 8월 27일 외부대신 서리에 취임하자 크게 환영했다. 그것은 박제순이 타협적이며 외국사절들과 좋은 관계를 가질 수 있는 인물이라고 믿었기 때문이었다. 박제순은 일본 공사와 경인철도 계약에 조인했고, 오래 전부터 약속한 광산을 영국, 독일에 넘긴 바 있었다. 플랑시와 마튜닌은 박제순의 외부대신 취임에 만족감을 표명했다.[95]

독립협회는 9월 보수파 대신들이 김홍륙사건을 구실로 나륙법을 부활하려 하자 강력한 반대운동을 전개하여 일곱 명의 대신들을 퇴진시켰다.[96] 이어 독립협회는 10월 말 국권수호와 민권보장을 기치로 운동을 전개한 결과 정부로 하여금 의회인 중추원을 설립하게 하고, 국정

---

94) 『프랑스외무부문서』 8, 1898년 6월 30일, 209~210쪽.

95) 『프랑스외무부문서』 8, 1898년 10월 9일, 227쪽.

96) 신용하, 『독립협회연구 (상)』, 431쪽.

개혁안인 헌의육조를 채택하게 했다. 그러나 조병식을 비롯한 친러파는 독립협회가 황제정을 폐지하고 공화정을 수립하려 모의한다는 '익명서사건'을 조작했다. 그 결과 고종은 독립협회 지도자 17명을 체포하고, 독립협회를 해산시켰다.[97] 아울러 고종은 11월 5일 친러 성향의 조병식을 법부대신, 민종묵을 외부대신에 임명하였다.

만민공동회는 구속된 지도자들의 석방과 독립협회의 복설을 요구하며 강력한 투쟁을 전개했다. 그 과정에서 고종의 지시를 받은 보부상이 만민공동회를 습격하자, 민중은 대신들의 저택을 습격하였다. 고종은 사태가 걷잡을 수 없이 확산되자 11월 22일 외교사절에게 자문을 구했다. 이 때 일본 대리공사는 만민공동회에 대한 무력 진압을 권고했다. 그는 고종이 영·미 공사를 의식하여 무력 사용을 망설이자 영·미 공사를 적극 설득하였다.[98]

한편 영국 공사관은 러시아 공사관이 독립협회를 적대시한 것과는 달리 독립협회를 동정했다.[99] 이같이 영·러가 독립협회운동에 달리 대응한 것은 과거에 보여준 독립협회의 반러운동에 대한 평가가 반영된 것으로 여겨진다. 아울러 영국이 독립협회에 대해 호의를 보인 이유는 독립협회가 계속해서 조병식, 민종묵 등 친러파의 퇴진운동을 전개했기 때문으로 이해된다. 조던은 소요가 발생한 원인은 고종이 약속한 개혁 조치를 이행하지 않았기 때문으로 파악했다. 또 고종이 황궁에 은신중인 친러파 대신들의 충고로 민중을 억압하고 있다고 파악했다. 이에 조던은 22일 알현 석상에서 고종에 대해 정부가 보부상을 동

---

97) 『고종실록』 권37, 광무 2년 11월 4일; 유영렬, 『대한제국기의 민족운동』, 일조각, 1997, 16~17쪽.

98) 『일공사기록』 12, 기밀제54호, 1898년 12월 10일, 453~454쪽; 『일공사기록』 12, 기밀제55호, 1898년 12월 13일, 455~456쪽.

99) 『일공사기록』 13, 기밀제36호, 1899년 5월 17일, 276~281쪽.

원한 것을 강력히 비판했다.[100] 조던은 사태의 해결은 고종이 민중의 요구를 수용하여 신뢰받는 정부를 구성하는 것이라고 보았다. 따라서 조던은 고종이 독립협회의 해산을 결심하고, 영국 공사관에 친서를 보내 영국의 지원과 중재를 요청했을 때 알렌과 같이 무력 진압을 반대했다.[101] 결국 11월 22일의 대책회의에서 외교사절들은 무력 진압에 대해 의견일치를 보지는 못했다.[102]

플랑시는 영·미 공사가 독립협회 해산에 강력히 반대하고 있다고 파악했다. 그 무렵 미국 선교회 소속의 한국인 개신교도들은 만민공동회 운동에 참가하고 있었다.[103] 플랑시는 알렌 미 공사, 조던 영 공사가 외부대신에게 항의서한을 보내 외교사절단의 동의 없이 유혈사태를 야기할 조치를 절대 취하지 말 것을 요구했다고 파악했다. 그러나 플랑시는 고종은 알렌이 가장 강경한 조치를 찬성하고 있다고 믿는 등 알렌의 의향을 정확히 파악하지 못하고 있다고 추정했다. 그리고 그 이유에 대해서는 알렌의 말을 황제에게 전하는 사람들이 중간에서 내용을 크게 변질시켰기 때문으로 이해했다. 플랑시는 알렌이 고종의 오해를 불식시키려 조던과 공조를 시도하고 있다고 파악했다.[104]

앞서 언급했듯이 조던은 11월 초에 소요가 발생했을 때 고종에게 책임을 돌렸다.[105] 플랑시는 조던의 고종책임론에 동의하지 않았으며, 개신교 선교사들에게 소요 책임을 돌렸다. 플랑시는 본국 정부에 개신

---

100) 『한영자료집』 9, No.2, 1898년 11월 25일, pp.131~133.

101) 『러시아문서 요약집』, 1898년 11월 1일, 16쪽; 『일본외교문서』 31-2, 1898년 12월 13일, 432~496쪽.

102) 신용하, 『독립협회연구 (하)』, 651쪽.

103) 류대영, 『개화기 조선과 미국 선교사』, 한국기독교역사연구소, 2007, 124쪽.

104) 『프랑스외무부문서』 8, 1898년 11월 16일, 229~230쪽.

105) 『한영자료집』 9, No.2. 1898년 11월 25일, pp.131~133.

교 선교사들은 청년단체를 독려하고 정치집회에 참여함으로써 신도들을 지나치게 흥분시켰다고 비난하며, 현재 곤경의 주범으로 보고했다. 또 플랑시는 개신교도들은 경솔하게도 외국인이 함께 하므로 면책이 주어질 것으로 자만한다고 비판했다. 플랑시는 소요가 발생했을 때 러 · 일 · 독 공사와 같이 한국의 치안문제에 대한 개입을 자제했다.[106] 플랑시는 고종의 보부상 동원과 그에 대항한 독립협회의 봉기로 치안이 극도로 불안정해졌는데도 그 문제에 개입하지 않았다. 그것은 그가 종전 한국의 치안이 불안해질 때마다 적극 개입했던 것과는 매우 상반된 자세였다. 플랑시는 조던과는 달리 보부상 해산을 요구하지 않았다. 그 같은 플랑시의 태도는 보부상의 무력사용으로 독립협회의 해산을 기도한 것으로 해석된다. 또 고종의 무력사용 조치에 사실상 동의한 것이나 마찬가지라 할 수 있다.

고종은 11월 26일 직접 제시한 국정개혁의 약속을 어기고, 다시 보수파와 연합하여 반격을 기도했다. 이에 저항하기 위하여 수만의 서울 시민들이 12월 6일부터 만민공동회를 개최했다.[107] 독립협회는 고종의 약속 불이행에 분개하여 상소를 제출했다.[108] 마튜닌은 독립협회운동이 격화되자 개입을 시도하였다. 그는 일본 공사에게 러시아와 일본이 수수방관할 경우 영국과 미국이 개입하여 한국에서 세력을 부식할 것이라고 지적하고, 러 · 일이 공동으로 개입하여 독립협회를 무력 해산시킬 것을 제의했다.[109] 그 무렵 일본은 독립협회운동을 한국 진출에 장애물로 인식하여 독립협회를 경계하였다.[110] 본국에서 귀임한 가

106) 『프랑스외무부문서』 8, 1898년 11월 16일, 229~230쪽.

107) 최형익, 앞의 글, 200~201쪽.

108) 『한영자료집』 9, No.5. 1898년 12월 6일, p.136.

109) 『일본외교문서』 31-2, 1898년 12월 13일, 432쪽.

110) 신용하, 『독립협회연구 (상)』, 374쪽.

토 마쓰오 주한 일본 공사는 15일 고종에게 국서를 바치는 자리에서 독립협회에 대한 무력 해산을 건의했다. 미국 정부는 21일 알렌에게 독립협회에 대한 훈령을 주었다. 알렌은 미국 정부의 훈령을 받자 종전의 입장을 바꿔 독립협회의 강제 해산을 지지했다.[111] 고종은 12월 23일 시위대에게 독립협회에 대한 무력 해산을 지시했고, 25일에는 독립협회의 집회를 금지시켰다.

플랑시는 독립협회 해산 뒤에도 독립협회 회원의 동향을 주시했다. 플랑시는 본국 정부에 "독립협회 회원들은 해산 뒤에도 정부 조치에 대한 비판을 지속했으며, 황태자 생일인 1899년 3월 19일 독립협회 재기를 기도하며 집회를 개최하려 했습니다. 그러나 내각의 강경한 태도와 군, 경의 삼엄한 경비로 독립협회의 집회가 무산됐습니다."라고 보고했다.[112]

플랑시는 독립협회를 동정한 영 · 미 공사와는 달리 러시아 공사와 마찬가지로 독립협회를 부정적으로 인식했다. 그것은 독립협회가 러 · 프의 이권요구를 격렬하게 반대했기 때문이었다. 또 러시아, 프랑스에 우호적인 조병식, 민종묵, 이용익의 축출을 강경하게 요구한 것도 주요하게 작용했다고 보여진다. 플랑시는 러시아 공사와 보조를 맞추며 독립협회의 무력 해산을 추구했다.

111) 신용하, 『독립협회연구 (하)』, 518쪽.
112) 『프랑스외무부문서』 9, 1899년 3월 25일, 6~7쪽.

5. 맺음말

1장은 프랑스 외교관은 독립협회의 내정활동에 대해 어떻게 인식했는지를 분석했다. 독립협회는 1898년 3월 만민공동회를 열고 러시아 공사관의 수석통역관 김홍륙을 매국노로 지칭하며 처벌을 요구했다. 플랑시는 그 집회를 계기로 독립협회 활동을 주시하기 시작했다. 플랑시는 많은 한국인들이 정의와 애국심을 호소하는 독립협회의 주장에 공감하며 그 운동에 동참하고 있다고 인식했다. 플랑시는 러시아의 철군 이후 독립협회의 영향력이 갈수록 커지고 있는 반면 고종의 권력은 급격히 약화되고 있다고 판단했다. 플랑시는 독립협회가 국정에 강력한 영향력을 행사하자 의정부 대신들은 황제의 지시보다는 독립협회의 의사를 추종하고 있다고 단정했다. 플랑시는 독립협회는 각료에 영향력을 행사한 결과 친러성향의 각료는 축출을 당하는 반면 반러성향의 대신들이 입각하고 있다고 인식했다.

플랑시는 독립협회 주도층의 노선을 급진파와 온건파로 분류했다. 플랑시는 급진파가 공화 혁명을 꿈꾸며 황제체제의 와해를 기도하는데 비해, 온건파는 황제체제를 부정하지는 않는다고 파악했다. 그는 전독립협회 회장 안경수의 쿠데타 기도는 독립협회와 연계된 것으로서 황위교체를 추구하고 있다고 판단했다.

플랑시는 독립협회는 전제군주제의 강력한 지지자인 이용익을 숙청하려 기도하고 있으며, 의정부 대신들이 그 시도에 동조한다고 인식했다. 플랑시는 독립협회운동이 황제권 축소를 지향하고 있다고 평가했다. 플랑시는 고종의 용병고빙계획을 강력히 반대한 독립협회는 의정부에 영향력을 행사하여 용병창설을 좌절시켰다고 평가했다.

2장은 프랑스 외교관은 독립협회의 대외활동에 대해 어떻게 인식했는지를 분석했다. 영국 함대는 1897년 12월 제물포에 출동하여 정박하였다. 플랑시는 영국 함대의 무력시위에 중요한 의미를 부여했다. 즉 영국의 적극적 동아시아정책은 고종에게 영향을 주어 친러파, 친불파를 실각하게 하고 친미파, 친영파의 부상을 야기하는 등 한국 정치세력의 부침을 가져왔다고 평가했다. 플랑시는 러프동맹과 그에 맞선 영·미의 제휴를 강하게 의식했다. 아울러 그는 그 같은 열강의 대립구도는 한국 정계에서도 친러파, 친불파 연합과 친미파, 친영파 연합의 대립으로 이어졌다고 분석했다. 플랑시는 러시아는 로젠-니시협정 체결을 계기로 한국문제에 불간섭원칙을 준수하고 있는 반면 영·미·일은 러시아를 견제하고자 동맹 체결을 검토할 정도라고 분석했다. 플랑시는 러시아의 군사·재정고문 철수 뒤 영국의 한국 내 영향력이 더욱 증대되고 있다고 평가하면서 브라운의 요직 장악, 황실의 영국인 고빙, 친영 성향 인물의 내각 진출, 반러 성향 인물의 고관 복직 등을 예거했다.

플랑시는 김홍륙 피습사건에 대해 반러운동을 전개하던 독립협회와 연관이 있고, 고종도 이 사건과 연관이 있다고 판단하는 등 스페에르와 인식을 같이 했다. 플랑시는 독립협회의 러시아 고문 철수 요구가 러시아 정부의 고문 철수를 야기했으며, 의정부 대신들의 러시아 고문 철수 요구도 그 과정에서 제기됐다고 판단했다. 또 플랑시는 독립협회는 러시아에 대해 적대적이라고 규정하면서, 그 근거로서 김홍륙 피습사건, 절영도 조차 거부, 러시아고문 철수요구를 예시했다. 주목할 것은 플랑시가 독립협회를 친미파, 친영파와 연계시킨 점이다. 플랑시는 친미파는 물론 친영파도 독립협회와 긴밀한 연관이 있다고 파악했다.

3장은 프랑스 외교관은 독립협회에 어떻게 대응했는지를 분석했다.

플랑시는 독립협회가 두 가지의 목적을 추구한다고 파악했다. 하나는 외국인의 무역을 격렬하게 공격하여 외국과의 무역을 차단하고, 다른 하나는 외국인으로 하여금 한국 현 체제에 대해 불신감을 증폭시키려 한다는 것이다. 플랑시는 독립협회가 추구하는 운동 방향이 프랑스에 불리하다고 단정했다. 그러므로 플랑시가 독립협회 해산을 적극 지지할 수밖에 없었다고 볼 수 있다.

플랑시와 마튜닌은 외국의 이권허여 요구를 존중하는 친외세 성향의 외부대신을 지지했으며, 그런 측면에서 박제순의 외부대신 취임을 환영했다. 플랑시는 마튜닌과 같이 독립협회의 반외세 운동을 경계했으며, 특히 독립협회 계열 언론의 반외세 논조를 우려했다. 플랑시는 본국 정부에 프랑스의 이권요구에 대해 반대운동을 전개하는 독립협회운동에 대한 강경방침을 건의했다. 그는 열강의 이해관계로 인해 독립협회에 대한 공동 대응은 어렵다고 보고 러시아와 연합하여 고종에게 강경 진압을 건의하는 방안을 검토했다. 플랑시는 독립협회의 정치적 파워를 인정했으므로 독립협회의 반외세 운동에 대응하기 위해서는 외국군의 한국 주둔이 필요함을 인식했다.

플랑시는 고종의 보부상 동원과 그에 대항한 독립협회의 봉기로 치안이 극도로 불안정해졌는데도 그 문제에 개입하지 않았다. 플랑시는 조던과는 달리 보부상 해산을 요구하지 않았다. 그 같은 플랑시의 태도는 보부상의 무력사용으로 독립협회의 해산을 기도한 것으로서, 고종의 무력사용 조치에 사실상 동의한 것이나 마찬가지라 할 수 있다. 고종은 평소 플랑시의 조언을 중시했다. 그러므로 플랑시의 독립협회 대응방침은 12월 25일의 고종의 독립협회 해산 조치에 중대한 영향을 주었다고 볼 수 있다.

플랑시는 독립협회를 동정한 영·미 공사와는 달리 러시아 공사와 마찬가지로 독립협회를 부정적으로 인식했다. 그것은 독립협회가 러·프의 이권요구를 격렬하게 반대했기 때문이었다. 또 러·프에 우호적인 조병식, 민종묵, 이용익의 축출을 강경하게 요구한 것도 주요하게 작용했다. 아울러 플랑시는 러시아와 동맹을 체결한 국가의 외교관으로서 러시아 공사와 보조를 맞출 필요도 있었다. 영·미는 러시아를 견제하고자 공조하고 있었다. 플랑시는 독립협회는 영·미의 후원을 받는 친미파, 친영파가 주도하고 있다고 인식했다. 그러므로 플랑시는 러시아 공사와 보조를 맞추며 독립협회의 무력 해산을 추구했다.

6장
프랑스의 제주민란 인식

1. 머리말

1901년 5월 제주도 대정군민들은 봉세관의 수탈과 천주교도에 저항하여 봉기했다. 프랑스 신부들과 천주교 신도들도 그에 강경하게 대응했다. 그 뒤 제주민란은 무장투쟁으로 선회했고, 민군은 28일 제주성에 입성한 뒤에 천주교도를 대거 살해했다. 대한제국 정부는 군대를 제주에 보내 민군을 무력 진압하고 민군의 지도부를 체포했다. 그 뒤 정부는 민군의 요구를 수용하여 세폐 혁파에 관한 17개 조항을 약속했고, 교폐를 방지하고자 교민화의약정을 체결했다. 제주민란에 대한 재판은 10월 9일 평리원 재판으로 종결됐다.

대한제국 정부는 제주민란에 프랑스가 연루되자 매우 예민하게 반응했다. 중국의 의화단사건처럼 열강이 민란 진압을 구실로 파병할 개연성이 있기 때문이었다. 한반도에 이해관계를 가진 열강 중 제주민란에 민감하게 반응한 국가는 프랑스와 일본이었다. 프랑스 정부는 제주민란이 발발하자 군함을 제주에 파견하여 무력시위를 벌였다. 일본도 제주민란에 예민하게 반응했다. 일본 언론은 제주민란을 대대적으로 보도했다. 일본 정부는 영사관 직원, 순사를 제주도에 파견하는 동시에 일본 어민 보호를 명목으로 군함을 제주에 파견했다. 그런 측면에서 볼 때 제주민란은 대한제국은 물론 프랑스, 일본이 연루된 국제적 사건으로 볼 수 있다.

제주민란에 대해서는 많은 연구 성과가 축적되었다. 기존 연구들은 대체로 제주민란의 성격에 대해 반봉건, 반제국주의 민중항쟁으로 보고 있다.[1] 그러나 천주교회의 입장에 선 연구들은 제주민란을 종교적 수난으로 규정하며 교안, 교난 등으로 호칭하고 있다.[2] 한편 일본의 시각에서 제주민란을 분석한 연구도 있다.[3] 그러나 제주민란의 주요 당사국이라 할 수 있는 프랑스의 입장을 분석한 연구는 부재한 실정이다.

대한제국의 최고 주권자인 고종 황제는 자신의 중립정책에 협조적인 프랑스에 외교적 기대를 가졌다. 플랑시 주한 프랑스 공사는 의화단(義和團)사건이 확산되자 고종에게 유럽에 전권공사를 파견하여 대한제국의 안전을 도모할 것을 권고했다. 그에 고종은 1901년 3월 김만수를 프랑스에 특명전권공사로 파견했고, 프랑스에 상설공사관을 설치했다. 프랑스 정부도 고종의 외교에 기여했다. 델카세(Délcassé) 프랑스 외무장관은 플랑시를 대리공사에서 특명전권공사로 승진시키는 한편 외교계의 중진인 중국 주재 프랑스 공사 피숑(M. S. Pichon)을 서울에 파견하여 고종에게 외교 자문을 하게 했다. 플랑시 공사 · 크레마

1) 정진각, 「1901년 제주민란에 관한 일고; 신축교난의 원인을 중심으로」, 『한국학논집』 3, 한양대학교 한국학연구소, 1983; 김양식, 「1901년 제주민란의 재검토」, 『제주도연구』 6, 제주도연구회, 1989; 강창일, 「1901년의 제주도민 항쟁에 대하여」, 『제주도사연구』 1, 1991; 박찬식, 『1901년 제주민란 연구』, 각, 2013.

2) 유홍렬, 「제주도에 있어서의 천주교 박해-1901년의 교단-」, 『이병도박사 화갑기념논총』, 1956; 김옥희, 『제주도 신축년 교난사』, 태화출판사, 1980.

3) 박찬식, 앞의 책.

지(Crémazy) 법부 고문·마르텔(Martel) 법어학교 교사 등 프랑스인들도 고종의 외교에 기여했다. 그 결과 대한제국 정부는 1901년 4월 프랑스와 500만원의 차관 계약을 체결했다. 또 프랑스는 광산 채굴권 획득, 안남미 공급계약, 우편협정 체결 등을 통해 대한제국에 대한 영향력을 신장시켰다. 그 밖에 프랑스인은 군사고문직에 해당하는 기기창 사관 및 무기조사원, 서북철도국 감독, 궁내부 도기소기사, 궁내부 검찰관, 궁내부 광산기사 등 요직에 속속 취임했다. 그에 따라 러일전쟁 이전까지 대한제국 정부에서 근무한 구미인 고문은 미국인 1명, 벨기에인 1명, 영국인 2명, 독일인 3명에 비하여 프랑스인은 14명에 이를 정도였다. 이상과 같이 프랑스는 대한제국에 막강한 영향력을 행사했다. 그것은 프랑스가 대한제국의 외교에 깊숙하게 개입했기 때문이었다.

본 연구는 프랑스는 제주민란을 어떤 시각으로 보았고, 제주민란에 어떻게 대응했는지를 분석하고자 한다. 본 연구는 먼저 프랑스의 제주민란 인식을 분석하고자 한다. 구체적으로 프랑스의 제주민란 원인 분석, 민란의 개시 시점 인식, 무장화 계기 인식, 민란 주도층 인식, 일본의 개입 여부에 대한 입장을 분석하고자 한다. 다음으로 프랑스의 제주민란에 대한 실제 대응을 분석하고자 한다. 구체적으로 프랑스의 대한제국 정부와의 교섭과정, 프랑스 군함의 활동, 평리원 재판 개입을 분석하고자 한다.

본 연구는 프랑스의 제주민란에 대한 입장을 분석하고자 프랑스 외무부의 문서에 수록된 한국 관련 자료를 활용했다. 이 자료는 주한 프랑스 공사관과 프랑스 외무부 간의 왕복문서, 동아시아 주둔 프랑스 해군 함대와 프랑스 해군성과의 왕복문서 등의 자료들을 포함하고 있다. 특히 대한제국 시기에 해당하는 1897년부터 1904년까지의 자료에는 춘생문사건, 환궁, 독립협회운동, 제주민란, 일진회 활동에 대한 내용들이 다수 포함되어 있어 관련 연구에 크게 기여할 것으로 평가된다. 본 연구가 제주민란에 대한 새로운 시각을 갖게 하고, 프랑스의 대한정책 등에 대한 이해를 증진시키는데 기여하기를 기대한다.

2. 제주민란 인식

1) 제주민란의 원인 분석

기존의 연구들은 제주민란의 원인을 어떻게 파악하고 있는지를 검토하기로 한다. 먼저 기존 연구들은 첫째, 제주민란의 원인으로서 봉세관의 과도한 수탈을 지적하고 있다. 즉 내장원에서 파견한 봉세관은 징세가 가능한 모든 토지와 산물을 조사하여 과중한 세금을 부과하여 제주도민의 분노를 야기했다고 보고 있다.[4] 둘째, 프랑스 천주교의 제국주의적 성격과 그에 편승한 천주교도의 횡포를 지적하고 있다. 즉 천주교도가 봉세관과 결탁하여 농민과 상인을 수탈한 사실을 강조했다.[5] 셋째, 제주도민은 민간신앙을 탄압하는 외세에 대한 반감이 강했음을 지적하고 있다.[6]

기존의 연구들은 봉세관의 과도한 수탈을 제주민란의 주요 원인으로 지목했다. 먼저 대한제국의 봉세관 파견 배경을 검토하기로 한다. 고종은 1900년 7월 독쇄관, 파원 등의 폐지를 지시하는 한편 8월 내장원 장원과장 밑에 13인의 봉세관을 신설했다. 봉세관은 역둔토 조사,

---

[4] 정진각, 앞의 글; 김양식, 앞의 글; 강창일, 앞의 글; 박찬식, 앞의 책.

[5] 정진각, 앞의 글; 김양식, 앞의 글; 강창일, 앞의 글, 박찬식, 앞의 책.

[6] 강창일, 앞의 글, 103쪽; 박찬식, 앞의 책.

도조의 책정과 징수, 각종 세금의 징수 중 지방에서 내장원의 재산과 수입에 관한 일체의 사무를 담당했다. 그리고 봉세관의 업무가 과중한 곳에는 봉세위원, 봉세파원을 보내 봉세관을 돕도록 했다.[7] 봉세관의 파견 주체는 내장원이었다. 내장원경 이용익은 강봉헌을 봉세관으로 제주도에 파견했고, 강봉헌은 천주교 교도를 고용하여 징세했다.[8] 강봉헌은 1901년부터는 탁지부의 훈령으로 지세를 징수하는 임무까지 담당했다.

그 무렵 봉세관의 수탈은 제주에 국한된 것은 아니었다. 의정부 의정 윤용선은 고종에게 봉세관이 함부로 조세를 징수하여 민란이 일어날 지경이라고 지적하며 시급히 봉세관을 소환할 것을 건의하였다.[9] 그 같은 건의는 봉세관의 수탈로 인한 민란을 우려한 데서 나온 것이었다. 실제로 내장원의 봉세관 등에 의한 잡세 징수는 빈번한 민요를 야기했다. 그러나 이용익은 황실재정 확충 방침을 고수했다. 그는 내장원에서 징수하는 각종 세금은 황실사용에 충당하는 것으로서 결코 잡세로 볼 수 없다고 인식했다. 그러므로 이용익은 황실의 소환 지시를 무효로 만들었다.[10]

프랑스 측은 제주민란의 원인을 어떻게 분석했을까. 프랑스 측은 제주민란의 주원인을 봉세관의 과도한 징세로 보았다. 프랑스 국적의 두 신부는 제주민란의 주원인은 봉세관의 과도한 징세라고 지적했다.[11]

---

7) 이윤상, 「대한제국기 내장원의 황실재원 운영」, 『한국문화』 17, 235쪽.

8) K-A-R Ⅲ, No.360. 1901년 6월 7일; pp.268~269; ibid., No.372. 1901년 7월 3일, pp.269~270.

9) 『고종실록』 권41, 광무 5년 10월 10일.

10) 이윤상, 「대한제국기 내장원의 황실재원 운영」, 278쪽. 이용익은 중간에 전보를 쳐서 칙령을 빈번하게 취소시켰다. 『大韓季年史』 下, 1904년 2월 21일.

11) 『근대 한불 외교자료』 I, 1901년 6월 12일, 179쪽.

뮈텔(Gustav Mutel) 주교 역시 제주민란은 중과세에 기인한다고 인식했다. 뮈텔은 고종에게 외교에 대한 자문을 하는 한편, 주한 프랑스 공사에게는 대한제국의 상황을 통보하여 프랑스의 대한정책 수립에 크게 기여했다. 플랑시도 6월의 보고서에서 세금 문제가 주민들을 봉기하게 했다고 지적했고,[12] 9월의 보고서에서도 반란은 오직 봉세관 때문에 일어났다고 강조했다.[13]

천주교회 측은 제주민란의 주된 원인을 봉세관의 과도한 징세로 보았지만 천주교도의 횡포에 대해서는 인정하지 않았다. 뮈텔은 천주교도들이 봉세관에게 협력했다는 사실은 인정했다. 뮈텔은 천주교도 일부가 봉세관의 보조인으로 고용되었음을 인정했지만, 그 수가 극소수여서 제주도민에게 큰 피해를 입히지 않았다고 강변했다.[14] 즉 뮈텔은 천주교도의 도민 수탈에 대해서는 부인한 것을 보여준다.

플랑시는 천주교도의 횡포에 대해서는 어떤 입장을 보였을까. 플랑시는 델카세 외무장관에게 제주목사 이재호의 6월 2일자 보고서를 소개했다. 제주목사는 그 보고서에서 민란의 원인은 2, 3년 전부터 있었고, 민란의 원인으로서 봉세관의 과도한 세금 요구, 봉세관과 결탁한 천주교도의 횡포, 신부의 월권 등을 지적했다. 플랑시는 제주목사의 보고서에 동의하지 않았다. 플랑시는 천주교도들이 봉세관에게 협력했다는 사실은 인정하면서도, 천주교도들에게 덮어 씌워진 대부분의 악행이 사실과 다르다고 주장했다.[15] 그는 천주교도들을 향한 비방이 근거가 없다고 인식했다. 그는 천주교로 개종한 주민들은 반정부 봉기

12) 『근대 한불 외교자료』Ⅰ, 1901년 6월 28일, 188쪽.

13) 『근대 한불 외교자료』Ⅰ, 1901년 9월 20일, 193쪽.

14) 『근대 한불 외교자료』Ⅰ, 1901년 5월 31일, 172쪽.

15) 『근대 한불 외교자료』Ⅰ, 1901년 6월 28일, 189쪽. 제주목사 이재호의 6월 2일자 보고서는 〈全羅南北來案〉(奎章閣, 17982-1)을 의미한다.

에 가담하기를 거부했다는 이유로 살육되었다고 파악했다.[16)]

플랑시는 천주교도들이 봉세관에게 협력했다는 사실은 인정했지만, 농민과 상인을 수탈한 사실에 대해서는 부정했음을 보여준다. 제주도민의 반외세 감정에 대해 플랑시는 뮈텔의 보고를 수용하여 극소수 선동자들이 제주도에 상존하던 외국인에 대한 반감을 자극하여 민란을 사주했다고 보았다.[17)]

2) 제주민란의 개시와 무장화 시점 인식

제주도의 대정군민들은 1901년 5월 봉세관의 수탈과 천주교도의 횡포에 저항하여 등소장을 제출하는 등 집단행동을 개시했다. 제주민란은 처음에는 비무장운동의 성격을 띠다가 무장투쟁노선으로 선회했다. 민군은 28일 제주성에 입성한 뒤에 천주교도를 대거 살해했다.

제주민란의 개시 시점에 대해서는 비교회 측의 주장과 교회 측의 주장이 다르다. 비교회 측은 1901년 5월 5일 세폐의 시정을 요구하며 시작된 민회를 제주민란의 개시 시점으로 인정했다. 교회 측은 천주교도들이 5월 6일 상무사의 선제공격을 받고 5월 9일 제주본당으로 피신한 사건을 제주민란의 개시 시점으로 인정했다.[18)]

프랑스 측이 제주민란을 인지한 시점은 언제였을까. 라크루(Lacrout) 신부는 보고서에서 서울로 가는 배에 승선할 때인 4월 초순 경 제주도는 모든 것이 고요했다고 언급했다. 두 신부는 5월 8일 제주를 탈출해 목포에 도착한 천주교도들을 통해 제주의 소요를 인지했으나 심각성

16) 『근대 한불 외교자료』Ⅰ, 1901년 9월 20일, 193쪽.
17) 『근대 한불 외교자료』Ⅰ, 1901년 5월 31일, 168~169쪽.
18) 박찬식, 앞의 책, 171쪽.

을 인식하지는 않았다. 그들은 제주도를 상습적으로 민중 소요가 일어나는 땅으로 보았기 때문이었다.[19] 프랑스 외교자료에서 제주민란의 개시 시점은 명확하게 기술되어 있지 않다. 그렇지만 프랑스 신부가 5월 8일경에도 제주도의 소요를 심각하게 여기지 않은 것을 볼 때, 프랑스 측은 5월 9일의 제주본당 피신사건을 제주민란의 개시 시점으로 인정한 것으로 추정된다.

제주민란 때 민군과 천주교도는 모두 총기로 무장했다. 교회 측은 자신들의 무장시기를 민군이 일본인으로부터 무기를 공급받은 다음 날, 즉 5월 16일로 기록하고 있다. 반면 민군 측은 5월 9일부터 교도들이 무장을 준비한 것으로 파악하였다.[20] 실제 교도의 무장화는 5월 12일 이전인 것으로 추정된다. 그것은 천주교도들이 신부들에게 공격에 나서자고 제안했고, 라크루 신부는 12일 천주교도들과 함께 반도들을 향해 나아갔다는 기록을 통해 짐작할 수 있다. 그 기록에 의하면 13일 교도들은 반도의 두목을 포로로 잡았다. 라크루가 지휘하는 무리가 대정군에 침투하자 민군은 총을 쏘며 교도들을 공격했고, 교도들도 총으로 응수했다.[21]

제주민란이 무장투쟁으로 선회한 계기에 대해서는 5월 14일 대정성에서 무장한 천주교도의 포격으로 인한 주민피살로 보는 비교회측 주장과 대정성 군민의 선제 총격에 기인했다고 보는 교회측 주장이 맞서고 있다.[22] 한편으로는 프랑스의 군함 파견이 민군을 자극하여 교도를 학살하는 등 제주민란을 확대시켰다고 보는 시각도 있다.[23]

---

19) 『근대 한불 외교자료』Ⅰ, 1901년 5월 31일, 172쪽.
20) 박찬식, 앞의 책, 171쪽.
21) 『근대 한불 외교자료』Ⅰ, 1901년 6월 28일, 190쪽.
22) 박찬식, 앞의 책, 171~172쪽.
23) 정진각, 앞의 글, 87쪽.

그런데 프랑스 외교자료를 통해 교도가 선제 총격을 시도했고, 민군도 대응 사격을 가한 것으로 보인다. 그리고 그 총격사건은 제주민란을 무장투쟁으로 선회시켜 민군의 교도 학살을 야기한 것으로 보인다. 플랑시는 다음과 같이 본국 정부에 프랑스 신부의 성급한 선제공격에 대해 우려를 표명했다.

> 제주도 주민들이 그들과 신자들에 대해 극도의 흥분 상태에 있던 때에 원정에 나선 것은 우리 신부들의 신중치 못한 처사였다는 점, 그 원정으로 인해 그들이 끔찍한 보복을 자초했다는 점을 숨길 수는 없을 것입니다. 그들의 그런 유감스런 처사는 저를 아주 난처하게 합니다. 그들이 입은 물질적 피해에 대해 배상을 요구하는 날, 대한제국 정부가 우리나라 사람들의 그런 행동에 대해 엄중한 항의를 할까봐 말입니다.[24]

플랑시는 델카세에게 보낸 보고서에서 프랑스 신부 측의 선제 총격 사실을 인정했다.

3) 제주민란의 주도층 인식

기존 연구들은 제주민란의 주도층을 어떻게 분석했을까. 제주민란의 주도 조직과 관련하여 가장 논란이 되고 있는 것은 상무사라 할 수 있다. 상무사는 1901년 4월 창설되었고 같은 해 5월 해체됐다. 상무사 창설의 주체에 대해서는 대정군수 채구석과 상층민의 주도로 보는 시각이 있다.[25] 반면 상무사는 채구석과는 관계가 없고, 민중이 주도하여 만든 제주도민의 자구적 조직으로 보는 시각도 있다. 그 같은 시각

---

24) 『근대 한불 외교자료』 I , 1901년 6월 28일, 191쪽.

25) 김양식, 앞의 글, 137쪽; 강창일, 앞의 글.

에서는 채구석은 교도와 민군간의 화해에 치중했다고 지적한다.[26] 상무사의 성격에 대해서는 천주교도 횡포의 저지, 일본인의 침탈 방지 등 반외세 조직이라고 보는 시각과[27], 봉세관의 수탈을 저지하고자 만든 조직으로 보는 시각이 있다.[28]

상무사가 제주민란을 주도했는지의 여부에 대해서는 상반된 입장을 보인다. 먼저 상무사를 제주민란의 주도 조직으로 보는 상무사 주도론이 제기됐다.[29] 상무사 주도론은 대정군의 토착세력이 경제적 문제로 일본인과 결탁하여 설립한 뒤 민란을 사주했다는 주장이다.[30] 나아가 상무사가 제주민란의 조직화에 기여했다고 보는 주장도 제기됐다.[31] 그 같은 상무사 주도론은 오대현, 이재수, 강우백 등 민군 지도부가 상무사 간부였다는 점에 주목하고 있다.

반면 상무사를 제주민란의 주도 조직으로 볼 수 없다는 시각도 있다. 그에 따르면 상무사 보고 자료에 대해 천주교측이 일방적으로 작성한 것으로서 의심의 대상이라고 주장한다.[32] 그 시각은 상무사는 대정군 유지의 향촌지배에 우호적인 조직으로서 군민을 대변하지 않았다고 보고, 상무사의 제주민란의 주도성도 부정한다. 아울러 제주민란은 전도민 참여의 연합운동이었고, 하층 민중이 주도권을 장악했다고 보고 있다. 또 프랑스 공사가 대한제국 정부에 제출한 범인 목록에 무관직, 동임, 포수, 평민이 대다수인 것에 대해 상층민이 민란의 지도부

---

26) 정진각, 앞의 글, 87~89쪽.
27) 정진각, 앞의 글, 90쪽.
28) 강창일, 앞의 글, 105쪽.
29) 강창일, 앞의 글, 107쪽.
30) 김옥희, 앞의 글.
31) 정진각, 앞의 글, 87~89쪽.
32) 김양식, 앞의 글, 137쪽; 강창일, 앞의 글.

가 아니라는 증거로 본다.[33] 또 다른 연구도 상무사 주도론에 회의적인 입장을 보이며 제주민란을 초계층적 연합전선으로 보고 있다.[34]

프랑스 측은 제주민란의 주도층에 대해 어떻게 분석했을까. 두 신부는 민란 직후인 5월 14일자 전보를 통해 대정군수 채구석 등이 상무사를 사사롭게 설립하여 제주민란을 일으켰다고 보고했다.[35] 채구석 등이 상무사를 활용하여 제주민란을 일으켰다는 신부의 견해는 그 뒤 프랑스의 시각으로 굳어졌다.

뮈텔은 봉세관의 과세는 정의로웠다며 봉세관을 변호했다. 뮈텔은 목사 등의 지방관들은 봉세관이 세금으로 징수하고 나면 챙기는 것이 없다고 주장했다. 그 결과 지방관들은 자신들의 소득을 가로챈 봉세관을 증오하여 소요를 사주했다고 보았다. 뮈텔은 "대정군수가 제주도에서 소요를 조장하고자 상무사를 이용했다. 대정군수는 상무사의 수장으로서 수천 명의 사람들을 가입시킨 데 반해, 천주교도들의 경우는 회비를 지불하고 규약을 지켰음에도 가입을 거부당했다. 그러므로 신부들은 상무사를 경계했다."라고 주장했다.[36] 즉 뮈텔은 채구석이 상무사를 활용하여 제주민란을 일으켰다고 본 것을 알 수 있다.

플랑시는 신부들과 대한제국 관리들의 보고서에 의거하여 민란의 원인을 분석했다. 동시에 그는 5월부터 대한제국의 비밀단체들에 대한 조사에 착수했고, 그 과정에서 제주도의 향회와 상무사에 주목했다. 플랑시는 두 단체의 목적은 관리들의 수탈로부터 회원들을 보호하는 데 있다고 인식했다. 그러나 그는 두 단체가 입회를 원하는 천주교도

---

33) 김양식, 앞의 글, 154~157쪽.

34) 강창일, 앞의 글, 142쪽.

35) 고려대학교 아세아문제연구소, 1968, 『구한국외교문서』 〈법안 2〉, No.1419. 1901년 5월 14일, 118~119쪽; 『근대 한불 외교자료』 I , 1901년 6월 12일, 179쪽.

36) 『근대 한불 외교자료』 I , 1901년 5월 31일, 172쪽.

들을 회원으로 받아들이길 거절했음을 강조했다.[37] 플랑시는 신부들과 뮈텔처럼 상무사를 반천주교 단체로 지목했음을 보여준다.

프랑스 신부들과 뮈텔은 대정군수 채구석이 상무사를 주도하며 제주민란을 사주했다고 단정하여 그를 민란의 수괴로 플랑시에 통보했다. 플랑시도 채구석을 민란의 사주자로 단정했다. 플랑시는 외부대신 박제순에게 제주민란 당시 교도 침탈 때 범인의 명단을 통보하며 신속한 재판을 요구했다.[38] 그는 그 공문에서 채구석을 제주민란의 수괴로 지목했다.

4) 일본의 제주민란 개입 인식

제주민란이 발발하자 제주도에 거주하고 있던 일부 일본인은 민군에게 무기를 제공했다. 일본 정부는 제주민란이 확대되자 목포 주재 일본 영사관 직원, 순사를 제주에 파견하는 동시에 일본 어민 보호를 명목으로 6월 2일 군함 제원호를 제주에 파송했다. 일본 영사관의 직원은 민군 지도부와 면담했다. 일본 순사는 자국민들에게 국제분규를 이유로 민군에게 무기를 제공하지 말 것을 요청했다.[39] 일본 순사는 제주민란의 원인은 도민과 교도의 대립에 있고, 무력 충돌의 원인은 교도의 상무사 공격에 있다고 보았다. 일본 언론도 제주민란을 중국의 의화단운동과 유사하다고 지적하며 대대적으로 보도했다. 일본 언론은 천주교가 제주민란을 야기했다고 주장하며 극도의 반감을 표출했다. 일본 언론은 대한제국 정부에 교도를 엄벌에 처하고 교도를 비호

37) 『근대 한불 외교자료』 I, 1901년 6월 28일, 188쪽.
38) 〈법안 2〉, No.1468. 1901년 7월 30일, 140~141쪽.
39) 박찬식, 앞의 책, 280쪽.

하는 프랑스 정부에 항의할 것을 주문했다.[40]

기존 연구들은 일본의 제주민란 개입에 대해 상반된 시각을 보이고 있다. 첫째, 일본 개입을 지지하는 연구가 있다. 그 연구들은 일본인들이 상무사와 결탁하여 제주도민에게 민란을 사주했다고 보고 있다.[41] 둘째, 일본 개입에 대해 부정적인 입장이 있다. 그에 따르면 일본인은 다른 바닷가로 떠났으므로 제주에는 큰 이해관계가 없었다는 사실을 강조한다. 그 시각은 일본의 군함 파견은 열강의 상호견제 차원에서 이해해야 한다고 주장한다.[42] 일본 정부가 군함을 제주에 파견한 것에 대해서는 프랑스, 러시아의 남하를 저지하려는 의도로 보는 해석도 있다.[43] 셋째, 일본인의 협력은 인정하면서도 일본 정부와는 관계가 없다고 보는 견해가 있다.[44]

프랑스 측은 일본의 제주민란 개입문제에 대해 어떻게 판단했을까. 라크루 신부는 제주민란은 민군이 일본인과 결탁하여 교회를 공격한 것으로 단정했다.[45] 플랑시는 처음에는 일본인들을 제주민란의 피해자라고 판단했다. 즉 그는 일본 정부가 일본 어부들의 생존이 위협당하고 있음을 인지하고 군함을 제주에 파송했다고 파악했다.[46] 그러나 플랑시는 점차 일본인들이 제주민란과 연관이 있다고 인식하게 되었다. 즉 플랑시는 델카세에게 제주민란에서 일본인들은 시종 이상한 태도를 보였다고 지적하며, 모든 정보가 모아지는 대로 특별 보고를 올

---

40) 박찬식, 앞의 책, 264~274쪽.
41) 유홍렬, 앞의 글; 김옥희, 앞의 글.
42) 정진각, 앞의 글; 강창일, 앞의 글.
43) 박찬식, 앞의 책, 285쪽.
44) 김양식, 앞의 글; 박찬식, 앞의 책.
45) 박찬식, 앞의 책, 285쪽.
46) 『근대 한불 외교자료』Ⅰ, 1901년 5월 31일, 170쪽.

리겠다고 보고했다.[47)]

플랑시가 일본인들의 제주민란 개입을 확신하게 된 것은 첫째, 두 군함 함장의 보고 때문이었다. 프랑스 군함 쉬르프리즈호(Surprise)의 함장인 마르네(Marnet) 해군 대위는 플랑시에게 5월 30일 제주도 해안선을 따라 항해하던 중 폭도 중에서 일장기를 휘날리는 무리를 목격했다고 보고했다.[48)] 알루에트호(Alouette) 함장인 드 벨루아(de Belloy) 해군 대위도 플랑시에게 제주도에 거주하는 일본인들이 폭도들을 사주하고 무기와 탄약을 팔고 있다고 보고했다.[49)] 벨루아는 구체적으로 "제주도 북서부의 작은 섬에 거주하는 일본인들이 무기와 탄약을 폭도에게 제공했습니다. 그들은 폭도에게 신부와 기독교인들을 처단하라고 선동했습니다. 일본 군함은 일본인과 폭도를 지원하고자 출동한 것입니다."라고 보고했다.[50)]

둘째, 플랑시가 일본인들의 제주민란 개입을 확신하게 된 것은 미국인 샌즈(William F. Sands)의 통보 때문으로 여겨진다. 제주 현지를 시찰한 샌즈는 일본인들이 폭도에게 무기, 탄약 지원을 약속한 공문을 발견하고 일본인들의 제주민란 개입을 인정했다.[51)] 1899년 10월 대한제국의 궁내부고문에 취임한 샌즈는 일본에 대해 비판적 시각을 견지했으며, 일본 외무성을 비난하는 언행을 하기도 했다. 그에 대해 알렌 미국 공사는 미국인이 일본에 적대적인 것에 유감을 표명할 정도였다.[52)] 샌즈는 1900년 의화단사건이 확산되자 "대한제국에서 의화단과

47) 『근대 한불 외교자료』Ⅰ, 1901년 6월 28일, 191쪽.
48) 『프랑스외무부문서』 9, 1901년 7월 12일, 119~121쪽.
49) 『근대 한불 외교자료』Ⅰ, 1901년 6월 12일, 182쪽.
50) 『프랑스외무부문서』 9, 1901년 7월 12일, 119~121쪽.
51) 『프랑스외무부문서』 9, 1901년 7월 12일, 119~121쪽.
52) K-A-R Ⅲ, No.272. 1900년 8월 23일, pp.62~63.

같은 반외세 항쟁이 발발할 경우 일본은 질서를 바로 잡는다는 명분하에 군대를 동원할 것이다. 일본은 연합국의 전적인 동의하에 군사적 점령사태를 야기시킬 것이고, 러시아도 이에 반대할 수 없을 것이다. 만주의 비적이 국경을 침범한 사건도 대한제국 병합론자의 입장에서는 환영할 만한 것이다."[53]라고 주장하며 일본의 대한제국 침공 가능성을 경계하였다.

한편 샌즈는 프랑스와 우호적 관계를 맺고 있었다. 샌즈는 프랑스어에 능통하고 가톨릭신자였으므로 프랑스에 친근감을 가지고 있었던 것으로 보여진다. 그 무렵 프랑스는 대한제국의 중립정책에 기여하고 있었다. 샌즈는 프랑스와의 협력을 통해 대한제국의 중립화를 실현시키려 진력하였다. 샌즈는 크레마지를 법률고문에 임명하게 하는데 도움을 주는 등 다수의 프랑스인을 대한제국 정부에 고빙하게 했다. 그러므로 플랑시 공사는 샌즈를 프랑스의 외교관으로 간주할 정도였다.

셋째, 플랑시가 일본인들의 제주민란 개입을 확신하게 된 것은 일본 신문의 제주민란에 대한 논조 때문이었다. 서울에서 발행하는 일본인 신문인 『한성신보』는 민란 기간 중 신부와 기독교인들을 반대하는 일련의 기사를 게재했다. 일본 현지의 언론도 비슷한 논조의 기사를 게재했다. 플랑시는 하야시 곤스케(林權助) 주한 일본 공사에게 그 같은 기사의 연재를 중지할 것을 요구하여 관철시켰다. 플랑시는 델카세에게 6월 12일부터 6월 28일까지 『한성신보』의 제주민란 및 반기독교 기사의 발췌문을 번역하여 보고했다. 동시에 플랑시는 일본의 의도는 대한제국을 혼란에 빠뜨린 뒤 자국민을 보호한다는 구실로 한반도에 파병을 증대시키려는 것이라고 보고했다.[54] 일본 주재 프랑스 공사 뒤바

53) 샌즈 저/신복룡 역, 『조선비망록』, 집문당, 1999, 225쪽.

54) 『프랑스외무부문서』 9, 1901년 7월 12일, 119~121쪽.

이도 일본 외무대신에게 일본 신문의 논조에 대해 항의했다.[55)]

그 뒤 플랑시는 일본 신문과 전라도 나주에서 발생한 지도사건의 연루 가능성을 제기했다. 그는 델카세에게 7월 12일자 보고서에 다음과 같은『한성신보』의 번역문을 환기시켰다.

> 사람들은 제주 사건이 진정된 마당에, 이번에는 나주 지도에서 가톨릭 교도들의 악행으로 인해 곧 민란이 터질 것이라고 말합니다. 한 달 뒤, 상기 신문은 지도 주민들에게서 편지를 한 통 받았는데, 거기에는 사람들이 강제로 가톨릭으로 개종을 당했으며 더 이상 그 종교에 참여하고자 않는 사람들은 억류당하고 학대당했다는 내용이 들어있었다고 보도했습니다. 그러면서 신문은 ≪우리 생각에는 이 지역에 곧 소요 사태가 발생할 것 같다.≫고 덧붙였습니다. 드에 신부의 말에 의하면, 제주도에서도 그랬듯이 이곳에서도 일본인들의 손길이 작용한 것 같습니다. 그들의 밀사들이 섬을 돌아다니며 천주교도들을 떨쳐내 버릴 수 있다고 떠벌리고 다닙니다. 어쨌든 이상한 일은 그들의 신문이 9월이나 되서야 발생하게 될 혼란 사태를 6월 달에 이미 예고했다는 사실입니다.[56)]

플랑시는 9월 발발한 지도의 소요사건도 일본인들이 개입한 결과라고 단정한 것을 보여준다. 한편으로 플랑시는 일본 신문들은 제주민란 때의 학살책임자를 변호하고 있다고 의심했다. 일본 언론은 플랑시가 배상액과 주요 책임자 심판을 요구하자 판사 노릇을 하고 있다고 비난했다. 그런 중 일본 신문의 편집자가 재판의 참관을 시도하다가 샌즈의 저지로 무산된 사건이 일어났다. 그러자 플랑시는 하야시 일본 공사가 제주민란 처리에 개입하고 있다고 판단했다. 즉 플랑시는 하야시가 일본 기자를 선동했으며, 대한제국 정부에 압력을 넣어 프랑스에

55)『프랑스외무부문서』9, 1901년 11월 17일, 179쪽.

56)『근대 한불 외교자료』Ⅰ, 1901년 9월 30일, 196쪽.

대한 배상 이행 약속을 지연시키고 있다고 인식했다.[57]

이상과 같이 플랑시는 일본 정부가 제주민란을 이용하여 한반도를 국제적인 분규상황으로 만들려 한다고 경계했다. 그는 델카세에게 제주민란에 대한 프랑스의 역할은 끝났다고 보고했다. 그는 제주민란에 관한한 대한제국 정부가 일본 정부와 직접 교섭하기를 기대했다. 즉 플랑시는 대한제국 정부가 일본 공사와 협의하여, 일본의 재외국민이 대한제국 내의 소요사태에 개입하지 못하게 해야 한다는 입장을 보였다.[58] 플랑시는 프랑스가 제주민란에 더 개입할 경우 러시아, 일본의 개입을 예측했다. 그는 조선인들에게 일본군의 상륙 구실을 주지 않으려면 일본인들에게 어떤 이야기도 하지 말 것을 조언했다.[59]

한편 뒤바이는 일본 정부가 제주민란에 개입하지는 않은 것으로 인식했다. 그는 델카세에게 일본 정부가 제주도에 군함 1척을 보내기는 했으나 민란에 동요되지는 않았다고 보고했다. 그는 일본 정부가 민란의 주동자라는 주장을 인정하지는 않았지만, 일본은 대한제국내의 모든 사건을 예의주시하고 있으며 국제적인 분규상황으로 확산될 경우 강력히 개입할 것으로 내다봤다.[60]

57) 『프랑스외무부문서』 9, 1901년 10월 1일, 169~170쪽.
58) 『근대 한불 외교자료』 I , 1901년 6월 12일, 179쪽.
59) 『뮈텔 주교 일기』 3, 1901년 6월 11일, 62쪽.
60) 『프랑스외무부문서』 9, 1901년 6월 18일, 119쪽.

3. 제주민란 대응

1) 대한제국과의 교섭

뮈텔 주교는 1901년 5월 13일 부산의 로 신부에게서 '제주도에서 반란, 교도는 구타당하고 투옥, 마을은 파괴, 신부들은 현유신 때문에 위기에 처함.'이라는 내용의 전보를 받았다. 뮈텔은 즉각 플랑시 공사에게 프랑스 신부의 보호를 요청했다. 뮈텔은 그 직후 목포로부터 대정군수가 상무사를 동원하여 폭동을 사주했다는 내용의 전보를 받았다. 뮈텔은 재차 플랑시에게 프랑스 신부 두 명의 신변보호를 요청했다.[61] 플랑시는 외부대신서리 최영하에게 '제주도에서 큰 소요가 일어나 교인을 구타하고 수감중이다. 교촌은 훼손되고 있고, 교사들은 위험 상황에 처해 있다. 현유신은 교사가 상경한 틈을 타서 악행을 저지르고 있다. 급히 외부에 난민 진압과 교사 보호를 요청했다.'라는 내용의 부산에서 온 전보를 전달했다. 동시에 플랑시는 최영하에게 제주도 정의군 소재 프랑스 신부의 신변보호를 요청했다.[62] 다음날인 14일 플랑시는 최영하에게 '제주도 대정군수 채구석 등은 상무사를 사사롭게 설립하여 민란을 일으켰다. 교인을 구타하고 성당을 파괴, 살육에 이르렀으니 시급히 보호요청.'이라는 내용의 목포에서 온 전보를 전달했다.[63] 그에 대해 최영하는 5월 15일 플랑시에게 제주도는 원거리로서 실제 상황을 파악하지 못했지만, 무안감리에게 전칙하여 순검을 파송, 민중을 탄압하고, 교사를 보호할 것을 지시했다고 통보했다.[64]

---

61) 『뮈텔 주교 일기』 3, 1901년 5월 13일, 51~52쪽.
62) 〈법안 2〉, No.1416, 1901년 5월 13일, 116~117쪽.
63) 〈법안 2〉, No.1419, 1901년 5월 14일, 118~119쪽.

플랑시는 뮈텔에게 대한제국 외부가 무안감리에게 신부들을 보호하고 경찰을 제주로 파송하라고 지시했음을 알려줬다.[65] 그러나 플랑시는 21일 겁을 먹은 순검들이 제주도로 떠나지 않았다는 것을 인지했다. 플랑시는 다음 날 외부대신 박제순에게 한국 정부가 소요를 진압하고 프랑스인의 생명을 보장해주기 위해 어떠한 조치를 취할 것인지 알려달라는 공문을 보냈다.[66]

한편 고종은 제주민란의 확산을 우려했다. 고종은 1900년 4월 중국에서 의화단의 북경 진입을 계기로 대대적인 군사력 증강을 단행한 바 있었다.[67] 고종은 과거 일본이 동학농민군의 봉기를 계기로 파병한 것을 잘 알고 있었으므로 의화단의 세력이 확대되자 크게 우려했다. 그런 중 뮈텔 주교는 플랑시에게 무세 신부의 피살설을 통보했고, 플랑시는 그 사실을 대한제국의 법부에 확인했다.[68] 대한제국 정부는 프랑스 신부의 피살설에 큰 충격을 받은 것으로 보인다. 고종은 이재호를 제주목사로 임명해 민란을 조속히 수습할 것을 지시했다.

플랑시는 박제순에게 제주소요가 중대한 상황이라고 지적하며 진압을 요청했지만 회답을 받지 못했다. 그 사이 민군은 5월 28일 학살을 개시했다. 플랑시는 28일 목포의 데샤예 신부로부터 '금일 라크루, 무세 신부의 편지가 도착. 본 교사들은 성내에 포위. 조속히 구원을 요청. 교인 6명은 피살. 나머지 상해자는 부지기수. 식량도 고갈상태. 다시 대한제국 정부에 무력진압을 요청할 필요.'라는 내용의 전보를 받았다.[69] 플랑시는 28일 박제순에게 그 전보를 전달했다.[70]

---

64) 〈법안 2〉, No.1420. 1901년 5월 15일, 119쪽.
65) 『뮈텔 주교 일기』 3, 1901년 5월 16일, 52쪽.
66) 『근대 한불 외교자료』 I , 1901년 5월 31일, 169쪽.
67) 『일공사기록』 14, 기밀제127호, 1900년 12월 28일, 408~409쪽.
68) 『뮈텔 주교 일기』 3, 1901년 5월 23일, 54쪽.

그 뒤 고종은 31일 정3품 박용원(朴用元)을 안핵사로 제주에 파견했으며,[71] 제주목의 유배 죄인들을 모두 다른 섬으로 옮기라고 명령했다.[72] 같은 날 고종은 궁내부고문 샌즈에게 100명의 순검들을 데리고 제주도로 떠날 것을 명령했다.

후술하듯이 두 척의 프랑스 군함은 제주에 출동하여 무력시위를 벌였다. 고종은 프랑스 군함의 활동을 높이 평가한 것으로 보인다. 고종은 마르네 대위가 서울에 도착하기도 전에 황실 고위 관리를 제물포로 보내 감사를 표하라고 지시했다. 고종은 마르네를 접견할 것을 고집하였고, 마르네를 치하하기 위하여 궁궐에서 연회를 열고 싶어했다.[73] 그에 따라 내장원경 이용익은 4일 프랑스 공사관을 방문하여 마르네에게 사의를 전달했다. 고종은 6월 7일 플랑시, 뮈텔, 마르네 및 장교들을 접견했다.[74]

한편 제주도의 소요는 진정되지 않았다. 그에 고종은 박용원을 해임하고, 특진관 황기연(黃耆淵)을 찰리사로 임명하여 제주도의 폐단을 사찰하도록 지시하였다.[75] 샌즈는 제주도의 상황이 호전되지 않자 지원군을 요청했다. 고종은 수원 군사 200명과 경관들의 추가 파병을 지시했다. 그 결과 주둔군의 총수는 500명에 육박했다.[76] 플랑시는 그

69) 『근대 한불 외교자료』Ⅰ, 1901년 5월 31일, 169쪽.

70) 〈법안 2〉, No.1429, 1901년 5월 28일, 123쪽.

71) 『고종실록』 권41, 광무 5년 5월 31일.

72) 『고종실록』 권41, 광무 5년 6월 2일.

73) 『근대 한불 외교자료』Ⅰ, 1901년 6월 12일, 181쪽.

74) 『뮈텔 주교 일기』 3, 1901년 6월 3일, 58쪽; 1901년 6월 4일, 59쪽; 1901년 6월 7일, 60쪽.

75) 『고종실록』 권41, 광무 5년 6월 5일.

76) 『뮈텔 주교 일기』 3, 1901년 6월 8일, 61쪽; 『뮈텔 주교 일기』 3, 1901년 6월 11일, 62쪽.

당시의 상황을 6월 12일 다음과 같이 델카세 외무장관에게 보고했다.

> 제주도의 상황은 거의 변한 것이 없었고, 5일에 돌아온 '챠챠푸' 호는 폭도들의 해산 명령 거부와 제주도에서 학살이 계속되고 있다는 소식을 우리에게 전해주었습니다. 대한제국 정부는 전권을 부여한 찰리사와 150명의 병사, 50명의 경관을 파견하라고 명했습니다. 하지만 파견된 자들이 이러한 지시를 단호하게 행동하라는 의미로 받아들였다고는 보이지 않는데, 10일자로 샌즈 씨가 제게 보내온 전보에 따르면 그러합니다. 샌즈 씨는 황실과 교신이 되지 않자, 목포에서 제주읍으로 돌아온 마르네 함장에게 부탁하여 이 전보를 제게 전달하고, 제게 다시 그것을 황실에 전달해 달라고 하였습니다. 그는 다음과 같이 말했습니다. "강력하고 즉각적인 조치가 불가피함. 폭도들은 해산되어야만 하고 그 수장들은 체포되어야 하며, 계속된 학살 행위에 가담한 이들에게는 자비가 없어야 함. 폭도들은 제주 읍성 앞에 진을 치고 있음." 이는 폭도들이 제주읍에서 물러났다가, 공격을 시작하였음을 뜻하는 것입니다. 정부는 끝장을 보기로 작정한 듯 보입니다. 200명의 병사들로 구성된 원군이 제주도로 급파될 예정입니다. 또한 현지 군대에게, 무력을 사용하여 해산시키고 우두머리들을 체포하고, 필요하다면 무기를 사용하라는 명령이 내려진 상태입니다. 샌즈 씨의 개입과 현지 군대 덕택에 그들은 안전합니다. 제주도에서 질서를 재정립하는 것은 대한제국 정부의 몫입니다.[77]

플랑시는 다수 군인의 파병과 무력사용 명령을 보고 대한제국 정부의 진압의지를 인정했다. 한편 샌즈는 6월 15일 서울로 귀환했다. 그는 주교에게 신부들은 안전하며 반란은 종료됐다고 통보했다. 아울러 샌즈는 제주도의 모든 관장들과 아전들은 프랑스와 교도의 반대편이라고 언급했다.[78] 그 직후 고종은 황기연을 해임했다. 플랑시는 황기연은 편파적으로 반도들 편을 들었고, 천주교도들에게 호의적이지 않

77) 『근대 한불 외교자료』 I , 1901년 6월 12일, 182쪽.
78) 『뮈텔 주교 일기』 3, 1901년 6월 16일, 63쪽.

아서 해직되었다고 해석했다. 아울러 플랑시는 델카세에게 대한제국 정부는 제주민란을 확실하게 진압하려 한다고 보고했다.[79)]

대한제국 정부는 제주민란이 종식된 뒤에도 유사시 반도들을 진압할 수 있도록 제주읍에 수백 명의 진위대를 배치했다. 그에 대해 플랑시는 제주민란 이후로 프랑스 신부들과 천주교도들은 다시 공격받지 않게 되었다고 긍정적으로 평가했다.[80)] 그러나 제주도에 체류하던 신부들은 다른 입장을 보였다. 그들은 제주민란 때 피해를 입은 집은 복구되지 않았으며 재산도 환수되지 않았다고 지적하며, 민란에서 생존한 교우들의 비참한 처지를 호소했다.[81)] 그에 대해 플랑시는 외부대신 박제순에게 제주목에 훈령을 보내 "교민과 타민은 모두 황제의 적자이며 대한의 신민으로서 모두 평등권리를 누릴 자유가 있다. 교민들은 천주교를 신봉한다는 연유로 타민에게 모욕을 받아서는 곤란하다."라는 취지의 방을 부착하여 민인을 효유할 것을 요청했다. 또 플랑시는 대한제국 정부가 신부들이 입은 피해를 보상해줄 것을 요구했다.[82)] 외부는 배상액 지불에 대해 명확한 회답을 기피했다. 그에 대해 플랑시는 주청 공사로 북경에 부임한 박제순에게 손해배상을 청구한 날로부터 그 배상청구액에 대한 7과 1/2%의 이자를 계산할 것이라는 편지를 보냈다. 그러나 박제순은 그 액수를 수용할 수 없다고 회답했다.[83)]

프랑스 신부들은 제주민란이 종식된 뒤에도 대한제국의 조세행정, 사법집행 등에 개입한 것으로 보여진다. 이용익은 1902년 2월 플랑시에게 충주에서 프랑스 신부가 조세가 잘못됐다며 납부 거부를 선동했

79) 『근대 한불 외교자료』Ⅰ, 1901년 6월 28일, 187쪽.
80) 『근대 한불 외교자료』Ⅰ, 1901년 9월 20일, 193쪽.
81) 『뮈텔 주교 일기』 3, 1902년 1월 10일, 117쪽.
82) 〈법안 2〉, No.1479. 1901년 9월 2일, 151쪽.
83) 『뮈텔 주교 일기』 3, 1902년 2월 6일, 122쪽.

다는 사실을 통보했다.[84] 제주재판소의 검사도 정부에 프랑스 신부의 월권 사실을 보고했다. 그 내용은 "형사죄인 중 천주교당에 도피한 자가 있습니다. 그 교당은 죄인을 은닉해서 체포할 수가 없습니다. 천주교도는 관장을 무시하는 경향이 있으며, 평민을 능욕합니다. 외국 교사는 본시 대한제국의 민형사 사안과 무관한데도 그에 간섭해서 대한제국인에게 대한제국법을 시행하는 것을 저지합니다."라는 것이었다. 그에 외부대신은 플랑시에게 프랑스 신부의 정법 간여를 비판하며, 범죄자 처벌에 협조해 줄 것을 요청했다.[85] 그에 대해 플랑시는 재판소 검사의 보고를 허구라고 반박했다.[86]

2) 프랑스 군함의 활동

플랑시는 박제순에게 프랑스인의 생명을 보장해주기 위하여 신속한 조치를 취할 것을 촉구하는 공문을 보냈다. 그러나 플랑시는 23일 무세 신부의 피살설을 입수하자 긴박하게 대응했다. 플랑시는 포티에(Amiral Pottier) 프랑스 해군 제독에게 전보를 보내 제주도 소요로 두 명의 프랑스 신부가 위기에 처했으니 함대를 파송할 것을 요청했다. 포티에는 알루에트호 함장 벨로이와 쉬르프리즈호 함장 마르네에게 즉각 제주도 출동 명령을 내렸다. 포티에는 쉬르프리즈호에 대해서는 곧장 제주도로 떠날 것을 명령했고, 알루에트호에 대해서는 두 군함의 임무에 필요한 정보를 제물포에서 입수한 다음 제주도에 가서 쉬르프리즈호와 합류할 것을 명령했다. 플랑시는 벨로이를 만나 그가 가진

84) 『뮈텔 주교 일기』 3, 1902년 2월 1일, 121쪽.
85) 〈법안 2〉, No.1569. 1902년 4월 8일, 221쪽.
86) 〈법안 2〉, No.1578. 1902년 4월 25일, 221~222쪽.

정보들을 숙지시켰다. 플랑시는 벨로이에게 신부인 푸아스넬 신부를 통역사로 대동하고, 제주목사와 대정군수를 승선시킬 것을 부탁했다.[87)]

포티에는 두 함장에게 프랑스 함대의 유일한 목표는 신부를 안전한 곳으로 피신시키는 것이라고 통보했다. 그는 플랑시에게 알루에트호가 도착하면 공사의 지휘를 받게 될 것이라는 전보를 보냈다. 동시에 포티에는 25일 해군성 장관에게 전보를 보냈고, 해군성 장관은 외무부 장관에게 그 사실을 통보했다.[88)]

쉬르프리즈호는 30일 제주도 해안에 도착했다. 알루에트호는 29일 오전 제물포를 떠나 31일 제주도에 도착했다. 쉬르프리즈호의 마르네 함장은 신임 목사 이재호와 함께 제주도 해안에 상륙했으며, 프랑스 해병은 제주읍 관청을 수비했다.[89)] 쉬르프리즈호는 30일 정오 제주도 해안에 도달했고, 31일 알루에트호와 함께 항구에 정박했다. 두 함대들은 제주읍의 평화를 되찾았다.[90)] 라크루 신부와 무세 신부가 알루에트호를 방문한 뒤 이재호에게 사태의 전말을 보고했다. 그들은 반란자들에게 겁먹은 유림 대표들이 봉세관의 조력자로 간주된 모든 천주교도들을 그들에게 넘겼다고 주장했다. 또 학살은 쉬르프리즈호가 도착한 30일 중단되었다고 보고했다. 한편 이재호는 알루에트호에 탑승해 있을 때는 기세등등했지만 막상 제주도에 상륙하자 보좌할 군대 없이는 행동하지 않으려 했다. 그러므로 두 함장은 31일 병사 20여명으로 하여금 그를 호위하게 했다. 마르네는 이재호에게 유림 대표들에게 권위를 행사할 것을 요구하였다. 이재호는 반도에게 겁을 주기 위해 대

87) 『근대 한불 외교자료』Ⅰ, 1901년 5월 31일, 169쪽.

88) 『근대 한불 외교자료』Ⅰ, 1901년 5월 28일, 165쪽; 『뮈텔 주교 일기』 3, 1901년 5월 26일, 55쪽.

89) 『뮈텔 주교 일기』 3, 1901년 6월 4일, 58쪽.

90) 『근대 한불 외교자료』Ⅰ, 1901년 6월 28일, 191쪽.

포로 공포 사격을 해줄 것과, 프랑스 병사들이 치안을 유지해줄 것을 요청하였다. 함장은 상륙 부대 일부에게 6월 1일 읍성 근처에서 훈련을 하라는 임무를 하달했다. 이재호는 마르네가 육지에 상륙하자 반도들을 체포하라는 포고령을 게시하기로 결심했다. 이재호는 자신에게 호위병을 붙여달라고 요구했고, 마르네는 쉬르프리즈호 선원 24명과 장교 한 명을 상륙하여 경호하게 했다. 한편 샌즈는 6월 2일 100명의 강화 진위대 군인들과 챠챠푸호(Chow-Chow-fu)를 타고 제주 해안에 도착하였다. 그들은 쉬르프리즈호로 제주도에 상륙했다. 프랑스 함대는 치안이 회복되었다고 확신하자, 그들을 아문의 경비대에게 맡기고 군함으로 복귀했다. 마르네는 북풍이 불자 정박지를 떠났다. 쉬르프리즈호는 제물포를 향해 출항하였고, 알루에트호는 목포로 향했다.[91]

마르네는 3일 목포에서 플랑시에게 '선교사들을 무사히 구출. 우리의 개입이 학살을 저지하는 데에 유용했음.'이라는 내용의 전보를 보냈다. 쉬르프리즈호는 3일 저녁 제물포에 도착하였고, 마르네는 플랑시를 방문하겠다고 통보했다.[92] 플랑시는 그날 오후 뮈텔 주교에게 프랑스 군함의 입항으로 제주도에서 학살은 중단됐고 신부도 무사하다고 통보했다.[93]

포티에는 제물포에서 6월 5일 플랑시에게 '쉬르프리즈호의 함장이 제물포에서 5일자로 전보를 보내왔음. 우리가 개입하여 신부들을 구하였고 격렬한 국지전을 중지시켰음. 무력을 사용하지는 않았으나 필요한 도움은 제공하였고, 목사가 단호하게 행동하도록 만들어야 했음.

91) 『근대 한불 외교자료』Ⅰ, 1901년 6월 12일, 181쪽.

92) 『근대 한불 외교자료』Ⅰ, 1901년 6월 4일, 175쪽.

93) 『뮈텔 주교 일기』 3, 1901년 6월 3일, 58쪽; 1901년 6월 4일, 59쪽; 1901년 6월 7일, 60쪽.

미국인 황실 고문은 질서를 바로잡기 위한 우리의 우정 어린 협력으로 도출된 결과를 확인하고 만족스러워하였음. 신부들은 현재 정부의 보호 하에 머무르고 있음.'이라는 내용의 전보를 보냈다.[94]

그 뒤 제주민란이 종식되지 않자 알루에트호는 6월 9일 제주도에 재차 입항했다. 벨로이 함장은 제주목사와 샌즈에게 민군 지도부를 체포하여 엄벌에 처할 것을 강력히 요구했다.[95] 무세 신부는 6월 10일 교도들과 함께 알루에트호를 타고 목포에 도착한 뒤 뮈텔 주교에게 전보를 보내 반란군의 학살 계속과 읍내 포위, 군인의 무기력 등을 통보했다.[96]

플랑시는 알루에트호의 전보와 샌즈의 지원군 요청의 통지문을 받았다.[97] 플랑시는 제주민란이 종식되지 않았다는 사실을 인지했다. 그러나 그는 델카세 외무장관에게 더 이상의 프랑스의 군사개입을 반대한다는 의견을 피력했다.

> 제주민란은 우리와는 더 이상 관련이 없습니다. 우리의 임무는 프랑스 신부들의 목숨을 구하는 것이었습니다. 제주도에서 질서를 재정립하는 것은 대한제국 정부의 몫입니다.[98]

플랑시는 프랑스의 제주민란에 대한 추가 개입을 반대했다. 그런데 그의 우려와는 달리 제주민란은 조기에 진압됐다. 정부군은 민군을 무력으로 진압하고 6월 13일 민군의 지도부를 체포했다. 6월 15일 서울로 귀환한 샌즈도 뮈텔에게 신부들은 안전하며 반란은 종료됐다고 통보했다.[99] 대한제국 정부도 민란의 종료를 인정했다. 고종은 "제주 찰

---

94) 『근대 한불 외교자료』Ⅰ, 1901년 6월 7일, 177쪽.

95) 박찬식, 앞의 책, 272쪽.

96) 『뮈텔 주교 일기』 3, 1901년 6월 10일, 61~62쪽.

97) 『뮈텔 주교 일기』 3, 1901년 6월 11일, 62쪽.

98) 『근대 한불 외교자료』Ⅰ, 1901년 6월 12일, 182쪽.

리사가 정부에 보고한 것을 보니, 괴수를 체포했고 사람들도 모두 해산하였다고 한다. 찰리사가 죄인을 사핵하되 협박에 의해 추종한 자는 용서하라. 걱정거리가 없는 곳에 많은 군대를 주둔시킬 필요는 없으니 철수하게 하라."고 지시하였다.[100]

프랑스 해군의 최종적 입장은 6월 하순에 드러났다. 포티에는 제물포에서 6월 19일 해군성에 전보를 보냈다.

> 기독교인들이 일부 담당한 세금 징수 문제로 고위 관리에 의해 야기된 소요는 정부만이 아니라 기독교인들 역시 겨냥한 것. 살육은 쉬르프리즈호의 모습이 해안에 나타난 30일에 중단. 제주목사 이재호의 서면 요청에 따라 쉬르프리즈호 함장은 상륙 부대와 2문의 포를 하선시키고 병력 25명을 육지에서 밤을 보내게 했음. 곧바로 질서가 확보되었음. 포함은 3일에 떠났음. 9일 수리측량 임무를 위해 되돌아온 알루에트호가 다시 소요 상황을 발견함. 이재호는 설득으로 대응할 것을 명했으나 샌즈는 알루에트호에게 목포에 가서 강력 대응 허가를 요구하는 전보를 발송해줄 것을 부탁함. 기독교인 50명을 태운 알루에트호는 11일 제주도로 되돌아갔음. 6월 19일 현재 섬 전체가 평온한 것 같다고 함. 본인은 24일경 도착할 알루에트호를 기다리고 있음.[101]

포티에는 6월 19일로서 제주민란의 종료를 선언했다. 그것은 프랑스 해군의 제주민란 대책에 대한 최종적 입장을 드러낸 것으로 평가된다.

한편 플랑시는 프랑스 군함의 유용성을 인정했다. 그는 델카세에게 향후 유사한 사건이 재발할 경우 프랑스의 즉각적인 군사개입을 건의했다. 플랑시는 제주도에 부재중이었던 신부들이 제주도로 돌아가는 즉시 군사 원정을 기도했다면, 민란은 천주교도들에게 몇 차례 가벼운

---

99) 『뮈텔 주교 일기』 3, 1901년 6월 16일, 63쪽.

100) 『고종실록』 권41, 광무 5년 6월 15일.

101) 『근대 한불 외교자료』 I, 1901년 6월 19일, 185쪽.

박해가 가해지는 것으로 끝났을 것이라는 의견을 개진했다.[102] 그 뒤에도 그는 대한제국 정부도 프랑스의 강경한 조치를 지지한다며 자신의 주장을 합리화했다.

> 제주민란 진압에 대한 지지부진함을 미리 알았더라면, 처음부터 반도들에게 무력을 사용하는 편이 나았으리라고 생각합니다. 대한제국 정부는 프랑스 군함의 강력한 조치를 대한제국에 대한 각별한 봉사로 간주하며 전적으로 감사하고 있습니다. 황제는 두 함장을 치하하셨으며 표훈원도 훈장 수여를 청원했습니다. 프랑스는 대한제국의 중앙 권력의 진정한 보호자였습니다. 그 같은 사태가 재발한다면 행정적이거나 법적인 해결책을 기대해서는 안 될 것 같습니다. 제주민란도 반도 진영을 포격으로 해산시키고, 수장들을 체포하여 처형하고, 제주 당국으로부터 배상금을 받아내면 혼란의 시기를 끝내게 될 것입니다. 우리가 차후에 해야만 했던 그 여러 가지 요청들도 불필요해질 것입니다. 대한제국에서는 그런 조치들이 매우 자연스럽습니다. 대한제국 정부는 군대의 파견이나, 군대 이동에 드는 비용 때문에 프랑스에게 사의를 표했습니다.[103]

플랑시는 대한제국에서 발생하는 민란에 대처하는 방식에 대해 행정적, 법률적인 해결책을 반대하고, 군함을 동원한 포격 해산, 지도부 처형, 지방 당국으로부터 배상금 회수 등을 제시했다. 플랑시는 프랑스는 강경한 군사적 개입으로 대한제국 황실의 보호자가 될 수 있다고 주장했다. 그는 프랑스는 민란 진압으로 대한제국에 큰 영향력을 행사할 수 있다고 본 것을 의미한다. 다른 유럽 국가의 시각도 비슷했다. 오스트리아 외교사절은 프랑스는 제주민란이 발생하자 신부와 가톨릭 교도의 보호라는 구실로 군함을 파견한 바, 그것은 프랑스가 대한제국에서의 정치적 세력 확장에 관심이 있다는 것으로 해석했다.[104]

---

102) 『근대 한불 외교자료』Ⅰ, 1901년 6월 28일, 189쪽.

103) 『근대 한불 외교자료』Ⅰ, 1901년 11월 6일, 201~202쪽.

3) 제주민란 재판에 대한 개입

정부군은 민군을 무력으로 진압하고 6월 13일 민군의 지도부를 체포했다. 플랑시는 대한제국 정부가 반도들에게 강력한 무력을 사용하여 민란을 종식시켰다고 평가했다. 플랑시는 대한제국 정부는 제주민란을 확실하게 진압할 목적으로, 주모자들을 서울로 압송해 재판을 받게 할 것으로 예측했다.[105] 동시에 플랑시는 지도부가 중죄로 처벌받을 것을 기대했다.

한편 민군 편에 섰던 제주도민은 연일 제주 관아에 몰려가 찰리사에게 주모자에 대한 선처를 호소했다. 그에 의정 윤용선은 7월 12일 제주민란은 1명의 찰리사가 처리할 사안이 아니라고 지적하고, 법부에서 주모자, 추종자를 신문하도록 할 것을 건의하여 고종의 윤허를 받았다.[106] 그 결과 민군지도부는 7월 18일 서울로 압송됐다.

뮈텔 주교는 플랑시 공사에게 제주민란 지도자에게 엄벌을 내리도록 영향력을 행사할 것을 요청했다. 뮈텔은 라크루 신부가 가져온 96명의 범인 명단을 플랑시에게 전달했다.[107] 플랑시는 외부대신 박제순에게 제주민란 때 범인의 명단을 건네주며 신속한 재판을 요구했다. 또 그는 제주도 거류 프랑스 신부의 피해물의 목록도 건네줬다.[108] 두 달 뒤 플랑시는 외부대신에게 제주민란의 심각성과 대한제국의 책임을 추궁했다. 즉 프랑스인의 생명과 재산을 지키기 위해 필요한 보호 조치를 취하지 않은 책임을 의미했다. 그는 신부들이 입은 손해액으로

---

104) 『韓國近代史에 對한 資料』, 1901년 7월 12일, 447~448쪽.

105) 『근대 한불 외교자료』Ⅰ, 1901년 6월 28일, 187쪽.

106) 『고종실록』 권41, 광무 5년 7월 12일.

107) 『뮈텔 주교 일기』 3, 1901년 7월 20일, 73쪽; 1901년 7월 24일, 74쪽.

108) 〈법안 2〉, No.1468. 1901년 7월 30일, 140~141쪽.

4,160원과 반군에게 살해당한 라크루 신부의 하인의 가족에게 1,000원을 지불할 것을 요구했다. 플랑시는 외부대신이 자신의 요구에 이의를 제기하지 않음을 보고 배상문제의 해결을 낙관했다. 7월 27일부터 평리원에서 재판이 열렸다. 재판에는 공사관에서 파견한 대리인과 제주도에서 올라온 신부 한명이 배석했다. 샌즈와 크레마지는 배심원의 자격으로 재판에 참석했다. 플랑시는 샌즈와 크레마지의 참석에 대해 법 집행에 좀 더 공정성을 기하기 위한 황제의 의중으로 해석했다.[109] 샌즈는 라크루 신부를 증인으로 소환했다. 7월 31일에는 대정군수에 대한 재판이 열렸고, 8월 2일과 3일에도 재판이 열렸다. 8월 8일에는 재판을 참관하려는 일본인과 그들의 재판 참관을 불허하려는 샌즈 사이에 충돌이 있었다.[110]

한편 경부협판 이근택은 10월 1일 구영조의 후임으로 평리원재판장에 취임했다. 플랑시는 이근택의 평리원재판장 취임에는 정치세력 간의 알력이 개재되었다고 인식했다.

> 일부 관리들은 이번 일로 자신들의 이득을 취할 기회만 호시탐탐 엿보았습니다. 소요의 원인을 황제의 총애를 받는 일부 고관들에게 돌려, 그들을 반란의 원인이 된 징세 조치의 책임자로 만들면서 말입니다. 파벌을 주도하는 이들은 자기 진영을 확대하는 노력을 기울여야 했고, 점차 정부 구성원들 대부분이 표적이 된 인물들에 대한 적대감이나, 천주교도들에 대한 해묵은 증오 때문에 반대 진영에 줄을 섰습니다. 그 결과 황실의 적절한 조처들은 약화되었고, 죄인들의 체포와 재판을 가로막는 족쇄들을 떨쳐내기가 어려워졌습니다. 결국, 이는 황제의 주변까지 전파되었고, 채구석은 황제 주변에서 변호인들을 구했으며, 그를 구하기 위한 막강한 영향력이 행사되자 법적 억압은 매우 위태로워졌습니다.[111]

109) 『근대 한불 외교자료』 I, 1901년 9월 20일, 193쪽.
110) 『뮈텔 주교 일기』 3, 1901년 7월 28일, 74쪽; 1901년 7월 31일, 76쪽.

플랑시는 황실 측근인 이용익과 이근택 간의 권력투쟁이 전개되고 있다고 인식했다. 그는 내장원경 이용익이 황제의 총애로 막강한 권력을 행사하고 있으며, 이용익에 적대적인 정치세력은 이근택을 중심으로 결집하고 있다고 인식했다. 또 그는 반이용익 세력은 이용익에게 제주민란의 책임이 있다고 맹렬히 공격한다고 파악했다. 플랑시는 이근택은 피고들, 특히 대정군의 지방관들에게 호의적일 것으로 추측했다. 한편 플랑시는 이근택의 평리원재판장 취임에 대해서는 제주사건을 종결시킬 의도라고 해석했다. 실제 고종은 샌즈가 북부 국경지대를 시찰차 북방으로 가야 했기 때문에 15일 내로 재판을 종결할 것을 지시했다.[112] 그 뒤 샌즈는 검찰사 이학균과 함께 1901년 10월부터 1902년 2월까지 모든 국경지대를 시찰하며 공금 유용 등 비리에 연루된 장교를 적발하여 군기를 확립했다.[113] 플랑시는 황제의 신속한 재판 종결 의지를 인지하자 샌즈와 크레마지에게 재판참석을 요청했다.

최종 재판은 10월 9일 열렸다. 평리원은 『대명률』과 『대전회통』에 의거하여 오대현, 이재수, 강우백에게는 사형, 다른 네 피고인에게는 15년과 10년의 징역, 가담 정도가 경미한 세 피고인에게는 80대의 장형을 선고하였다.[114] 10월 9일 재판으로 3명의 지도자가 처형됐다. 대정군수 채구석에 대해서는 최종 선고가 유보됐다. 샌즈와 크레마지는 채구석의 유죄를 주장했다. 뮈텔도 고종의 측근인 현상건에게 대한제국 정부가 대정군수, 지도군수 등 명백한 죄인을 처벌하지 않는 등 불공정한 재판을 한다고 항의했다.[115]

111) 『근대 한불 외교자료』Ⅰ, 1901년 11월 6일, 201~202쪽.

112) 『뮈텔 주교 일기』 3, 1901년 10월 4일, 85~86쪽; 1901년 10월 6일, 86쪽; 1901년 10월 8일, 86쪽.

113) 『元帥府奏本附』(奎, No.17784), 奏本第194號, 光武 5년 12월 17일.

114) 『고종실록』 권41, 광무 5년 10월 9일.

크레마지와 샌즈는 채구석의 교수형을 주장했다. 플랑시는 반란의 주된 책동자로 지목한 채구석의 처리에 대해 강한 불만을 표명했다. 그는 판사들이 추가 심리를 한다는 구실로 채구석을 가두고만 있는 것은 채구석의 막강한 영향력 행사 때문으로 추측했다. 그는 채구석에 대한 확고한 증언들을 신뢰했으므로 새로운 증언을 기다린다는 법정의 입장을 비판했다. 외부대신은 채구석에 대한 판결 유보를 사유로 플랑시에게 판결 결과를 공식 통보하지 않았다. 플랑시는 설령 재판 뒤에 황제가 관용을 베풀지라도 일단 채구석에 대해서는 형식적으로나마 사형선고를 내리기를 기대했다. 그것은 그 조치가 제주도민들에게 끼칠 영향을 기대했기 때문이었다. 그러나 그는 그 사안에 대한 개입을 기피했고, 델카세에게 사태의 추이를 기다릴 것이라고 보고했다.[116]

프랑스 정부는 신중한 입장을 보였다. 델카세 외무장관은 채구석이 어떤 처벌도 받지 않은 것에 유감을 표명하면서도, 그 재판에 대한 플랑시의 조심스런 태도에 찬동했다. 델카세는 플랑시에게 1902년 1월 체결된 영일동맹으로 대한제국 내에서 소요가 재발할 경우 프랑스는 영국, 일본의 입장을 고려해야 한다고 지시했다.[117] 그 뒤 대한제국정부는 1902년 8월 채구석 등에 대해 감형조치를 내렸다. 플랑시는 대한제국 외부에 그 조치를 일방적 감형이라고 항의했다.[118] 그러나 그의 항의는 1회성에 그친 것으로 보아 강도가 약했던 것으로 보여진다.

---

115) 『뮈텔 주교 일기』 3, 1901년 10월 13일, 87쪽; 1901년 10월 25일, 92쪽.

116) 『근대 한불 외교자료』 I, 1901년 11월 6일, 201~202쪽.

117) 『근대 한불 외교자료』 I, 연월일 미상, 203쪽.

118) 〈법안 2〉, No.1630. 1902년 8월 19일, 249~250쪽.

4. 맺음말

1장은 프랑스 외교관은 제주민란을 어떻게 인식했는지를 분석했다. 프랑스는 제주민란의 주원인을 봉세관의 과도한 징세로 인식했다. 프랑스 측은 천주교도 일부가 봉세관의 보조인으로 고용되었음을 인정한다 해도, 그 수가 극소수여서 제주도민에게 큰 피해를 입히지 않았다고 인식했다.

프랑스 외교자료에서 제주민란의 개시 시점은 명확하게 기술되어 있지 않다. 그렇지만 프랑스 신부가 5월 8일경에도 제주의 소요를 심각하게 여기지 않은 것을 볼 때, 프랑스 측은 5월 9일의 제주본당 피신 사건을 제주민란의 개시 시점으로 인정한 것으로 추정된다.

제주민란 때 민군과 교도는 모두 총기로 무장했다. 교회 측은 자신들의 무장시기를 민군이 일본인으로부터 무기를 공급받은 다음 날, 즉 5월 16일로 기록하고 있다. 그러나 실제 교도의 무장화는 총기를 사용하며 민란 지도부에 대해 강력한 공세를 펼친 5월 12일 이전인 것으로 추정된다. 제주민란이 무장투쟁으로 선회한 계기에 대해서는 5월 14일 대정성에서 무장한 천주교도의 포격으로 인한 주민피살로 보는 비교회측 주장과 대정성 군민의 선제 총격에 기인했다고 보는 교회측 주장이 맞서고 있다. 그런데 프랑스 외교자료를 통해 교도가 선제 총격을 시도했던 것을 알 수 있다.

프랑스는 제주민란의 주도자에 대해서는 대정군수 채구석을 지목했다. 프랑스는 채구석은 자신의 소득을 가로챈 봉세관을 증오하여 소요를 사주했다고 인식했다. 또 프랑스는 상무사가 반천주교 단체라고 인식했다. 프랑스는 채구석이 상무사를 동원하여 제주민란을 사주했다고 단정했다. 그에 따라 플랑시는 외부대신 박제순에게 채구석을 제주 민란의 수괴로 지목하는 범인 명단을 통보했다.

프랑스는 일본의 제주민란 개입문제에 대해서는 어떻게 판단했는지를 분석했다. 라크루 신부는 제주민란은 민군이 일본인과 결탁하여 교회를 공격한 것으로 단정했다. 플랑시도 일본인들이 제주민란과 연관이 있다고 인식했다. 그것은 프랑스 군함 함장의 보고, 샌즈의 통보, 일본 신문의 제주민란에 대한 논조 때문이었다. 플랑시는 하야시 일본 공사가 제주민란 처리에 개입하고 있다고 인식했다. 플랑시는 일본의 의도는 대한제국을 혼란에 빠뜨린 뒤 자국민을 보호한다는 구실로 한반도에 파병을 증대시키려는 것이라고 판단했다. 플랑시는 일본의 개입을 예측했으므로 본국 정부에 제주민란에 대한 프랑스의 추가 개입을 반대했다.

2장은 프랑스 외교관은 제주민란에 어떻게 대응했는지를 분석했다. 뮈텔 주교는 1901년 5월 13일 부산의 한 신부로부터 제주에서 소요가 발생했다는 전보를 받자 플랑시에게 프랑스 신부의 보호를 요청했다. 플랑시는 당일 대한제국 외부에 제주소요를 통보하고 정의군에 거주하는 프랑스 신부의 신변보호를 요청했다. 대한제국 외부는 15일 플랑시에게 신부들을 보호할 것을 약속했다. 그러나 플랑시는 순검들이 제주로 가지 않았다는 것을 인지하자, 재차 외부에 프랑스인의 생명을 보장해줄 것을 요청했다. 그런 중 뮈텔은 플랑시에게 무세 신부의 피살설을 통보했고, 플랑시는 그 사실을 대한제국 정부에 통보했다. 고종은 프랑스 신부의 피살설에 큰 충격을 받고 이재호를 제주목사로 임명했다. 민군이 5월 28일 학살을 개시하자, 플랑시는 당일 대한제국 정부에 무력진압을 요청했다. 그에 고종은 31일 박용원을 안핵사로 제주에 파견했으며, 궁내부고문 샌즈에게 군인들을 데리고 제주도로 떠날 것을 명령했다. 그 뒤에도 고종은 수원 군사 200명과 경관들의 추가 파병을 지시했다. 그에 플랑시는 대한제국 정부의 진압의지를 인정했다. 대한제국 정부는 제주민란이 종식된 뒤에도 유사시를 대비하여 제주읍에 수백 명의 진위대를 배치했다. 그에 대해 플랑시는 프랑스 신부들과 천주교도들은 다시 공격받지 않게 되었다고 긍정적으로 평가했다. 또 그는 외부에 천주교도의 종교자유를 보장하는 방을 부착할 것과 신부들의 피해보상을 요구했다.

플랑시는 5월 23일 무세 신부의 피살설을 입수하자 포티에 해군 제독에게 제주도에 군함을 파송할 것을 요청했다. 포티에는 알루에트호와 쉬르프리즈호를 제주도로 출동시켜 두 신부를 구출하라고 지시했다. 쉬르프리즈호는 30일, 알루에트호는 31일 각각 제주도에 도착하여 프랑스 신부들을 보호하고 민군의 교도 학살을 저지했다. 두 함장은 프랑스 병사들로 하여금 제주목사 이재호를 경호하게 했다. 샌즈도 6월 2일 군인들과 제주에 도착하였다. 프랑스 함대는 치안이 회복되었다고 확신하자 3일 제주를 떠났다. 그 뒤 알루에트호는 제주민란이 종식되지 않자 6월 9일 제주도에 재차 입항했다. 벨로이 함장은 제주목사와 샌즈에게 민군 지도부를 체포하여 엄벌에 처할 것을 강력히 요구했다. 플랑시는 제주민란이 종식되지 않았다는 사실을 인지했지만 본국 정부에 더 이상의 프랑스의 군사개입을 반대한다는 의견을 피력했다. 포티에는 6월 13일 민군 지도부가 체포되자 6월 19일 제주민란의 종료를 선언했다.

한편 플랑시는 본국 정부에 향후 유사한 사건이 재발할 경우 즉각적인 군사개입을 건의했다. 그는 대한제국의 민란에 대처하는 방식에 대해 행정적, 법률적인 해결책을 반대하고, 군함을 동원한 포격 해산, 지도부 처형, 지방 당국으로부터 배상금 회수 등을 제시했다. 그는 프랑스는 군사적 개입으로 대한제국 황실에 큰 영향력을 행사할 수 있다고 확신했다.

프랑스는 평리원의 재판에 깊숙하게 개입했다. 뮈텔은 플랑시에게 지도자에게 엄벌을 내리도록 영향력을 행사할 것을 요청하며, 라크루 신부가 가져온 범인 명단을 전달했다. 플랑시는 외부대신 박제순에게 범인의 명단을 건네주며 신속한 재판을 요구했다. 한편 경부협판 이근택은 10월 1일 평리원재판장에 취임했다. 플랑시는 이근택의 평리원재판장 취임에는 정치세력 간의 알력이 개재되었다고 인식했다. 플랑시는 이용익에 적대적인 정치세력은 이근택을 중심으로 결집한 뒤 이용익에게 제주민란의 책임이 있다고 공격하고 있음을 간파했다. 플랑시는 이근택의 평리원재판장 취임에 대해서는 제주사건을 종결시킬 의도로 해석했고, 이근택이 피고들 특히 대정군의 지방관들에게 호의적일 것으로 우려했다.

10월 9일 재판으로 3명의 지도자가 처형됐지만, 대정군수 채구석에 대해서는 최종 선고가 유보됐다. 뮈텔은 고종에게 대한제국 정부가 불공정한 재판을 한다고 항의했고, 플랑시도 반란의 주된 책동자로 지목한 채구석의 처리에 대해 강한 불만을 표명했다. 플랑시는 제주민들에게 끼칠 영향을 고려하여 채구석에 대해 사형선고를 내리기를 기대했다. 그러나 영일동맹을 의식한 프랑스 외무장관 델카세는 플랑시에게 프랑스는 영국과 일본의 입장을 고려해야 한다고 지시했다. 그 뒤 플랑시는 대한제국 정부가 채구석 등에 대해 감형조치를 내리자 형식적인 항의를 하는데 그쳤다.

3부

프랑스가 본 일제의 대한정책

7장
프랑스의 통감 정치 인식

1. 머리말

이토 히로부미(伊藤博文)는 메이지유신의 주역으로 일본의 근대국가 수립을 주도한 인물이었다. 그는 일본 국왕의 정치고문으로서 일본 내각제도의 창설을 주도했고, 수차 내각총리대신을 역임했다. 그는 청, 러 등 외국과의 협상에 깊숙이 관여하여 당시 동아시아 국제정치에서 차지하는 비중이 높았다. 이토는 메이지헌법을 기초하여 근대 일본의 국민국가를 일본 국왕의 제국으로 전환시킨 정치가였으며, 대외적으로는 일본의 식민지 확장 정책의 정당성을 강조했던 제국주의자였다.[1)]

이토는 청일전쟁 당시 총리대신으로서 조선의 보호국화를 추진했고, 1898년 초 러일협상 때는 만주와 한반도의 교환을 제의하기도 했다. 이토에게 있어 한반도는 병탄의 대상에 불과했다. 그럼에도 불구하고 이토는 1898년 8월 대한제국을 방문하여 고종 및 정부대신들에게 한·일의 제휴를 역설했다. 이때 이토는 한국 정부에 경부철도부설권의 허여를 강력히 요구하여 관철시켰다. 이토는 1904년 3월 특파대사

---

1) 박환무, 「伊藤博文의 帝國과 臣民」, 『아시아문화』 14, 한림대학교 아시아문화연구소, 1999, 147~152쪽.

자격으로 두번째 한국을 방문하여 일본과의 제휴에 소극적인 고종에게 일본군에 적극 협조할 것을 강요했다. 동시에 이토는 한국의 정세를 파악한 뒤 대한정책을 구상하여 일본 정부에 건의했으며, 일본 정부는 이토의 의견을 기초로 5월 대한정책의 기초인 '대한방침', '대한시설강령' 등을 마련했다. 이토가 세번째로 한국을 방문한 것은 1905년 11월경으로서 '을사조약'을 체결하기 위해서였다. 그는 고종과 정부대신을 협박하여 한국의 외교권을 일본의 손아귀에 집어넣었고, 한국을 일본의 보호국으로 강제 편입시켰다.

일본은 1905년 통감부 및 이사청관제를 공포하여 1906년 1월 주한 일본 공사관을 폐쇄시키고, 2월 서울에 통감부를 설치했다. 이토는 1905년 12월 21일자로 통감에 임명되었지만 1906년 3월 실제 직무를 수행하기 시작했으며 1909년 6월까지 재임했다. 이토는 초대 통감으로서 일본 국왕의 절대적인 신임을 얻어 군대지휘권까지 행사했다. 이토는 부임 초 한국의 영토 보전과 황실의 안전 보장을 약속했으며, 한국을 성심성의껏 지도하여 세계의 문명국으로 만들겠다고 한국민을 회유했다.

이토는 처음에는 한국인 대신과 일본인 고문을 이용하여 한국 내정에 개입했지만 '정미조약'을 체결한 뒤에는 직접 통치에 나섰다. 이토는 '정미조약'의 체결로 한국의 행정 · 사법 · 행형 · 경찰 · 군사 등 내정의 전권을 장악하게 되었다. 이토는 한국 정부의 법령 제정에 동의, 승인권을 행사함으로써 한국의 황제권을 해체시켰다. 이토는 외교는 물론 내정을 장악함으로써 한국 국정의 실질적인 최고통치자가 됐다. 그러므로 이토의 정책은 '정미조약' 체결을 기점으로 전기정책과 후기정책으로 구분할 수 있다. 이토는 재임기간 동안 97회의 시정개선 협의회를 개최하여 249건의 안건을 의결했다. 이토는 자신의 정책에 대해 국내외에서 어떻게 평가하는지에 대해 큰 관심을 보였다. 특히 이토는 한국의 병합에 대한 열강의 반응을 예민하게 의식했다. 미국, 영국, 프랑스, 러시아 등 한국에 이해관계가 있는 열강도 이토의 정책을 예의 주시했다. 따라서 열강이 이토의 대한정책을 어떤 시각으로 보았고, 어떻게 대응했는지를 분석하는 것은 매우 중요한 과제라 할 수 있다.

이토의 활동에 대해서는 많은 연구 성과가 축적되었다. 기존 연구들은 대체로 이토의 대한정책, 헌법 제정, 사법정책 등에 집중됐다.[2] 이토의 대한정책의 목표에 대해서는 보호국론과 병합론으로 대립하고 있다. 보호국론자는 이토가 사법제도 정비, 중앙은행 설립, 교육 진흥, 식산흥업 등의 '자치육성정책'을 통해 보호국으로서의 한국 지배를 추구했다고 주장했다.[3] 반면 병합론자는 이토는 점진적 한국 병합을 추구했으며, 보호정치를 통해 식민지화의 기반을 마련했다고 주장했다.[4] 한편 열강의 입장에서 이토의 활동을 분석한 연구는 희소한 실정이다. 열강의 입장에서 일본의 한국 병합을 분석한 연구 등에서 이토의 활동이 부분적으로 언급됐을 뿐이다.[5] 그런 중 최근 이토에 대한 영국의 시각을 분석한 연구가 이루어졌다. 이 논문은 영국 외교관들의

---

2) 최근의 이토에 대한 연구동향에 대해서는 이토 유키오, 「이토 히로부미의 한국 통치」, 『한국과 이토 히로부미』, 선인, 2009 참조.

3) 운노 후쿠쥬, 『일본 양심이 본 한국 병합』, 새길아카데미, 2012.

4) 박수연, 「통감 이등박문의 대한정책과 이에 대한 애국계몽파의 인식」, 『한국민족운동사연구』 20, 1998; 한명근, 『한말 한일합방론 연구』, 국학자료원, 2002; 강창석, 『조선통감부 연구 Ⅱ』, 국학자료원, 2004; 오가와라 히로유키, 『이토 히로부미의 한국 병합 구상과 조선 사회』, 열린책들, 2012; 한상일, 『이토 히로부미와 한국』, 까치, 2015.

5) 정상천, 「일제 강점기 동안의 한국독립운동에 대한 프랑스 정부의 정책」, 『한국정치외교사논총』 26-2, 2005; 우철구, 「대한제국 외교정책 속의 프랑스」, 『한불수교 120년사의 재조명』, 국사편찬위원회, 2007; 마르크 오랑주, 「1910년 일본의 조선 병합에 대한 프랑스의 태도」, 『동북아역사논총』 29, 2010.

이토 통감 인식을 분석했다. 이 논문은 영국 외교관들은 관세율의 유지, 치외법권 등의 사안을 예의 주시했으며, 이토가 한일병합에 소극적 입장이었다고 파악했다.[6)]

본 연구는 통감부 시기 프랑스 외교관들은 이토의 한국 통치를 어떤 시각으로 보았는지를 분석하고자 한다. 한 · 일 주재 프랑스 외교관들의 보고서는 프랑스 정부의 대한정책, 대일 정책에 영향을 주었다. 프랑스 외무부 장관은 한 · 일 주재 프랑스 외교관들이 일본 당국에 대해 프랑스 정부가 한국에서 취할 정책방향을 명확하게 제시했다고 평가했다. 프랑스 정부는 1905년 11월 '을사조약'이 체결되자 '을사조약'을 묵인하는 입장을 보였고, 한국의 독립에 무관심한 태도를 견지했다. 프랑스 정부는 '을사조약' 체결 직후 한국 주재 프랑스 공사관을 총영사관으로 격하하는 한편 1905년 12월 플랑시 공사에게 한국에서 철수할 것을 명령했다. 부영사 베르토는 플랑시가 한국을 떠난 뒤 1906년 1월부터 1906년 9월까지 총영사 서리로 재직했다. 베르토는 1905년 5월 고종으로부터 훈장을 받기도 했다. 블랭은 베르토의 후임으로 1906년 9월부터 1909년 9월까지 서울 주재 프랑스 총영사로 재직했다.

본 연구는 먼저 프랑스 외교관들은 통감 이토의 한국인 대응에 대해 어떻게 인식했는지를 분석하고자 한다. 구체적으로 프랑스 외교관들은 이토의 황실에 대한 태도, 정부대신에 대한 입장, 의병전쟁에 대한 대응으로 구분하여 분석하고자 한다. 다음으로 프랑스 외교관들은 이토의 대한정책을 어떻게 평가했는지를 분석하고자 한다. 구체적으로 이토의 전기정책과 후기정책으로 구분하여 분석하고자 한다. 끝으로 프랑스 외교관들은 이토의 한국병합의 입장에 대해 어떻게 인식했는

6) 나라오카 소치, 「영국에서 본 이토 히로부미와 한국 통치」, 『한국과 이토 히로부미』, 선인, 2009.

지를 분석하고자 한다. 구체적으로 프랑스 외교관들은 이토와 군부와의 대립, 이토의 한국병합에 대한 입장을 어떻게 인식했는지를 분석하고자 한다.

2. 이토의 한국인 대응 인식

1) 황실 통제 인식

이토는 보호조약을 체결하고자 1905년 11월 9일 한국을 방문했으며, 17일 고종을 알현했다. 프랑스는 이토와 '을사조약' 체결에 대해 어떻게 인식했을까. 플랑시(Collin de Plancy) 주한 프랑스 공사는 이토는 고종에게 보호조약 체결을 요구했고, 고종은 조약 체결을 완강히 거부했다고 인식했다. 플랑시는 그에 맞서 이토는 하세가와 요시미치(長谷川好道) 주차군 사령관, 하야시 곤스케(林權助) 공사와 함께 군사력을 동원하기로 결정했다고 인식했다. 플랑시는 이토는 고종에게 주한 일본군은 그 어떤 봉기도 제압할 수 있을 만큼 수가 많다고 언급하며 조약 체결을 강요했다고 파악했다.[7] 이를 통해 플랑시는 '을사조약'은 이토의 무력 위협으로 체결되었다고 인식했음을 보여준다.

그 뒤 고종은 '1905년 11월 17일의 협약에 조인하지 않았다'는 내용을 담은 황제의 옥새가 찍힌 서한을 스토리 더글라스(Douglas Story)에게 전달했다. 『런던트리뷴(London Tribune)』지는 그 문서를 게재했고, 베델(E. T. Bethell)이 운영하는 『코리아데일리뉴스(The Korea Daily News)』

---

7) 『근대 한불 외교자료』Ⅰ, 1905년 11월 17일, 295쪽.

도 1907년 1월 16일 그 기사를 게재했다. 그러나 한국 관보는 1월 21일 『코리아데일리뉴스』에 실린 문서가 거짓이라는 선언문을 공표했다. 서울 주재 프랑스 총영사 블랭(T. Belin)은 고종의 서한 사건은 통감부와 한국의 민심에 커다란 동요를 불러왔다고 판단했다. 블랭은 관보의 내용은 고종이 남은 권력마저 박탈당할 것을 두려워하여 통감부의 제안에 복종한 결과라고 단정했다. 블랭은 신문에 보도된 '을사조약'에 대한 반박은 고종의 의사라고 확신했다.[8] 블랭은 고종이 '을사조약'에 반대하는 입장에 변화가 없다고 판단한 것을 보여준다.

고종은 열강에 일본의 불법을 호소하여 열강이 일본의 영향력을 제한해 줄 것을 기대했다.[9] 고종은 궁내부를 통해 내정에 영향력을 행사했으며, 보호정치에 협력하는 대신들을 해직시켰다. 이토는 고종을 고립시키고자 궁내부 제도국 설치, 궁금령의 공포, 궁중과 부중의 분리를 시도했다.[10]

고종은 강압을 일삼는 이토는 물론 이토의 조종을 받는 내각을 불신했다. 이토는 1906년 3월 2일 서울에 도착했고, 9일 통감 업무를 개시했다. 서울 주재 프랑스 부영사 베르토(F. Berteaux)는 본국 정부에 고종은 몸이 불편하다는 이유로 이토의 알현을 거부했다고 보고했다. 이토는 3월 9일 알현 석상에서 고종에게 정부, 행정체계, 재정, 농업, 산업, 공공교육 등의 부문에서 시행할 개혁안들을 통보했다. 프랑스는 이토는 고종에게 개혁에 동의하든가 망명자의 귀국을 선택하라고 강박하여 개혁안에 대한 동의 서명을 받아냈다고 파악했다.[11] 프랑스는

---

8) 『근대 한불 외교자료』Ⅱ, 1907년 1월 22일, 24쪽.

9) Peter Duus, *The Abacus and the sword: The Japanese Penetration of Korea, 1895-1910*, University of California Press, 1995, pp.205~206.

10) 서영희, 『한국 정치사연구』, 서울대학교 출판부, 2003, 339~347쪽.

11) 『근대 한불 외교자료』Ⅰ, 1906년 3월 30일, 387쪽.

그 뒤에도 이토가 고종을 압박하는 수단으로 망명자를 활용했다고 인식했다. 이토는 조중응 등의 망명자들을 귀국시켜 고종을 견제하는 한편 자신의 지지기반으로 삼았다.[12] 블랭은 이토는 오래전부터 망명자들을 한국으로 귀국시킬 기회를 엿보았으며, 고종에게 망명자들을 체포하지 않겠다는 약속을 받아내려 한다고 파악했다. 블랭은 내부대신 이지용은 그 같은 약속을 담은 친서를 휴대하고 1906년 11월 일본에 특사로 파견되었다고 이해했다.[13]

이토는 고종이 일본의 대한정책에 강력히 반대하고 있음을 잘 알고 있었다. 그에 이토는 1907년 5월 고종에게 반일을 고취시키고 있음에 유감을 표명하고, 향후 유사한 사건이 발생할 경우 한국에 불이익을 줄 것이라고 경고했다.[14] 그 뒤 고종은 6월 헤이그 만국평화회의에 특사를 파견하여 한국의 독립을 호소하게 했다. 이토는 그 사건을 계기로 황제권을 무력화시키려 기도했다. 블랭은 이토의 동향을 예의 주시했다. 블랭은 이토가 이완용을 통해 고종에게 양위를 강요했다는 첩보를 입수했다. 블랭은 이토가 7월 18일 고종에게 양위하라는 최후통첩을 보낸 결과, 고종은 19일 양위했다고 파악했다.[15] 이상과 같이 블랭은 이토가 헤이그사건을 계기로 고종을 강제 퇴위시켰다고 인식했다. 그에 비해 일본 주재 프랑스 대사 제라르(Gérard)는 고종의 양위는 한국 정부의 자발적 행동에 기인한 것으로 파악했다. 제라르는 본국 정부에 일본 정부와 이토는 고종의 양위에 전혀 개입하지 않았다고 보고했다. 그는 고종의 성품이나 최근의 시도들을 고려해볼 때 '을사조약'

12) 서영희, 앞의 책, 370쪽.
13) 『근대 한불 외교자료』Ⅰ, 1906년 11월 28일, 528쪽.
14) 강창석, 「통감부 설치 이후의 한국 관료층 연구」, 123쪽.
15) 『근대 한불 외교자료』Ⅱ, 1907년 7월 19일, 83쪽.

을 침해하는 사례가 되풀이되는 것을 예방하기가 어려울 것이라고 인식했다. 제라르는 이토는 과거의 잘못을 바로잡기 위해서 한국 정부와 새 협정을 체결하고자 한다고 파악했다.[16]

그 뒤 프랑스는 고종에 대한 이토의 대응을 주시했다. 블랭은 이토가 일본에 우호적인 황태자에게 황위를 계승시켰다고 단정했다. 블랭은 동시에 이토는 궁궐과 군·경의 재정비라는 조치를 취해 고종을 견제했다고 이해했다. 그 결과 밤에 이루어졌던 알현은 오전 10시에서 오후 4시까지로 변경됐고, 알현 장소도 황제의 거처가 아닌 중명전으로 변경됐다고 파악했다. 또 그는 궁인들의 수가 대폭 축소되었고, 궁궐의 보초는 일본군에 맡겨진 것을 인지했다. 블랭은 그 같은 조치로 고종은 순종과의 접촉이 완벽하게 차단당했다고 평가했다. 블랭은 이토는 향후 고종이 정치에 간섭을 할 경우 서울로부터 멀리 떨어진 곳으로 추방할 것이라 예측했다.[17] 프랑스는 이토가 가장 경계하는 고종을 완벽히 정치에서 격리시켰다고 인식한 것을 보여준다.

이토는 '정미조약' 체결을 계기로 외교는 물론 내정을 장악함으로써 한국 국정의 실질적인 최고 통치자가 됐다.[18] 순종은 이토의 결정을 추인하는 허수아비에 불과했다. 이토는 그에 대한 한국민의 비판을 무마하고자 일본 황태자의 한국 여행과 순종의 지방 시찰을 기획했다. 먼저 제라르는 일본 황태자 요시히토 하루노미야(明宮嘉仁)의 방한은 이토가 도쿄에 체류할 때 결정됐다고 인식했다. 즉 이토가 황태자의 방한을 건의하고 일본 국왕은 즉각 그를 수용했다고 파악했다.[19] 요시

16) 『근대 한불 외교자료』Ⅱ, 1907년 7월 25일, 99~101쪽.
17) 『근대 한불 외교자료』Ⅱ, 1907년 8월 6일, 117~119쪽.
18) 서영희, 앞의 책, 363~366쪽.
19) 『근대 한불 외교자료』Ⅱ, 1907년 10월 24일, 141~143쪽.

히토는 가쓰라 다로(桂太郎) 등과 함께 10월 16일 제물포에 도착했고, 순종과 영친왕은 황태자를 맞이하기 위해 제물포로 갔다. 요시히토는 10월 16일부터 10월 20일까지 서울에 머물렀다.

프랑스는 이토가 황태자의 한국 방문을 통해 세 가지 효과를 노렸다고 분석했다. 첫째, 한국 국민으로 하여금 통감부 체제를 신뢰하게 하는 효과를 노렸다고 보았다. 제라르는 한국민은 지난 7월의 사건들로 인해 일본에 등을 돌리고 음모를 꾸미고 있다고 인식했다. 둘째, 프랑스는 이토는 순종에게 한국 황실의 안전을 보장하는 한편 순종의 권위를 세워주려 했다고 분석했다. 제라르는 황태자의 방문은 한국 황실과 신뢰 관계를 맺고자 하는 일본 황실의 결의를 입증하는 것이라고 해석했다. 제라르는 '정미조약'에 한국 황실의 안전을 보장하는 내용이 빠졌음을 지적하고, 일본 황태자의 서울 체류를 통해 한국 황실의 권위를 세워 황실의 불안을 잠재우려 한다고 분석했다.[20] 제라르는 이토가 고종이 계략과 음모에 능한 것을 잘 알고 있으므로 황태자의 방한을 통해 순종에게 국제적 예의를 표함으로써 고종의 후견에서 벗어나게 하려 한다고 인식했다.[21] 셋째, 프랑스는 황태자의 서울 방문은 한국 황태자 영친왕을 도쿄로 보내게 하는 의도라고 분석했다. 즉 이토는 일본 황태자가 한국 황제를 방문한 데 대한 답방으로 영친왕의 방일을 성사시킨 뒤, 학업을 마친다는 구실로 그를 일본에 붙잡아두려 한다고 보았다. 프랑스는 순종이 황태자의 일본 유학에 동의했다고 파악했다.[22] 실제 순종은 그해 11월 19일 영친왕을 일본에 유학보내기로 결

---

20) 『근대 한불 외교자료』Ⅱ, 1907년 10월 24일, 141~143쪽.

21) 『근대 한불 외교자료』Ⅱ, 1907년 10월 3일, 136~137쪽.

22) 『근대 한불 외교자료』Ⅱ, 1907년 10월 3일, 136~137쪽; 『근대 한불 외교자료』Ⅱ, 1907년 10월 24일, 141~143쪽; 『근대 한불 외교자료』Ⅱ, 1907년 10월 20일, 139쪽.

정했다는 조칙을 내렸고, 영친왕은 12월 5일 이토와 함께 한국을 떠났다. 프랑스는 일본 황태자의 한국 방문과 한국 황태자의 일본 유학으로 한·일 황실과 국가의 관계는 긴밀히 진전되었다고 평가했다.[23)]

다음으로 이토는 순종의 지방 시찰을 추진했다. 순종은 1909년 1월 4일 국민의 곤궁한 사정을 살핀다는 명목으로 남부 지방으로의 순행을 공표했다. 순종은 7일 서울을 떠나 대구, 부산, 마산 등 남부 지방을 시찰하고 13일 귀경했다. 순행에는 의정부 대신들은 물론 이토도 수행했다. 그 뒤 순종은 1월 27일 서울을 떠나 평양, 의주, 신의주, 황주, 개성 등 서북부 지방을 시찰하고 2월 3일 귀경했다. 순종이 순행 때 항상 이토에 대한 치사와 일본 국왕에 대한 감사를 표시한 부분은 한국민에게 일본 제국의 체제를 받아들이도록 유도하는 선전의 역할을 했다.[24)] 이토는 순행을 반일세력을 설득하여 자발적으로 체제내로 끌어들이는 데 이용했다.[25)]

프랑스는 순종이 국민의 곤궁한 사정을 타개하겠다고 표명한 것은 진정한 시찰 목적이 아니라고 인식했다. 블랭은 이토가 한국을 안정시키고자 사용한 방법들이 효과를 보지 못했음을 지적하고, 이토는 한국에 대한 지배를 확실히 하고자 극단적 수단도 불사하지 않을 것으로 내다봤다. 블랭은 이토가 순종에게 지방 시찰을 권고한 것은 순종이 궁궐에 갇힌 포로가 아님을 입증하려 한 데 있다고 확신했다.[26)] 한편 제라르는 이토가 순종의 총리대신 혹은 고문인양 보이도록 한 순행은 한국민에게 한국과 일본이 긴밀히 합쳐졌다고 생각하게 하려는 연출

23) 『근대 한불 외교자료』Ⅱ, 1909년 1월 19일, 259쪽.

24) 순종의 남순행에 대해서는 이왕무, 「대한제국기 순종의 남순행 연구」, 『정신문화연구』 107, 2007 참조.

25) 이왕무, 「대한제국기 순종의 서순행 연구」, 『동북아역사논총』 31, 2011, 314쪽.

26) 『근대 한불 외교자료』Ⅱ, 1909년 1월 14일, 255쪽.

이라고 평가했다. 제라르는 일본 국왕의 가장 강력한 고문인 이토가 순종의 순행을 수행한 것은 한·일 황실 및 정부의 친밀한 관계를 확인시켰다고 평가했다.[27] 프랑스는 이토가 순행을 추진한 것은 두 가지 목적이 있다고 분석했다. 첫째, 한·일의 완벽한 조화를 과시하는데 있다고 분석했다. 둘째, 황제를 백성들과 직접 대면하도록 하여 일본이 순종을 잘 보좌하고 있음을 입증하려 한 것이라고 분석했다.

순종의 순행은 이토의 의도와는 반대로 한국민의 반발을 야기했다. 한국민은 순행은 일본의 강요에 의한 것으로서 순종의 의사가 아니라고 판단했다.[28] 블랭은 일본 외교사절과의 대화를 통해 순행은 일본의 강요에 의한 것이었음을 간파했다.[29] 블랭은 순행의 결과에 대해 부정적인 입장을 보였다. 블랭은 남순행과 서순행 뒤 소요는 더욱 거세졌다고 평가했다.[30] 프랑스는 한국민은 이리저리 끌려다니는 유명무실한 국왕을 직접 보고도 아무런 영향을 받지 않았다고 확신했다. 프랑스는 한국민은 순종에 대해 어떤 환상도 가지고 있지 않으며, 애국적 주장을 펼쳤던 고종을 주권의 상징으로 보고 있다고 인식했다. 블랭은 일본 국왕은 이토에게 순종의 순행에 만족한다는 전보를 보냈고, 이토는 일본에서 정치적 입지를 굳혔다고 평가했다.[31]

2) 정부대신 통제 인식

메이지 시기 일본의 정치체제를 확립했던 이토는 궁중과 정부를 분

27) 『근대 한불 외교자료』Ⅱ, 1909년 1월 19일, 259쪽.
28) 운노 후쿠주, 『한국병합사』, 논형, 2008, 415~417쪽.
29) 『근대 한불 외교자료』Ⅱ, 1909년 2월 4일, 264쪽.
30) 『근대 한불 외교자료』Ⅱ, 1909년 2월 14일, 272쪽.
31) 『근대 한불 외교자료』Ⅱ, 1909년 1월 14일, 255쪽.

리한 뒤 내각 중심의 국정 운영을 위해 헌법을 도입하였다.[32] 이토는 통감에 취임한 직후 경찰의 궁정 경비, 궁궐 숙청, 궁중과 부중의 분리를 강행하는 등 황제권 축소에 매진했다. 이토는 한국이 전제군주제를 버리고 내각제도를 채택하기를 희망했다. 이토는 통감이 되기 전에도 한국에 내각 중심의 국정 운영을 권고한 바 있었다. 고종은 의정부 대신들이 내각제도를 추진하자 1904년 3월 내한한 이토에게 국정운영 방식에 대해 자문하였다. 고종은 대신들이 국왕의 국정 관여를 기피한다고 호소했다. 이에 대해 이토는 국정은 모두 내각의 의논을 거쳐 국왕에게 직접 주청, 재가를 구해야 하며 무책임한 측근에 의지하여 국정을 의논함은 극히 불가하다고 응답했다.[33] 이토는 고종과 의정부 대신들간의 논쟁에서 명확히 의정부 대신의 손을 들어주었다. 이 같은 이토의 태도는 한국의 황실과 내각을 분리하여 후자를 전자의 간섭으로부터 벗어나게 하려는 것이었다.

베르토는 한국 대신들의 성향을 수구적이라고 평가했다. 그러므로 베르토는 이토의 개혁이 대신들의 저항에 직면할 것이라고 예측했다. 베르토는 이토가 대신들에 대해 국민의 안녕보다는 과거의 특권에 집착하고 새 질서를 자주독립의 상실로 보는 등 수구적이라는 평가를 내렸다는 것을 인지했다. 베르토는 이토는 현 체제의 개편과 부패관리의 배제를 지향하는 행정개혁안이 스스로를 한국 관리들과 멀어지게 하리라는 것을 알고 있다고 이해했다.[34] 이토는 1906년 3월부터 한국 정부대신들이 참석하는 '시정개선협의회'를 통해 국정에 개입했다. 이토는 대신들에게 한국의 시정개선에 대한 방침을 통보한 뒤 추인받았다.

---

32) 坂本一登, 『伊藤博文と明治國家形成』, 吉川弘文館, 1993, 2~3쪽.
33) 『일공사기록』 22, 1904년 3월 24일, 396쪽.
34) 『근대 한불 외교자료』 I , 1906년 3월 30일, 384쪽.

이토는 대신들에게 시정개선 조치는 한국의 안전을 확고히 하여 독립을 유지하는데 있다고 회유했다.[35] 이토는 고종에게 대신들을 경질할 경우 먼저 통감에게 자문하겠다는 약속을 받아냄으로써 대신들의 신분을 확고히 보장했다. 이토는 97회의 시정개선 협의회를 개최하여 249건의 안건을 의결했다. 그 중 각부 대신들이 이의를 제기하거나 부결시킨 경우는 한 건도 없었다.[36]

프랑스는 이토가 3월 13일 한국의 대신들에게 의정부 회의에 궁내부의 참여를 존속시키려는 것은 잘못된 조치라고 언급했으며, 대신들은 이토가 황실보다는 자신들과 함께 통치를 하려 한다는 것을 깨달았다고 파악했다.[37] 프랑스는 이토가 자신의 시책에 비협조적인 황실을 소외시키고 대신들과 국정을 논의한다는 방침을 세웠다고 이해했다. 프랑스는 개혁적인 이토와 반개혁적인 대신들의 구도를 설정하는 한편 이토가 추구한 내각 교체의 방향과 특징을 주시했다.

의정부 참정대신 박제순은 의병전쟁 등 반일운동이 고조되자 1907년 5월 사직을 결심했다. 박제순은 이토에게 내각 총사퇴에 대해 고종에게 영향력을 행사해줄 것을 간청했으며, 이토의 제의를 수용한 고종은 내각 총사퇴를 재가했다. 이토는 학부대신 이완용을 후임으로 천거했다. 그것은 이완용이 '을사조약' 체결을 적극 찬동하고, 고종의 폐위를 제의하는 등 일본의 대한정책을 추종했기 때문이었다.[38] 그 결과 새로 조직된 내각은 참정대신 이완용, 농상공부대신 송병준, 내부대신 임선준, 군부대신 이병무, 학부대신 이재곤, 법부대신 조중응, 탁지부대신

35) 강창석, 『조선통감부 연구 Ⅱ』, 국학자료원, 2004, 108쪽.
36) 강창석, 「통감부 설치 이후의 한국 관료층 연구」, 『부산사학』 35, 110~117쪽.
37) 『근대 한불 외교자료』 I, 1906년 5월 8일, 403~407쪽.
38) 모리야마 시게노리, 『近代韓日關係史研究』, 玄音社, 1994, 215~216쪽.

고영희 등으로 이루어졌다. 그 중 친일단체인 일진회의 지도자 송병준은 이토에게 고종을 반일운동의 배후로 지목하며 폐위를 제의한 바 있었다.[39] 이완용 내각은 철저히 친일 성향의 인물들로 구성됐다. 프랑스는 새 내각 구성에 대해 어떻게 인식했을까.

> 이토는 황제에게 전학부대신 이완용을 총리대신으로 선택해줄 것을 요청했다. 이완용의 주도 하에 새로운 대신들로만 이루어진 내각이 구성되었는데, 일진회의 리더인 송병준도 내각에 포함되었다. 그는 지금까지 황제가 의정부에서 배제시킨 인물로서, 이번에 농상공부대신 직에 제수되었다. 이토의 직접적인 영향 하에서 구성된 새 내각의 특징은 구성원 전체가 궁정이나 구정치인 집단의 영향을 받지 않는 거의 동질적인 내각이라는 점과, 보호 통치에 헌신적인 내각이라는 점이다. 이완용 내각의 구성은 1905년 11월 17일의 조약 체결 이후 가장 결정적인 사건의 하나로 간주될 수 있으며, 한국 대신들과 통감부 간에 진정으로 긴밀한 협력을 개시하기 위한 행위로 간주될 수 있을 것이다.[40]

이상과 같이 제라르는 이토가 이완용 내각 조직에 강력한 영향력을 행사했다고 평가했다. 제라르는 신내각은 황실의 영향을 받지 않고, 일본의 보호정치를 강력히 지지하는 인물들로 이루어졌다고 분석했다. 또 제라르는 일진회의 지도자의 입각에 주목했다. 블랭도 송병준의 입각을 주시하며, 일진회가 보호국 체제를 적극적으로 옹호하고 있음을 인식했다.[41]

이토는 지속적으로 황제권의 축소와 내정 장악을 기도했다. 그에 따라 이토는 대신들에게 고종에 대한 접근을 자제할 것을 요구했고, 1907년 6월에는 내각관제를 제정했다. 그 결과 의정부 참정대신은 내

39) 강창석, 「통감부 설치 이후의 한국 관료층 연구」, 116쪽.
40) 『근대 한불 외교자료』Ⅱ, 1907년 5월 28일, 64~66쪽.
41) 『근대 한불 외교자료』Ⅱ, 1907년 5월 29일, 62~63쪽.

각총리대신으로 변경됐고, 내각총리대신의 권한은 대폭 강화됐다.[42] 아울러 5월 30일 공포된 의정부 구성에 관한 조칙 제10조에 따라 최소 일 년간 대신직을 수행한 인사들을 위해 6석의 의정부 자리가 신설됐다. 블랭은 그 조치는 5월 23일 사임한 대신들을 의정부에 불러들이려는 이토의 뜻에 따라 취해진 것이라고 분석했다. 블랭은 이토는 보호조약에 서명했던 정부 인사들을 권력에서 멀어지지 않게 하려 한다고 판단했다.[43] 블랭은 이토는 의정부 규정을 개정하여 '을사조약'에 서명했던 대신들을 재입각시켰다고 인식했다. 블랭은 이토가 친일적인 인물들로 내각을 조직하려는 방침을 세운 것을 인식했다.

프랑스는 이완용 내각은 일본 정부에 적극적으로 협력하고 있다고 인식했다. 제라르는 특히 이완용은 취임 이후 줄곧 통감부에 완벽한 충성심을 보이고 있다고 평가했다.[44] 제라르는 이토는 한국 황실이 음모를 꾸며 이완용 내각을 곤경에 빠뜨릴 경우 저항의 여지를 남기지 않을 체제를 창설할 것으로 내다봤다.[45] 제라르는 이토는 헤이그사건을 계기로 한국의 외교는 물론 군사, 경찰, 사법, 재정 및 주요 공공업무의 관리를 장악하기로 결심했으며, 통감부의 지시를 받는 내각의 제도화를 목표로 한국과 협상을 개시했다고 파악했다.[46]

3) 의병전쟁 대응 인식

이토는 고종을 강제 퇴위시킨 뒤 한국의 내정을 완전 장악하기 위해

---

42) 서영희, 앞의 책, 349~351쪽.
43) 『근대 한불 외교자료』Ⅱ, 1907년 6월 2일,
44) 『근대 한불 외교자료』Ⅱ, 1907년 7월 25일, 99쪽.
45) 『근대 한불 외교자료』Ⅱ, 1907년 7월 14일, 76쪽.
46) 『근대 한불 외교자료』Ⅱ, 1907년 7월 25일, 99~101쪽.

7월 24일 이완용 내각과 '정미조약'을 체결하였다. 그에 따라 통감은 한국의 행정·사법·행형·경찰·군사 등 내정의 전권을 장악하게 되었다. 나아가 이토는 8월 한국 군대의 해산을 단행했다. 그에 해산군인을 중심으로 의병전쟁이 전개됐다.

프랑스는 한국민은 '정미조약'에 대해 격렬히 반대한다고 판단했다. 블랭은 의병을 '애국세력들'이라고 표현하는 한편으로 '반란자'라고 지칭했다. 블랭은 군대 해산은 애국을 핑계로 약탈을 일삼는 강도들의 창궐을 부추길 것으로 예상했다. 블랭은 일본 경찰이 없는 지역에 거주하는 일본인들은 생명의 위협을 당함으로써 한국의 평화는 요원하다고 평가했다.[47]

블랭은 한반도 남쪽과 남동쪽 지역에서 활동했던 반란자들이 수도 부근으로 접근하고 있다고 파악했다. 블랭은 정규군은 반란자들과의 전투에게 항상 승리하지는 못한다고 지적하며, 일본의 진압조치가 큰 성과를 내지 못하고 있다고 평가했다. 블랭은 일본 정부가 반란을 진압하기 위해 군의 증강을 시도하고 있다고 이해했다. 블랭은 불과 2년 전만해도 일본인은 무기 없이 한국을 안전하게 여행할 수 있었지만, 지금은 중심가에서 몇 킬로 떨어진 지역에 가는 것도 위험하다고 판단했다. 블랭은 일본인들이 권력을 방패삼아 자행한 수탈과 강탈 행위는 한국 국민을 분노케 했으며, 한국 국민 대다수를 폭동으로 내몰았다고 해석했다. 블랭은 한국민은 일본의 폭정에 수동적으로 지배당하지 않으려 한다고 평가했다. 블랭은 이토가 한반도에서 평화를 가져오기 위해서는 오랜 시간이 흘러야 할 것으로 예측했다.[48] 프랑스는 의병전쟁의 고조는 일본인의 불법행동에 기인한 것이라고 단정했다. 그리고 의

47) 『근대 한불 외교자료』Ⅱ, 1907년 8월 12일, 121쪽.
48) 『근대 한불 외교자료』Ⅱ, 1907년 9월 24일, 135쪽.

병의 전투력이 날로 강해져 일본에 큰 위협이 되고 있다고 평가했다.

의병 지도부는 의병을 국제법상 교전단체로 선언했다. 이토는 타국이 의병을 국제법상 교전단체로 승인하고 한·일 사이에서 중립을 선언하는 것을 매우 경계했다. 의병이 국제법상 교전단체로 승인을 받을 경우 일본은 국제법에 위배되는 행동을 억제해야 하며, 의병을 반란자가 아닌 전쟁포로로 대우해야 했다. 또 제3국이 한·일간에 중립을 선언하는 사태가 발생할 경우, 일본은 외채 조달에 곤란을 겪을 가능성도 배제할 수 없었다. 이토는 영국 정부가 일본이 의병을 진압하는 과정에서 사용한 가혹행위의 실태를 조사하고 있음을 인지했다. 그에 이토는 외국에 대해 의병을 폭도라고 선전했다.[49] 한편으로 이토는 강경수단을 통해 의병을 진압하고자 했다.[50] 이토는 의병을 진압하고자 주차군 사령관의 예하부대를 출동시키고, 별도로 1개 사단의 한국 파병을 요청했다.

제라르는 이토가 일본에 체류하는 동안 의병을 완전 진압하기 위해 새로운 군대를 파병해줄 것을 요청했음을 간파했다.[51] 제라르는 이토는 설득과 유화의 수단을 선호하지만 자신에게 부과된 이 '고통스런 과제'를 부득이 받아들일 것으로 보았다. 제라르는 이토가 이듬해인 1908년 5월에도 의병을 완전 진압하기 위해 2개 연대의 추가 파병을 요청했다고 인식했다. 제라르는 그 결과, 일본 정부는 1908년 봄부터 반란에 대한 진압작전을 강력히 시행했으며, 작전을 담당했던 제13사단을 구마모토에 사령부를 두고 있는 제6사단으로 교체했다고 파악했다.[52] 프랑스는 의병전쟁의 고조가 일본인의 불법행동에 기인한 것을

49) 『한국병합사』, 401~407쪽.
50) 모리야마, 앞의 책, 235쪽.
51) 『근대 한불 외교자료』Ⅱ, 1907년 10월 3일, 136~137쪽.

명백히 인식했음에도 불구하고 의병을 반란자라고 지목했다. 나아가 프랑스는 이토의 강경 진압에 대해 고통스런 과제로 평가하며 두둔한 것을 보여준다.

3. 이토의 대한정책 인식

1) 전기정책 인식

일본 정부는 러일전쟁에서 승기를 잡자 1904년 5월 31일 '대한시설강령'을 결의했다. '대한시설강령'은 외교권 박탈, 일본군 주둔, 재정권 장악, 교통 및 통신의 인도, 척식 등 한국을 보호국으로 편입하려는 목표를 드러냈다. 통감부는 '대한시설강령'의 방침을 충실히 계승했다.[53]

이토는 정부, 행정체계, 재정, 농업, 산업, 공공교육 등의 부문의 개혁을 추진했다. 프랑스는 이토가 통감으로 부임하기 직전인 1906년 1월 기자회견에서 한국 재정의 능력을 증대시키고자 농업 발달, 삼림 개간, 도로와 다리 건설, 산업발달 촉진 등을 강조했다는 것을 인지했다.[54] 이토는 통감에 취임한 직후 박제순 내각에 한국의 경제적 부를 보장하기 위한 농업, 상공업 대책을 제시했다. 한국의 대신들은 이토의 제안에 동의했고, 고종도 그에 동의했다.[55] 이후 이토는 한국의 시정개선 및 기업 자금의 명목으로 일본 흥업은행으로부터 1,000만원의

52) 『근대 한불 외교자료』Ⅱ, 1908년 9월 28일, 215쪽.
53) 모리야마, 앞의 책, 208쪽.
54) 『근대 한불 외교자료』Ⅰ, 1906년 3월 30일. 382쪽.
55) 『근대 한불 외교자료』Ⅰ, 1906년 5월 4일, 394쪽.

차관을 도입하도록 주선했다. 흥업은행 차관은 관세 수입을 담보로 연 6푼 5리의 이자에 5년 거치 5년 상환의 조건이었다. 구문전으로 100만 원을 떼었으므로 실제는 900만원을 차입했다. 통감부는 1차로 도입한 차관 총액 466만 6천원의 32%인 149만 6천원은 도로 건설에 배정했다. 이토는 도로 건설에 대해 농업발달에 필수적이라 주장했지만 실제 목적은 한국의 국정을 장악하고자 치안을 유지하는데 있었다.[56)]

이토는 흥업은행 차관의 일부를 농공은행 창설에 사용했다. 농공은행은 메가다 다네타로(目賀田 種太郎)가 농업, 공업 분야의 자금 대부의 필요성을 강조하며 설립한 기구였다. 이토는 메가다를 한국 정부의 재정고문으로 적극 추천한 바 있었다. 농공은행은 1906년 3월 공포된 '농공은행 조례'에 의거하여 1907년까지 전국 주요 도시에 11개가 설립됐다. 농공은행은 일본인 농업 이민자들에게 자금 대부를 하여 일본의 식민사업에 크게 기여했다.

프랑스는 흥업은행 차관에 대해 어떻게 인식했을까. 베르토는 차관 도입을 이토가 통감으로서 실행한 첫 사업이라고 규정했다. 베르토는 흥업은행 차관이 발행률, 감가상각 등의 측면에서 가혹한 조건이라고 평가했다. 차관 자금의 배분도 한반도 전체에서 농업, 상업, 산업, 교육의 발전이라는 목표와 모순된다고 인식했다. 베르토는 도로 투입비의 증액은 전시에 군대이동을 수월하게 하고자 하는 군사목적이라고 분석했다. 또 베르토는 차관의 목적은 한국의 재정을 장악하고 일본인 및 일본 기관들의 이익을 도모한 것이라고 평가했다.[57)] 베르토는 이토가 시정 개선의 명목으로 차관을 주선했지만, 실제로는 군사적 목적과 일본의 이익을 도모한 것이라고 평가한 것을 보여준다.

---

56) 강창석, 『조선통감부 연구Ⅱ』, 국학자료원, 2004, 145~146쪽.
57) 『근대 한불 외교자료』Ⅰ, 1906년 5월 4일, 399쪽.

프랑스는 이토의 두 번째 사업을 사법제도와 토지소유권체제의 개혁이라고 규정했다. 이토는 열강이 한국에서 행사하는 치외법권을 폐지하고자 진력했다. 열강은 한국 정부와 체결한 조약상의 특권, 특히 치외법권을 이용하여 그들의 이권을 보호했기 때문이었다.[58] 이토는 특히 대한매일신보 사장인 영국인 베델이 치외법권을 이용하여 반일 언론활동을 전개하는 것을 경계했다. 치외법권을 폐지하기 위해서는 열강이 요구하는 법전 편찬, 재판제도의 정비가 급선무였다. 이토는 1906년 6월 열린 제1차 시정개선협의회에서 사법, 감옥제도 개혁의 필요성을 역설했다. 이토의 사법제도 개편 구상은 한국 정부의 법률고문으로 우메 겐지로(梅謙次朗)를 고빙함으로써 확정됐다. 우메는 그 해 12월 일본인 법무보좌관을 한국 재판소에 임용하여 한국인 판검사를 보좌하도록 했다.[59] 또 이토는 1906년 7월 한국 내각에 부동산법조사회를 구성할 것을 요구했고, 우메에게 부동산에 대한 법제를 제정하도록 지시했다. 그 때 한국 정부는 외국인의 토지소유를 금지하고자 했다. 그러나 이토는 일본인의 토지 소유를 합법화하고자 외국인의 토지소유를 주장하여 관철시켰다. 그에 따라 한국 정부는 1906년 10월 토지가옥증명규칙 등을 공포했다.[60]

프랑스는 사법제도의 개혁에 대해서는 큰 관심을 보이지 않았다. 그것은 외국인은 조약 덕분에 치외법권 상태에 있었기 때문이었다. 프랑스는 토지 소유권체제의 개혁을 어떻게 보았을까.

한국의 관례상 소유권을 증명하기에 충분한 양도서류들은 매매거래를

---

58) 구대열, 『한국 국제관계사 연구』 1, 역사비평사, 1996, 104쪽.
59) 이영미, 『한국 사법제도와 우메겐지로』, 일조각, 2011, 47쪽.
60) 이영미, 앞의 책, 132쪽.

> 확인하는 사문서에 불과하다. 그 서류들은 공증, 혹은 직인이 없어 사기의 대상이기도 하다. 외국인들은 늘 그에 불안해한다. 통감부는 그 서류들에 근거한 소유권을 인정하기를 거부한다. 통감부는 법률 전문가 우메를 초빙하여 한국 법률을 개정하고 소유권 체제를 확정하는 과제를 추진하려 한다. 7월 24일 우메의 주재로 법률연구위원회가 개최됐다.[61]

베르토는 한국의 토지매매가 공증성을 결여하여 외국인에게도 피해를 주고 있다고 인식했다. 그러므로 베르토는 이토의 토지소유권체제의 개혁이 외국인의 토지 소유에 긍정적으로 기여할 것으로 내다보고 큰 관심을 보였다. 그러나 토지소유권의 개혁은 일본인에게 유리하게 작용했다. 즉 토지가옥증명규칙 공포 뒤에 일본인들의 토지 매입이 급증했다.[62] 이토는 이민법을 제정하여 일본인의 한국 이민을 권장했으며, 농공은행을 통해 일본인 이민자에게 자금을 대부했다. 이토는 척식사업으로서 농업과 이민을 매우 중시했다.[63]

프랑스는 이토의 일본인 이주자 정책에 대해 주의를 기울였다. 러일전쟁을 계기로 일본인의 미국 이민이 급증했다. 그러나 미국에서는 일본인에 대한 경계가 고조된 결과, 캘리포니아 주의회는 1905년 일본인의 이민을 제한하는 법안을 통과시켰다. 그에 따라 미·일간의 긴장이 고조되었지만 일본 스스로 노동자 및 이민을 제한하는 신사협정을 체결함으로써 진정됐다.[64] 이후 일본은 만주와 한국으로 이민 지역을 전환했으며, 그 결과 일본인의 한반도 이민이 급증했다. 그런 중 한국인

---

61) 『근대 한불 외교자료』Ⅰ, 1906년 9월 2일. 510쪽.

62) 권태억, 「통감부 설치기 일제의 조선 근대화론」, 『국사관논총』 53, 1994, 240쪽.

63) 박수연, 「통감 이등박문의 대한정책과 이에 대한 애국계몽파의 인식」, 『한국민족운동사연구』 20, 1998, 227쪽.

64) 구대열, 앞의 책, 94~95쪽.

과 일본인의 소송이 빈번히 발생했다. 이토는 1906년 4월 17일 공공질서 유지를 위한 제10호 통감부령을 공표했다. 베르토는 그에 대한 의견을 피력했다.

> 그 법령은 한국 내의 일본 이주민의 숱한 과오를 예방하고자 한다는 명목이었다. 그러나 실행된 지 두 달 뒤에 보니 일본인들에게 유익하게 적용됐다. 4, 5, 6, 7 조항들은 일본 이주민의 숱한 과오에 종지부를 찍지 못했다. 수많은 고소는 당국의 귀에 들어가기도 전에 억제됐다. 7조는 한국인들에 큰 성과를 가져오지 못했고, 9조는 그 과오가 지속될 것이다. 10, 11, 12조는 유익한 결과를 보려면 일본인들 사이에서만이 아니라 한국인들에게 공평한 기회가 주어져야 한다. 그 규정은 보호령에서 식민지로 넘어가 결국에는 병합으로 한국의 소멸을 귀착하게 될 것이다.[65]

베르토는 이토가 한국인에 대한 일본 이주민의 폭력, 협박, 사기 등의 작폐를 예방하고자 공공질서 유지령을 제정했지만 실효가 없다고 평가했다. 그것은 통감부가 한국인의 고소 제기를 재판 전에 제지시키기 때문이라고 지적했다. 베르토는 그 법령은 한국의 식민지화를 가속화시킬 것으로 평가했다.

제라르는 이토의 일본인 이주자 정책으로 일본은 한국에서 물질적 이득을 거둘 수 있게 되었다고 평가했다. 제라르는 한국에서 활동을 준비 중인 주요 기업들은 대부분 일본 자본을 바탕으로 한 일본 기업들이며, 노동력도 대부분 일본인 노동자라고 인식했다. 제라르는 일본 정부는 미국 의회의 하와이 군도와 캘리포니아 연안에 머무르고 있던 일본 이주민들에 대한 법안 표결 기회를 잘 포착한 것 같다고 평가했다. 제라르는 공공질서 유지령은 한국을 보호국에서 식민지로 몰아가

---

65) 『근대 한불 외교자료』 I , 1906년 7월 6일, 450~451쪽.

고 있다고 평가했다.[66] 제라르는 이토의 일본인 이주자 정책이 한국의 식민지 체제를 가속화시키고 있다고 인식한 것을 보여준다.

한편 프랑스는 이토가 일본의 대륙국가화를 지향하고 있다고 인식한 것으로 보여진다. 참정대신 박제순, 내부대신 이지용, 군부대신 이근택은 국방상 필요하다며 경상도 진해만과 함경도의 영흥만을 군항으로 지정했다. 그에 따라 1906년 8월 27일 관보에는 진해와 영흥에 군항을 창설하고자 하므로 어떤 종류의 토지매매이건 현지인들은 외국인에게 자기 소유 토지의 처분을 철저히 금지한다는 내용이 공표됐다. 진해는 전략적 지역에 위치했으므로 동아시아 지역에서 최적의 군항 요건을 갖추었다는 평가를 받고 있었다. 일본은 한반도를 대륙 침략의 전진기지로 삼았고 그 연장선에서 진해를 해군기지로 지정했다.

베르토는 진해에 군항을 건설하게 되면 어느 함대도 쓰시마 해협을 통과할 수 없다고 평가했다. 베르토는 이토는 해군기지를 건설하고자 진해와 영흥만을 임의로 수용했다고 인식했다. 베르토는 일본은 용산, 평양에서도 그렇게 했듯이 터무니없이 낮은 가격으로 토지를 수용했다고 보았다. 그 결과 한국민은 외국인과의 토지거래를 통해 재산을 지킬 가능성을 박탈당했다고 평가했다. 베르토는 이토는 대신들에게 한국이 외부의 위협을 저지할만한 군사력을 갖추게 되면 부지를 반환하겠다고 약속하며, 조차 형식을 취하지 않고 자발적 증서를 요구했다고 이해했다.[67] 베르토는 진해와 영흥의 토지수용 조치를 이토의 기획으로 보았다. 프랑스는 이토는 한국에 해군기지를 건설하고자 헐값으로 한국인의 토지를 수용했고, 관보를 통해 토지 수용을 공식화한 것으로 분석했다. 일본은 1908년 10월부터 진해만에 강력한 요새를 구축

---

66) 『근대 한불 외교자료』Ⅱ, 1907년 5월 28일, 64~66쪽.

67) 『근대 한불 외교자료』Ⅰ, 1906년 9월 1일. 504~506쪽.

하기 시작했다.

이상과 같이 프랑스는 이토에 대해 일본의 이익을 최우선으로 하는 한편 한국 침략의 선봉에 섰다고 인식했다. 그럼에도 불구하고 프랑스는 이토에 대해 긍정적인 평가를 내렸다. 제라르는 이토의 책임 하에 간행된 〈1906년 행정 보고서〉를 거론하며 도로 사업, 수도 사업, 교육 체계, 병원, 경찰, 지방 행정청 및 사법청 등의 부문에 많은 진척이 이루어졌음을 입증한다고 이토의 정책을 호평했다.[68] 블랭은 이토가 프랑스에 매우 호의적이라고 인식했다. 블랭은 피숑 외무부 장관에게 이권 보호의 측면에서 통감부와의 접촉이 만족스럽다고 보고했다. 블랭은 이토는 어떤 상황에서도 자신에게 친절하고 예의바르게 환대했다고 언급했다. 또 그는 통감부는 한국이 독립국 체제부터 있었던 쟁점들을 해결하는 사안에 있어서도 프랑스의 요구사항을 배려한다고 보고했다. 그러면서 그는 일본의 대한정책은 서구 열강이 추구했던 보호령의 문명화라는 사명을 지닌 것으로서 반동적인 움직임을 극복할 것이라고 보고했다.[69] 프랑스는 일본을 서구 열강과 대등한 국가로 지목하며 일본의 한국 통치를 문명화로 규정했다. 이집트를 통치했던 크로머(Cromer, Evelyn Baring)도 이집트에 대한 통치를 문명화라고 주장했다. 그의 문명화 주장은 제국주의적 침략을 정당화하는 것이었다.[70] 그러므로 프랑스가 이토를 긍정적으로 평가한 것은 같은 제국주의 정책을 시행하고 있는 것에 공감했기 때문으로 보여진다.

이 무렵 프랑스는 1907년 3월부터 일본과 인도차이나와 복건성에서 상호 우월권을 인정하는 것을 의제로 하는 제국주의적 협상을 시작했

68) 『근대 한불 외교자료』Ⅱ, 1907년 5월 28일, 64~66쪽.
69) 『근대 한불 외교자료』Ⅱ, 1907년 5월 29일, 61~62쪽.
70) 한상일, 『이토 히로부미와 대한제국』, 까치, 2015, 268쪽.

다. 이토는 5월 일본 정부에 불일협정의 조속한 체결을 촉구했고, 결국 6월 10일 불일협정이 조인됐다.[71] 영러협정이 체결된 1907년부터 유럽 열강은 영국 · 프랑스 · 러시아의 삼국협상과 독일 · 오스트리아 · 이탈리아의 삼국 동맹으로 대립했다. 일본은 기존의 영일동맹과 더불어 불일협정, 러일협정을 체결함으로써 삼국협상 그룹과 횡축으로 연결됐다. 그러므로 프랑스 외교관들은 한층 일본에 우호적인 감정을 가진 것으로 볼 수 있다.

일본은 불일협정이 체결되자 유리한 조건으로 유럽의 시장에서 공채를 조달할 수 있게 됐다. 그러므로 이토는 한층 프랑스에 대해 우호적인 태도를 보인 것으로 여겨진다. 이토는 프랑스의 이권을 적극 보호하는 등 시종 프랑스에 대해 우호적인 태도를 보였다. 제라르는 피숑에게 이토가 1907년 2월 27일의 회견에서 일본에 있는 프랑스 국민들에게 호의를 베풀고 프랑스의 관심사에 매우 우호적인 대우를 해줄 것을 약속했다고 보고했다. 블랭도 통감부가 자신에게 보이는 정중하고 호의적 태도에 만족했다. 블랭은 제라르에게 통감부의 배려로 살타렐(W. Saltarel)에 대한 광산 허여, 용동 회사의 요구, 트레물레의 요구, 고종이 서명한 수표 지급 등의 사안이 이미 해결되었거나 잘 처리되고 있는 중이라고 통보했다. 그러면서 블랭은 제라르에게 일본 정부에 대해 감사의 표시를 해주기를 요청했다.[72]

2) 후기정책 평가

이토는 '정미조약' 체결 직후 차관정치를 시작했고, 그에 따라 한국

---

71) 모리야마, 앞의 책, 220쪽.

72) 『근대 한불 외교자료』Ⅱ, 1907년 3월 30일, 38~39쪽.

정부의 차관에는 일본인들이 임명됐다. 일본인들의 내각 진출로 통감부 조직은 대폭 축소됐다. 1907년 9월 9일의 통감부 및 이사청 관제의 개정으로 통감의 직권이 확장됐다. 그 밖에 부통감직이 신설됐고, 총무부장 1명, 참여관 2명과 비서관 2명, 서기관 6명, 기사 4명, 통역관 9명이 배치됐다. 프랑스는 이토가 한국 대신들과 협의하여 '정미조약'에 관한 시행 규칙을 마련한 것을 인지했다.[73] 프랑스는 이토는 일본 국왕의 비준을 받아 전면 개정에 가까운 재건 작업을 진행하고 있다고 인식했다.[74]

이토는 '정미조약' 체결 직후 사법제도 정비, 은행 설치, 교육 진흥, 식산흥업 등의 '자치육성정책'을 시행했다. 먼저 이토는 사법개혁에 매진하여 법전 편찬, 재판제도의 정비, 법관 육성, 재판소 및 감옥의 신설 등을 추진했다.[75] 이토는 사법개혁을 통해 사법권을 장악하여 반일운동을 봉쇄하고자 했다.[76] 이토는 우메에게 재판소구성법을 개혁하도록 지시했다. 그 결과 한국 정부는 1907년 12월 재판소구성법, 재판소구성법시행법, 재판소설치법을 공포했다. 1907년 12월에는 감옥관제를 공포했고 1908년 1월에는 7개소의 감옥을 개시했다. 1908년 8월부터 대심원, 공소원, 지방재판소, 구재판소를 개청하고 사업을 개시했다. 개정된 재판소구성법의 특징은 첫째, 과거 지방관이 소유하던 재판권을 공식적으로 박탈했다는 점이다. 그것은 행정과 사법을 분리하여 수령 중심의 정치구조를 청산하려 한 것이었다.[77] 둘째, 일본인 판

---

73) 『근대 한불 외교자료』Ⅱ, 1907년 8월 6일, 117~119쪽.

74) 『근대 한불 외교자료』Ⅱ, 1907년 9월 18일, 127~130쪽.

75) 이승일, 『조선총독부의 법제정책』, 역사비평사, 2008, 38~39쪽.

76) 이성환, 이토 유키오 편, 『한국과 이토 히로부미』, 선인, 2009, 160쪽.

77) 오가와라 히로유키, 『이토 히로부미의 한국 병합 구상과 조선 사회』, 열린책들, 2012, 267쪽.

검사를 한국 재판소의 판검사로 임용시켰다. 일본인이 직접 판사 사무를 담당했으므로 기존의 법부 보좌관제도는 폐지됐다. 그 결과 법부차관을 비롯하여 주요 지방재판소장 및 검사장이 모두 일본인으로 충원되면서 한국의 재판권은 사실상 통감부가 장악하게 됐다. 1908년 6월 일본인 판검사의 비율은 82%에 달했다.[78]

프랑스는 이토가 '정미조약'을 체결한 뒤 추진한 첫 번째 사업은 사법개혁이라고 인식했다. 제라르는 이토는 일본에 체류 중 일본 대신들과 함께 한국 사법기관의 새 관리자들이 될 직원 채용을 준비한 것을 인지했다.[79] 블랭은 재판소구성법 공포로 모든 법원의 원장과 재판소 소장, 검사들은 모두 일본인들이 될 것이며, 모든 법원과 재판소의 판사들 역시 과반수가 일본인이 될 것으로 예측했다.[80] 프랑스는 사법개혁으로 한국의 재판은 일본인들이 장악할 것으로 예측했다.

블랭은 재판소 설치과정을 상세하게 보고하기는 했지만[81] 그다지 주목하지는 않았다. 그것은 프랑스가 영사재판권을 행사하고 있었기 때문으로 보여진다. 그런 중 이토는 〈한국 개혁과 발전에 대한 1907년 연차보고서〉를 주한 외교사절들에게 배포했다. 블랭은 그 보고서 중 3페이지에 걸쳐 기술된 영사재판권에 대한 조항에 주목했다. 블랭은 그 보고서에 대해 한국 거주 외국인들의 치외법권의 폐지에 유리하게 작용하는 논쟁에 초점을 맞추고 있다고 평가했다.[82] 프랑스는 이토의 사법개혁의 목표는 최우선적으로 치외법권의 폐지에 있다고 인식한 것을 보여준다.

---

78) 이영미, 앞의 책, 47쪽; 이승일, 앞의 책, 53~55쪽.

79) 『근대 한불 외교자료』Ⅱ, 1907년 10월 3일, 136~137쪽.

80) 『근대 한불 외교자료』Ⅱ, 1908년 1월 15일, 165~166쪽.

81) 『근대 한불 외교자료』Ⅱ, 1908년 8월 1일, 197쪽.

82) 『근대 한불 외교자료』Ⅱ, 1909년 1월 8일, 252~253쪽.

통감부는 재판소구성법으로 재판소 형식이 일본 체제로 전환되고, 사법인력 수급방식이 변경되자 민형사 재판에 필요한 소송절차 및 법전 편찬에 관심을 가졌다. 그에 따라 통감부는 1908년 8월 『형법대전』을 수정하기도 했다. 한편 재판소구성법 시행 뒤에도 일본인은 영사재판권에 복종하고 있었다. 그에 한국 법원에 근무하는 일본인 재판관들은 치외법권을 철폐하는 수단으로서 일본 재판소를 한국에 설치하자고 건의했다.[83] 그것은 한국의 사법개혁을 포기하고, 한국에 일본의 법률을 적용하는 방식으로 치외법권을 철폐하려는 의도를 드러낸 것이었다. 야마가타와 데라우치는 열강에게 한국이 독립국이라는 인식을 주어 병합에 지장을 준다는 사유로 법전 편찬, 법관 육성을 반대했으며, 가쓰라와 고무라 쥬타로(小村壽太郎)도 그 견해를 지지했다. 이토는 사법, 감옥 사무를 일본에 넘기는 각서 체결에 동의했다.[84] 일본 정부는 1909년 4월 한국을 병합한다는 방침을 결정했다. 그에 따라 통감부는 사법개혁을 포기하고 일본 재판소 신설을 결정했다. 치외법권을 철폐하려는 의지가 강했던 이토는 7월 가쓰라에게 조약 개정의 준비 작업으로 일본 정부가 한국의 사법권을 직접 장악할 것을 제의했다.[85]

제라르는 이토가 서울에 체류하는 동안 일본 보호국 구성을 위한 결정적 전진이라 할 조치가 이루어졌다고 파악했다. 제라르는 이토가 이완용, 박제순과 7월 12일 한국 내의 모든 재판소를 일본 재판소로 대체할 것을 결의하는 각서에 조인한 것을 인지했다. 제라르는 한국은 재판권을 포기하고 한국 내의 모든 사법행정을 일본 법원과 재판소에 넘김으로써 자국의 최고 특권과 권한들을 일본에 넘겼다고 평가했다. 또

---

83) 이승일, 앞의 책, 59~61쪽.

84) 모리야마, 앞의 책, 230쪽.

85) 이승일, 앞의 책, 64쪽.

제라르는 일본은 조만간 열강과 영사재판권 폐지에 관한 협상을 개시할 것으로 내다봤다.[86] 블랭도 기유각서가 이루고자 하는 목표는 주한 외국인들의 치외법권을 없애는 데 있다고 인식했다.[87]

프랑스는 이토가 치외법권 폐지의 전단계 작업으로 한국의 사법권을 직접 장악할 것을 추진하는 것을 간파했다. 프랑스는 기유각서 체결을 일본의 보호국 정책에 있어 중대한 전진이라고 평가했다. 기유각서는 한국 병합의 기반을 구축하고자 한 것이었다.[88] 프랑스도 기유각서 체결을 실질적인 한국 병합으로 간주한 것으로 여겨진다. 후술하듯이 프랑스 외무부 장관은 기유각서 체결을 한국과 프랑스간에 체결된 조약의 종료로 판단했다.

1886년 체결된 조불수호통상조약 제3조 8항은 한국인과 외국인 간의 소송에 한국 법이 적용될 수 있다는 것을 인정했다. 파이야르(M. Paillard)는 기유각서 체결로 통감부 재판소는 한국인과 외국인 소송에 일본 민법을 적용할 것이라고 예측하며, 일본의 칙령과 조불수호통상조약이 충돌을 야기할 것을 우려했다. 그에 파이야르는 한국인 · 외국인 소송 발생 시 일본 법규를 적용하는 것을 허용해도 될지를 청훈했다.[89] 그에 피숑은 사법개혁의 문제에 대해 일본 정부와 논쟁을 벌이지 말라고 지시했다. 그는 기유각서는 한국과 프랑스 간에 맺은 조약들의 종식을 의미한다고 지적했다. 그러면서 그는 파리 주재 일본대사관의 약속, 즉 일본과 한국 사이에 맺어진 협정은 한국과 조약을 맺은 열강들에게 주어진 사법권까지 침해해서는 안된다는 보장에 만족하라

86) 『근대 한불 외교자료』Ⅱ, 1909년 7월 18일, 317~318쪽.
87) 『근대 한불 외교자료』Ⅱ, 1909년 7월 22일, 336~337쪽.
88) 운노 후쿠쥬, 『일본 양심이 본 한국 병합』, 199쪽.
89) 『근대 한불 외교자료』Ⅱ, 1909년 10월 29일, 368~369쪽.

고 지시했다.[90] 피숑은 기유각서 체결에 대한 이의제기를 제지하고 일본의 호의적 약속이 실천되기를 기대했다.

'정미조약' 체결 이후 프랑스가 주시한 것은 동양척식주식회사였다. 일본 정부는 '정미조약' 체결 이후 '식산흥업정책'을 시행했으며, 그 중 대표적인 것은 동양척식주식회사의 창설이었다. 동양척식주식회사는 일본인 이민을 주사업으로 했으며, 그것은 한국의 일본화를 실현시켜 한국의 영구 지배를 노린 것이었다.[91] 앞서 언급했듯이 이토는 일본인 이민을 적극 추진한 바 있었다. 그러므로 그는 동양척식주식회사를 통해 한국의 식민지화의 가속화를 추구한 것으로 볼 수 있다.

프랑스는 동양척식주식회사의 창설자는 이토가 아니라 가쓰라라고 인식했다. 실제 동양척식주식회사 창설을 기획한 인물은 가쓰라였다.[92] 제라르는 가쓰라가 1907년 황태자 수행을 마친 뒤에도 한국에 남아 이토와 동양척식주식회사의 설립에 대해 의견을 교환했다고 파악했다. 이토는 가쓰라에게 한국의 입장을 반영한 수정안을 요청했고, 가쓰라는 그를 수용했다. 제라르는 두 사람의 타협으로 동양척식주식회사와 가쓰라는 보호통치의 경제 부문에서 이토의 제1급 협력자가 될 것이라고 전망했다.[93] 프랑스는 이토와 가쓰라는 동양척식주식회사의 성격에 대해 이견이 있었지만 협의 끝에 타협점을 찾았다고 인식했다.

제라르는 일본 정부가 동양척식주식회사에 대해 비상한 주의를 기울이고 있다고 인식했다. 제라르는 그것은 동양척식주식회사가 한국에서의 일본 보호령 발전에 결정적인 영향력을 행사하기 위한 회사라

---

90) 『근대 한불 외교자료』Ⅱ, 1909년 11월 28일, 383쪽.

91) 최원규, 「동양척식주식회사의 이민사업과 동척이민 반대운동」, 『한국민족문화』 16, 2000, 76쪽.

92) 모리야마, 앞의 책, 228~229쪽.

93) 『근대 한불 외교자료』Ⅱ, 1907년 10월 24일, 141~143쪽.

는 점, 그리고 이 회사를 구상한 인물이 이토가 아끼는 정치인인 가쓰라이기 때문이라고 인식했다. 제라르는 동양척식주식회사 총재는 일본인이 맡을 것으로 보았으며, 그 목적은 한반도의 식민지 개발로 인식했다. 제라르는 이토는 4월 5일 한국행에 오르며 동양척식주식회사가 언명한 계획에 따라 사업에 착수할 것이라고 내다봤다. 제라르는 이토는 한국이 통감부에 완전히 전향되기까지 많은 난관에 직면하게 될 것으로 예측했다. 제라르는 이 회사의 사업 대상을 식민지 개발에 필요한 토지의 매매 및 임대차, 일본인 이민자들에게 식민지 개발에 필요한 물품들을 제공하고 그들이 생산하거나 취득한 품목들을 유통시키는 일, 식민지 개발에 필요한 기금의 투자로 인식했다.[94] 제라르는 동양척식주식회사의 설립 목적은 식민지 개발에 필요한 토지를 획득하는데 있다고 인식했다. 제라르는 이토는 동양척식주식회사의 창설자는 아니었지만 일단 법안이 통과되자 그 운영에 적극성을 보였다고 평가한 것을 보여준다.

동양척식주식회사법은 1908년 3월 일본 의회를 통과했고, 한국 정부는 통감부의 강력한 요구로 8월 27일 그 법령을 관보로 공포했다. 그 사이 7월 제2차 가쓰라 내각이 출범했다. 제라르는 이토는 가쓰라가 주최한 만찬 석상에서 한국 측 인사들에게 한국의 자원과 생산품의 공동 개발로 한·일이 얻게 될 정치적·경제적 이점들을 설명했다고 파악했다. 제라르는 동양척식주식회사법의 시행으로 이득을 취하는 쪽은 일본인일 것이라고 확신했다. 제라르는 한·일의 출자액과 지분을 일본은 3분의 2, 한국은 3분의 1로 규정한 것 자체가 한국의 개발과 개척을 통해 일본이 갖는 월등한 몫의 상징인 셈이라고 평가했다.[95] 제

94) 『근대 한불 외교자료』Ⅱ, 1908년 4월 3일, 173~175쪽.
95) 『근대 한불 외교자료』Ⅱ, 1908년 9월 28일, 214~215쪽.

라르는 이토가 동양척식주식회사를 통해 일본인의 이민을 추구한다고 평가한 것을 보여준다.

프랑스는 이토가 동양척식주식회사의 운영을 둘러싸고 가쓰라와 계속해서 이견을 보였다고 이해했다.[96] 제라르는 가쓰라는 동양척식주식회사에 지원을 아끼지 않을 통감을 두는 편을 선호하여 이토에게 추밀원 의장직을 제의했다고 파악했다.[97] 동양척식주식회사는 1909년 2월 운영을 개시했고, 동양척식주식회사의 총재에는 현역 육군 중장 우사가와(宇佐川一正)가 임명됐다. 우사가와는 주한 일본군 수비대 사령관, 주한 일본 공사관 무관 경력을 가진 군 출신이었다. 블랭은 우사가와에 대해 경영자나 행정가의 특별한 자질을 가지고 있지 않으며, 특히 재정, 무역, 농업 분야의 확실한 능력을 필요로 하는 상황에 대해 준비를 해온 것 같지 않다고 평가했다. 블랭은 일본 정부는 러일전쟁에 참전했던 군인들 중에서 한국으로 이민 갈 사람을 조사하려고 한다는 것을 인지했다. 블랭은 일본은 유사시에 대책을 세울 수 있는 동원요소를 장악하게 될 것으로 예측했고, 우사가와 임명은 바로 그 같은 정보를 뒷받침하고 있다고 보았다. 블랭은 우사가와는 과거 주한 일본군사령관 경력 덕분에 한국의 전략적 상황을 매우 잘 알고 있는 장성이라고 평가했다. 아울러 일본 정부가 우사가와를 파견한 것은 동양척식주식회사의 재정, 무역, 농업에 대한 능력의 필요성보다 군령을 더 고려했기 때문이라고 분석했다.[98] 블랭은 이토와 가쓰라 모두 동양척식주식회사에 많은 관심을 기울였지만 회사 운영의 주체문제로 인해 대립했다고 판단한 것으로 여겨진다. 즉 프랑스는 이토는 통감부를 회

96) 『근대 한불 외교자료』Ⅱ, 1909년 5월 23일, 291~293쪽.
97) 『근대 한불 외교자료』Ⅱ, 1908년 10월 31일, 236쪽.
98) 『근대 한불 외교자료』Ⅱ, 1909년 1월 16일, 257~258쪽.

사 운영의 주체로 설정한 데 비해, 가쓰라는 군부를 주체로 하려 했다고 본 것으로 여겨진다.

이토의 자치육성책은 일본인이 주체였으며, 또 일본인의 이익을 보호하는 방향으로 전개됐다. 그러므로 한국의 국민은 이토를 강력히 비판하며 저항했다.[99] 열강의 외교관도 통감부의 행태에 대해 비판적이었다. 미국 총영사 대리 굴드(Ozro G. Gould)는 통감부의 통치 성과가 미미하다고 지적했다. 그는 토지조사의 이득이 대부분 일본인들에게 돌아갔고, 동양척식회사가 토지를 수탈함으로써 한국인들은 여전히 가난한 상태라고 인식했다. 또 그는 일본은 법의 적용에 있어 분별력 없이 재량권을 행사하고 있다고 강조했다. 그는 토지도 없는 일본인 하층민이 지속적으로 한국으로 유입되고 있고, 사법제도의 개선에도 불구하고 한국인들은 여전히 법의 보호를 받지 못하고 있으며, 고문이 없어졌다는 주장도 거짓이라고 지적했다.[100]

그러나 프랑스는 다른 입장을 보였다. 미국 주재 프랑스 대사는 '정미조약' 체결 뒤의 통감부의 정책에 대해 합리적이고 개화된 방식의 실행으로 평가했고, 한국은 그를 받아들일 수밖에 없음을 인정해야 할 것이라고 주장했다.[101] 제라르도 '정미조약' 체결 뒤의 이토의 정책을 긍정적으로 평가했다. 제라르는 이토는 설득과 유화의 수단을 선호한다고 평가했다.[102] 제라르는 '정미조약' 체결로 한국에는 혼란과 불안 뒤에 평화와 고요와 번영의 시대가 열릴 것으로 전망했다.[103] 블랭은 이토 및 하세가와 등 요인들과 자주 면담했다. 블랭은 의병을 강경 진

---

99) 모리야마, 앞의 책, 227~228쪽.

100) 구대열, 앞의 책, 109쪽.

101) 『근대 한불 외교자료』Ⅱ, 1907년 9월 22일, 132~134쪽.

102) 『근대 한불 외교자료』Ⅱ, 1908년 9월 28일, 214~216쪽.

103) 『근대 한불 외교자료』Ⅱ, 1907년 7월 25일, 99쪽.

압하는 이토에게서 무자비함보다는 근심을 보았다.[104] 프랑스는 이토가 사퇴할 무렵 통감정치에 대해 평가를 내렸다. 제라르는 한국의 평화가 완전히 회복되지 않았다고 전제했다. 제라르는 법률들의 공포나 법원 및 재판소의 구성 등이 너무 불완전하여 일본 정부는 열강에게 영사재판권의 폐지나 조약수정문제를 제기할 수 없는 상황이라고 인식했으며, 경제 체제도 초벌 상태라고 평가했다. 그러나 제라르는 이토가 한국 조정과 일본 조정 간에 심한 마찰 없이 보호통치를 가능케 하는 관계를 맺는데 성공한 것은 의심의 여지가 없다고 평가했다.[105] 블랭도 다음과 같이 이토의 통감정치에 대해 호평을 내렸다.

> 이토는 열강들이 한국에 대한 일본의 보호통치를 승인하기는 했지만 한국 거주 외국인들이 보인 구체제 지지성향에 맞서야 했다. 외국 언론도 선교사의 영향으로 일본을 비난했다. 그는 보호통치에 반대하는 한국 국민의 저항을 받았고 전황제의 술책에 맞서야 했다. 이토는 외국인들이 한국에 요구하는 사안들을 우호적으로 처리하고 개항 원칙을 엄격히 고수하고 국제조약들이 엄격히 시행되도록 하여 외국인들의 마음을 얻으려 했다. 이토는 내정에 있어 설득의 방도를 통해 현지인들이 일본의 보호통치를 받아들이도록 만들고자 했으며 점진적인 수단들을 통해 부패한 행정을 개혁하고 재정을 관리했으며 사법권의 기능과 배치를 인권을 보장하는 토대 위에 마련했다. 그를 고려할 때 한국에서 그의 과업은 많은 성과를 거뒀다는 것은 부인할 수 없다. 그러므로 그의 과업은 통감부와 그의 후임을 통해 그와 유사한 입장에서 계속되는 것이 바람직하다.[106]

블랭은 이토의 내정에 대해 구체제를 지지하는 황실과 외국인들에

---

104) 『근대 한불 외교자료』Ⅱ, 1907년 9월 24일, 135쪽.
105) 『근대 한불 외교자료』Ⅱ, 1909년 5월 23일, 291~293쪽.
106) 『근대 한불 외교자료』Ⅱ, 1909년 6월 25일, 307~308쪽.

맞서 점진적인 수단을 통해 부패한 행정을 개혁하고 재정을 관리했으며, 사법권의 기능과 배치를 통해 인권을 보장했다고 지적했다. 블랭은 이토의 외정에 대해서는 외국인들의 요구 사안들을 우호적으로 처리하고 개항 원칙과 국제조약들이 엄격히 시행되도록 했다고 평가했다. 블랭은 이토의 정책이 후임 통감들에게 계승되기를 기대했다.

이토는 한국민의 언론, 출판, 집회, 결사의 자유를 압살했다. 그는 1907년 7월 보안법을 개정하여 결사의 금지 및 집회의 제한, 해산을 명령할 수 있는 권한을 규정하였다. 동시에 〈광무신문지법〉을 만들어 신문 발행의 허가, 신문기사의 사전검열, 발행 정지 및 압수를 규정함으로써 언론 탄압을 강화했다. 그러나 프랑스는 이토의 가혹한 반문명 통치에 대해 비판적인 입장을 표출하지 않았다.

4. 이토의 대한정책의 목표 인식

1) 군부와의 대한정책 대립 인식

죠슈번(장주번)은 메이지유신을 주도했고, 죠슈번을 대표하는 인물은 외교수완가 이토와 군인 야마가타였다. 이노우에, 사이온지 등이 포함된 이토파는 정당정치를 지지한데 비해 가쓰라, 데라우치 등이 포함된 야마가타파는 정당정치에 대해 부정적이었다. 러시아에 대한 정책에서도 이토파는 협상을 추구한데 비해 야마가타파는 전쟁을 지지했다. 파벌 경쟁에서 야마가타파의 파워가 이토파보다 우세했다. 야마가타를 중심으로 하는 군부는 1907년 4월 일본의 대륙국가화를 결의했다.[107)]

프랑스는 일본 지도층은 '을사조약'을 체결한 뒤 한국에 창설될 통감부의 성격에 대해 의견이 일치되지 않았다고 인식했다. 베르토는 이토와 야마가타는 한국에 채택할 체제에 대해 정반대의 의견을 제시했다고 보았다. 베르토는 이토는 과거 주한 일본 공사관과 주차군사령부의 빈번한 갈등을 지적하며, 통감에게 민사권은 물론 군사권을 부여해야 한다고 주장했다고 파악했다. 그에 비해 야마가타는 민간인에게 군사권을 부여하는 것에 대해 강력히 반대했다고 파악했다. 베르토는 이토는 일본 국왕에게 통감에 대한 군사권 부여를 건의했으며, 이토를 신임하던 일본 국왕은 그 의견을 수용했다고 인식했다.[108] 베르토는 일본 지도층은 이토 중심의 시민파와 야마가타 중심의 군부파가 대립하고 있다고 인식했다. 베르토는 이토가 군사권을 장악하기는 했으나 통감부의 장래가 순탄치 못할 것으로 예측한 것으로 보여진다. 베르토는 그 뒤에도 통감부가 일본 군부의 완전한 지지를 받지 못하자, 이토는 의병 진압을 통감의 군사권 행사의 논거로 삼으려 한다고 인식했다.[109]

이토는 1906년 4월 21일 본국으로 돌아간 뒤 6월 23일까지 일본에 체류했다. 이토의 체류가 장기화되자 일각에서는 야마가타파 주도의 군사정부 출현 가능성을 제기하기도 했다. 그러나 베르토는 이토가 일본 체류 기간 동안 일본 국왕으로부터 한국에서 최고 지휘권을 부여받은 것으로 분석했다. 베르토는 이토가 군부의 간섭으로부터 해방되어 모든 결정권과 실행권을 장악하게 됐다고 인식했다.[110] 이토가 서울로 귀환할 때 이노우에 해군소장이 수행했다. 그에 대해 일각에서는 군부

---

107) 전상숙, 『조선총독정치 연구』, 지식산업사, 2012, 31~36쪽.
108) 『근대 한불 외교자료』Ⅰ, 1906년 3월 30일, 380쪽.
109) 『근대 한불 외교자료』Ⅰ, 1906년 5월 8일, 403~407쪽.
110) 『근대 한불 외교자료』Ⅰ, 1906년 6월 23일, 437쪽.

가 이토를 감시하려는 조치로 해석했다. 그러나 베르토는 이토의 입지를 강화시키려는 일본 국왕의 특별한 호의로 해석했다.[111] 이토는 대한정책에 있어 군부를 확실하게 설득하지는 못했다. 베르토는 이토가 군부와의 논쟁에서 승리하기는 했으나 그의 입지가 계속해서 동요하고 있다고 인식했다.

이토는 1906년 11월 21일 서울을 떠나 본국으로 귀환했다. 이토는 종전 귀국 때는 총무장관에게 통감부 경영을 맡긴 데 비해, 이번에는 하세가와 장군에게 통감부 경영을 맡겼다. 그에 대해 블랭은 일본 정부의 결정은 군부의 야심을 일시 만족시킨 것에 불과하다고 평가했다.[112] 그러나 프랑스는 이토의 일본 체류 기간이 길어지자 이토가 경질되고 군부 출신의 통감으로 교체되리라고 전망했다. 프랑스는 이토의 입지가 약화된 배경으로 첫째, 이토는 측근에 영향력 있는 자가 드문데 비해, 야마가타는 영향력 있는 자가 많음을 지적했다. 둘째, 이토로 대표되는 시민파는 포츠머스조약에 책임이 있다는 비난을 받아서 그 세력이 추락했다고 분석했다.[113] 셋째, 일본 정부는 이토와 통감부가 한국의 내정을 확고히 장악하지 못한 데 불만을 가지고 있다는 것이었다.[114] 그러나 이토는 경질되지 않았고, 1907년 3월 20일 직무에 복귀했다.

이토는 '정미조약' 체결 직후 통감부의 개편을 추구했다. 제라르는 야마가타와 가쓰라를 중심으로 하는 군부는 이토가 통감부를 개편하는 방식에 대해 너무 관리적이며 느리다고 비판한다고 인식했다. 그러

---

111) 『근대 한불 외교자료』Ⅰ, 1906년 7월 12일, 461쪽.
112) 『근대 한불 외교자료』Ⅰ, 1906년 11월 21일, 522쪽.
113) 『근대 한불 외교자료』Ⅰ, 1906년 12월 9일, 531쪽.
114) 『근대 한불 외교자료』Ⅱ, 1907년 3월 30일, 38~39쪽.

나 제라르는 이토가 일본 국왕과 내각, 국민들의 전적인 신뢰를 얻고 있어서 그가 제안한 계획들은 시행될 것으로 내다봤다.[115] 한편 블랭은 9월의 통감부의 인사 개편에 군부의 영향력이 작용했다고 판단했다.[116] 제라르도 통감부의 인사 개편은 야마가타와 그의 수석 부관인 가쓰라의 계획을 만족시키려는 목적이라고 해석했다.[117]

야먀가타파는 이토의 '자치육성정책'이 성과를 거둘 경우 한국 병합이 곤란해질 것을 우려했다.[118] 제라르는 급진적인 한국 병합을 추구했던 야마가타파는 이토의 경질을 희망했다고 인식했다. 제라르는 야마가타는 1908년 가을 이토에게 통감직에서 물러난 뒤 추밀원 의장직을 맡아줄 것을 제의했다고 보았다. 제라르는 이토가 야마가타의 제의를 거절한 것은 그의 과업을 성취하고 나서 은퇴하려 하기 때문으로 분석했다.[119] 이토는 1908년 8월 사의를 표명했다. 그것은 1908년 7월 노선을 달리하는 가쓰라 내각이 출범했고, 한국민이 '자치육성정책'을 비판하며 강력히 저항했기 때문이었다. 특히 의병은 이토에 심대한 타격을 안겨 주었다. 이토는 순종의 순행을 강행하여 한국의 민심을 수습하고자 했다. 그러나 한국민은 통감정치에 대해 강력히 저항했다.

가쓰라는 취임 직후 통감부의 고관인 스루하라를 소환하고 하세가와를 임명했다. 또 한국 점령군 총참모부 수장인 무타를 소환했으며, 동양척식회사 총재로 우사가와를 임명했다. 블랭은 그 같은 조치에 대해 이토가 행한 중재 방법의 실패를 나타내는 징후라고 이해했다. 블랭은 몇 달 전부터 통감부 고관들은 순종의 남순행과 서순행의 성과,

115) 『근대 한불 외교자료』Ⅱ, 1907년 8월 21일, 123~124쪽.
116) 『근대 한불 외교자료』Ⅱ, 1907년 9월 24일, 135쪽.
117) 『근대 한불 외교자료』Ⅱ, 1907년 10월 3일, 136~137쪽.
118) 운노 후쿠쥬, 『일본 양심이 본 한국 병합』, 196쪽.
119) 『근대 한불 외교자료』Ⅱ, 1908년 10월 31일, 236쪽.

의병 진압의 효과 등을 둘러싸고 의견의 일치를 보지 못했다고 분석했다. 블랭은 일본 정부는 이토를 소환한 뒤 한국을 군사체제로 지배할 것으로 내다봤다.[120] 블랭은 야마가타파는 이토의 측근들을 경질하고 군 출신 인물들을 요직에 배치하는 방식으로 이토를 압박했다고 해석했다. 블랭은 그 같은 인사의 목표는 이토의 소환과 군정의 실시에 있다고 인식했다.

프랑스는 이토의 사퇴 가능성을 예의 주시했다. 이토는 서울로 귀환했다가 1909년 2월 일본으로 귀국했다. 블랭은 그 무렵 이토의 사직 정보를 입수했다.[121] 이토는 6월 1일 통감직에서 물러난 뒤 추밀원 의장에 취임했다. 이토는 7월 5일 서울로 와서 여러 행사를 마치고 7월 14일 한국을 떠났다. 블랭은 향후 일본 군부의 지시를 받는 통감부는 이토의 설득 방식을 버리고 강경책을 추구할 것으로 예측했다.[122]

프랑스는 이토의 사퇴에 대해 분석했다. 제라르는 이토의 사퇴는 표면상으로는 자발적인 것으로 보이지만, 그의 과업이 완성되기도 전에 사퇴한 것은 가쓰라 내각과 조화를 이루지 못하고, 그의 대한정책이 일본 정부와 여론의 비판이 대상이 됐기 때문이라고 분석했다. 제라르는 가쓰라는 이토의 퇴진으로 자신의 정책을 통감부에 관철시킬 자유를 누리게 되었다고 평가했다. 제라르는 가쓰라가 한국과 만주에서 포츠머드조약에 담긴 경제계획을 실행할 것으로 내다봤다.[123] 프랑스는 이토의 사퇴는 야마가타와의 노선 갈등에서 패배한 것이 주요인이라고 분석했다.

---

120) 『근대 한불 외교자료』Ⅱ, 1909년 2월 5일, 265쪽.

121) 『근대 한불 외교자료』Ⅱ, 1909년 2월 4일, 263쪽.

122) 『근대 한불 외교자료』Ⅱ, 1909년 7월 15일, 311~314쪽.

123) 『근대 한불 외교자료』Ⅱ, 1909년 5월 23일, 291~293쪽.

프랑스는 이토가 한·일 조정의 관계에 있어서 일본 국왕을 만족시킴과 동시에 한국 황실에 신뢰감을 고취시키는 책략을 썼다고 평가했다. 제라르는 이토는 그 같은 신뢰 관계를 통해 한국 국민들이 군주가 받아들인 체제로 점차 전향될 것을 기대했다고 평가했다. 제라르는 그에 비해 가쓰라는 한국에서 단호한 정책, 즉 야마가타-가쓰라 계파의 계획에 더 적합한 정책을 추구했다고 분석했다. 제라르는 야마가타-가쓰라 계파는 이토의 정책을 오랜 시일을 요하는 과업으로 보고 자파의 즉각적인 목표와 맞지 않는다고 비판했다고 인식했다. 제라르는 향후 통감부는 일본 정부의 수장인 가쓰라의 지침을 반영한 방식을 추구할 것으로 내다봤다.[124] 프랑스는 이토는 점진적으로 한국을 흡수하는 동화정책을 택한데 비해, 야마가타는 급진적인 방식으로 한국을 병합하는 방식을 택했다고 인식했다.

2) 한국병합에 대한 입장 인식

일본 정부가 한동안 한국을 보호국 상태에서 지배한 것은 러시아 등 열강의 견제를 의식했기 때문이었다. 일본 정부는 보호국을 병합하기까지의 과도기 단계로 인식했다.[125] 이토는 통감에 취임하기 전부터 한국 병합을 지지했다. 그것은 고무라 외무대신과 이시츠카 총무장관 등이 증언한 바 있다.[126] 그러나 이토는 공개적으로 한국의 병합에 대해 언급하지 않았다. 그는 통감에 취임할 무렵 일본의 보호정치는 한

---

124) 『근대 한불 외교자료』Ⅱ, 1909년 6월 11일, 294~295쪽.

125) 일본 외무성의 지시로 1904년 3월 조직된 임시취조위원회는 그 같은 인식을 보여준다. 운노 후쿠쥬, 『한국병합사』, 논형, 2008, 196~198쪽.

126) 한상일, 『이토 히로부미와 대한제국』, 370~371쪽.

국의 독립을 지원하고자 하는 것이라고 역설했다. 이토는 고종에게 자신은 한국의 독립 부강을 이루고자 통감직을 수락했다고 언급했다.[127] 이토는 대신들에게도 일본은 한국을 병합할 실력이 있지만 실행하지 않았다고 주장하며, 일본과 제휴하면 병합의 불상사를 막을 수 있다고 회유했다.[128]

이토의 대한정책에 대해서는 크게 보호국론으로 보는 시각과 병합론으로 보는 시각이 있다. 먼저 보호국론은 이토는 사법제도 정비, 중앙은행 설립, 교육 진흥, 식산흥업 등의 '자치육성정책'을 통해 지론인 보호국으로서의 한국 지배를 추구했다고 주장했다. 나아가 이토가 병합을 추구했다면 법전 편찬은 필요하지 않았을 것이라고 주장했다.[129]

보호국론의 주요 근거는 이토가 영국의 이집트에 대한 보호통치를 참고했다는 것이다. 이토는 통감으로 부임하기 전에 한국의 외교고문 스티븐스(D. W. Stevens)에게 조언을 구한 바, 스티븐스는 영국의 이집트 지배를 참고할 것을 권고했다. 그는 이토에게 급진적인 병합을 추진하지 말고 먼저 재정 정리에 착수할 것을 권고했다. 이토는 크로머를 스승으로 삼겠다고 공언하며 한국민의 동의를 획득하는 통치 방식을 채택했다.[130] 1883년부터 1907년까지 이집트 카이로의 총영사를 역임했던 크로머는 이집트 정부에 영국인 고문을 대거 고빙하고 거액의 차관을 주선했다. 그는 이집트의 군대 해산, 행정권·경찰권·사법권 장악을 통해 점진적인 병합을 추구한 인물이었다.[131] 또 다른 근거로는 이토가 통감으로서 추진한 정책이 1894년 내각총리대신으로 재직

127) 모리야마, 앞의 책, 206쪽.
128) 강창석, 「통감부 설치 이후의 한국 관료층 연구」, 120쪽.
129) 운노 후쿠쥬, 『일본 양심이 본 한국 병합』, 193~195쪽.
130) 운노 후쿠쥬, 『한국병합사』, 211~212쪽.
131) 한상일, 앞의 책, 268쪽.

시 추구했던 조선보호국화정책과 유사하다는 점을 지적한다. 일본 정부는 조선에서 영국이 이집트에서 시행한 정책을 모방했으며 이노우에 일본 공사는 차관 제공, 일본인 고문의 초빙 등으로 조선보호국화를 획책한 바 있었다.[132)]

한편 병합론은 급진주의적 병합론과 점진주의적 병합론으로 구분된다. 먼저 급진주의적 병합론에 의하면, 이토는 통감으로 부임한지 1년 여만에 한국민의 강력한 저항에 직면하자 즉시 병합을 주장했다고 한다.[133)] 점진주의적 병합론에 의하면 이토는 한국민을 설득하여 자발적으로 병합을 수용하게 하려 했다.[134)] 이토가 즉각 병합에 반대한 것은 첫째, 보호정치에 대한 한국민의 강력한 저항, 둘째, 일본의 재정적 부담 고려, 셋째, 열강의 간섭 우려 때문이었다는 것이다.

병합론의 주요 근거는 이토가 일본 정부에 제의한 1907년 4월의 병합 제의를 들 수 있다. 이토는 한국민이 차관을 상환하고자 국채보상운동을 전개하자 강력히 비난했다. 이토는 고종이 열강에 보호정치의 침략성을 호소하고 한국민들이 강력히 항거하자 한국의 즉각 병합을 희망했다. 그에 이토는 1907년 4월 외무대신 하야시 다다스(林董)에게 러시아와의 협상 때 일본의 한국 병합을 제의할 것을 요청했다.[135)] 그러나 그때의 병합 제의는 러시아의 반대로 무산됐다. 또 다른 근거는 이토가 통감 사퇴 직전인 1909년 4월 가쓰라 수상에게 병합 지지 의사를 표명한 점이다.[136)]

---

132) 그에 대해서는 유영익, 『갑오경장 연구』, 일조각, 1990 참조.

133) 모리야마, 앞의 책, 205~207쪽.

134) 박수연, 앞의 논문; 강창석, 앞의 책; 한상일, 앞의 책; 한명근, 『한말 한일합방론 연구』, 국학자료원, 2002.

135) 『일본외교문서』 40-1, 1907년 4월 13일, 124쪽; 모리야마, 앞의 책, 207쪽.

136) 모리야마, 앞의 책, 237~239쪽.

한편 이토가 군부와 다른 한국 병합 구상을 소지했다고 보는 견해도 있다. 그에 의하면 이토는 한국을 연방제 형식으로 일본의 자치식민지로 편입시키려 했으며, '정미조약'의 강요는 이토의 한국 병합 구상을 표출한 것이다.[137] 이토의 연방제 구상의 또 다른 근거는 다음과 같다. 이토는 1907년 7월 29일 기자들에게 자치육성을 통해 재정독립을 이룬 뒤 연방제의 형태로 한국을 통치할 것이라고 언급했으며,[138] 한국 사족들에게 한일연방제가 가능하다고 설득했다.[139]

프랑스는 통감으로 부임한 직후 이토의 정책을 어떻게 평가했을까. 프랑스는 이토의 한국통치 방식은 서구 열강의 보호령 통치방식을 모델로 삼았다고 인식했다. 일본 주재 프랑스 외교관은 통감부 관제가 프랑스의 보호령인 튀니지 관제를 많이 모방한 것으로 파악했다.[140] 미국 주재 프랑스 대사는 이토는 자신의 과업을 수행함에 있어 이집트의 영국식 행정체계와 튀니지의 프랑스식 행정체계를 모델로 삼았다고 보고했다.[141] 제라르는 한국에서 이토의 통치는 크로머가 이집트의 카이로에서 실시한 행정을 모델로 삼고 있다고 평가했다.[142] 그 같은 인식은 이토의 차관정책을 분석하는 과정에서 잘 드러난다. 프랑스는 이토가 한국의 시정개선 및 기업 자금의 명목으로 거액의 차관 도입을 강요했음을 인식했다. 베르토는 한국은 다른 국가에 차관을 신청했다면 훨씬 나은 조건으로 같은 금액을 차용할 수 있었을 것이라고 강조

137) 오가와라, 앞의 책, 214~215쪽.

138) 방광석, 「메이지정부의 한국 지배정책과 이토 히로부미」, 『한국과 이토 히로부미』, 65~66쪽.

139) 이태훈, 「일진회의 보호통치 인식과 합방의 논리」, 『역사와 현실』 78, 2010, 355쪽.

140) 『근대 한불 외교자료』 I, 1905년 12월 26일, 363쪽.

141) 『근대 한불 외교자료』 II, 1907년 5월 28일, 64~66쪽; 『근대 한불 외교자료』 II, 1907년 9월 22일, 132~134쪽.

142) 『근대 한불 외교자료』 II, 1908년 4월 3일, 173~175쪽.

했다. 베르토는 이토는 부당한 차관 조건으로 한국을 일본의 의사대로 좌우하게 했다고 지적했다. 베르토는 이토는 차관 공여에 대해 한국을 더욱 일본에 의존하게 만드는 최상의 방법으로 여긴다고 인식했다.[143] 베르토는 통감으로 부임한 직후 이토의 정책을 보호국 체제의 유지로 평가했다.

프랑스는 '정미조약' 체결 뒤 이토의 대한정책을 어떻게 인식했을까. 블랭은 '정미조약' 체결을 계기로 한국의 행정권·사법권이 통감부의 수중에 들어갔고, 한국의 자치권이 소멸했다고 평가했다.[144] 제라르는 '정미조약'은 이토가 외국 보호령의 예를 참고하여 만든 완전무결한 보호령 문서라고 평가했다. 제라르는 '정미조약'은 한국의 외무는 물론 군대의 통제, 사법, 경찰, 재정 및 모든 주요 공공 서비스의 관리를 일본이 담당하는 방식으로 보호령을 재구성하고 강화하려는 의도라고 평가했다. 제라르는 황실·내각·통감 간의 관계도 일종의 헌법 같은 것으로 통감부의 실권을 강화하는 방식으로 조정하려는 것으로 규정했다.[145] 이상과 같이 프랑스는 '정미조약' 체결 뒤 이토의 대한정책을 보호국의 재편성으로 보았다. 제라르는 이토는 보호령의 재편에 대해 일본의 개혁 작업과 현왕조 및 한국의 자립 유지를 양립시킬 수 있을 것으로 여긴다고 인식했다. 제라르는 한국의 종말을 의미하는 병합은 이토의 정책이 실현 불가능하다고 드러날 경우에 사용될 것으로 예측했다.[146] 그에 비해 미국 주재 프랑스 대사는 1907년 9월 이토가 한국을 병합하려는 의지가 있다고 판단했다.

143) 『근대 한불 외교자료』Ⅰ, 1906년 5월 4일, 394쪽.
144) 『근대 한불 외교자료』Ⅱ, 1907년 7월 25일, 99~101쪽.
145) 『근대 한불 외교자료』Ⅱ, 1907년 7월 25일, 99~101쪽.
146) 『근대 한불 외교자료』Ⅱ, 1907년 9월 18일, 127~130쪽.

> 이토는 한국인들이 복종하지 않는다면 지방 정부를 병합과 유사한 새로운 체제로 대체하는 것이 필요할 것이라고 공개적으로 주장했다. (중략) 일본인들에 대한 적개심이 왕실에서 표명될 뿐만 아니라, 현 군주의 진실성은 선왕의 그것처럼 매우 의심스러우며, 본토 행정 관료의 대다수는 전혀 믿음을 주지 않는다. 그러한 경험은 일본 통감이 한국 군대를 유지하고 있는 다른 사람들과의 협력을 생각할 수 없다는 점을 가리킨다. 민간관료들과 군인들은 매일 일본 당국의 수립과 일본의 한반도의 사회·경제적 쇄신 계획에 새로운 장애물을 드리우려 하고 있다. 우리는 지금까지 한반도의 독립을 희망하였지만, 이토의 의사에 따라 병합의 시간이 다가올 것이다. 텔-엘-케비르 전쟁 전의 이집트인들과 마찬가지로, 한국인들은 자신들을 지키고 있는 강대국의 군사적 우위성을 생각하지 않는다. 포츠머스의 평화는 금전적 보상을 명기하지 않음으로써 아시아인들에게 일본의 막강한 힘에 대해 생각하는 데 도움이 되지 않았다. 이 조약은 한국인들이 떠받드는 군주를 굴종시켰던 시모노세키의 평화보다는 그들의 마음에 미미한 영향을 끼쳤다. 그러므로 한국의 정식 병합은 시간문제일 뿐이다.[147]

프랑스는 영국의 수에즈 운하 통제가 인도 방어에 필요했던 것과 마찬가지로 일본의 한국 지배는 만주에 대한 영향력을 유지하기 위해 필수적이라고 보았다. 프랑스는 순종을 비롯하여 관료, 군인, 서민들이 일본의 지배를 반대하자 이토가 병합을 공개적으로 주장했다고 인식했다. 즉 프랑스는 이토는 한국인들이 복종하지 않는 것에 분개하여 병합을 주장했다고 보았다.

이토는 통감 사퇴 직전인 4월 가쓰라 수상에게 병합 지지 의사를 표명했다.[148] 일본 학자는 이토의 병합 지지 시점을 1909년 4월로 보고 있다. 바로 가쓰라의 병합 제의를 받은 시점이었다.[149] 그러나 제라르는

---

147) 『근대 한불 외교자료』Ⅱ, 1907년 9월 22일, 132~134쪽.

148) 모리야마, 앞의 책, 237~239쪽.

149) 운노 후쿠쥬, 『일본 양심이 본 한국 병합』, 198쪽.

이토는 서울로 온 뒤 강력하게 병합을 결심했다고 보았다.[150] 이상과 같이 프랑스는 '정미조약' 체결 뒤 이토의 대한정책에 대해서는 보호국의 재편성으로 보는 견해와 병합 추진으로 보는 견해로 나뉘어졌다. 일반적으로 이토의 한국병합 지지 시점은 1907년 4월설과 1909년 4월설이 유력하다. 프랑스는 이토의 한국병합 지지 시점에 대해 주미 외교관은 1907년 9월, 주일 외교관은 1909년 1월경으로 인식했음을 알 수 있다.

5. 맺음말

1장은 프랑스 외교관은 이토의 한국인 대응에 대해 어떻게 인식했는지를 분석했다. 플랑시는 '을사조약'은 이토의 무력 위협으로 체결되었다고 판단했다. 그 뒤 블랭도 고종이 '을사조약'에 반대하는 입장에는 변화가 없다고 판단했다. 프랑스는 이토가 가장 경계한 인물은 고종 황제라고 인식했다. 프랑스는 이토가 고종을 압박하는 수단으로 망명자의 귀국을 추진했고, 헤이그특사 사건을 계기로 고종을 강제 퇴위시켰다고 인식했다. 블랭은 그 뒤 이토는 궁금 숙청과 군·경의 재배치를 통해 고종을 정치에서 완벽히 소외시켰다고 인식했다.

프랑스 외교관은 1907년 10월 일본 황태자의 방한은 이토의 기획이라고 인식했다. 프랑스는 이토가 황태자의 한국 방문을 통해 한국민의 통감부 체제 신뢰, 순종의 권위 확립, 영친왕의 일본 유학이라는 효과를 노렸다고 분석했다. 프랑스는 일본 황태자의 한국 방문과 한국 황

150) 『근대 한불 외교자료』Ⅱ, 1909년 1월 19일, 259쪽.

태자의 일본 유학으로 한·일 황실과 국가의 관계는 긴밀히 진전되었다고 평가했다.

순종은 1909년 1월과 2월 남부와 서북부 지방을 순행했다. 프랑스 외교관은 이토가 순행을 기획한 것은 한·일의 완벽한 조화의 과시, 순종의 안전 입증에 있다고 분석했다. 프랑스 외교관은 한국민은 순행에 아무런 영향을 받지 않았다며 순행의 정치적 결과에 대해 부정적인 평가를 내렸다. 프랑스는 이토의 방침은 이완용, 송병준처럼 황실의 영향을 받지 않고, 일본의 보호정치를 강력히 지지하는 인물들로 내각을 조직하는 것이라고 인식했다. 프랑스는 이토가 의병전쟁에 대해 강경 진압 방침임을 인지했다. 프랑스 외교관은 한국민의 국권회복운동에 대해 부정적인 시각을 표출했다. 즉, 의병전쟁의 고조가 일본인의 불법행동에 기인한 것을 명백히 인식했음에도 불구하고 의병을 반란자라고 표현했다. 나아가 이토의 강경 진압에 대해 고통스런 과제로 평가하며 두둔했다.

2장은 프랑스 외교관은 이토의 대한정책을 어떻게 평가했는지를 분석했다. 먼저 프랑스는 이토의 전기정책에 대해 어떻게 인식했는지를 분석했다. 프랑스 외교관은 이토가 통감으로서 실행한 첫 사업을 차관 도입이라고 규정했다. 프랑스는 이토가 시정 개선의 명목으로 흥업은행 차관을 주선했지만, 실제로는 군사적 목적과 일본의 이익을 도모한 것이라고 평가했다. 프랑스는 이토의 일본인 이주자 정책은 한국의 식민지 체제를 가속화시키고 있다고 인식했다. 프랑스는 진해와 영흥의 토지수용 조치를 이토의 기획으로 보았다. 즉 이토가 한국에 해군기지를 건설하고자 헐값으로 한국인의 토지를 수용했다고 이해했다. 프랑스 외교관은 이토가 일본의 이익을 최우선으로 하는 한편 한국 침략의 선봉에 섰다고 명백히 인식했지만, 이토의 한국 통치를 문명화로 평가했다. 프랑스 외교관이 이토를 긍정적으로 평가한 것은 이토가 프랑스의 이권을 적극 보호하는 등 프랑스에 대해 우호적인 태도를 보였고, 프랑스와 같이 제국주의 정책을 시행하는 것에 공감했기 때문이었다. 이토는 불일협정 체결을 촉구했다. 영러협정이 체결된 1907년부터 유럽 열강은 영국, 프랑스, 러시아의 삼국협상과 독일, 오스트리아, 이탈리아의 삼국 동맹으로 대립했다. 일본은 기존의 영일동맹과 더불어 불일협정, 러일협정을 체결함으로써 삼국협상 그룹과 횡축으로 연결됐다. 그러므로 프랑스 외교관들은 한층 일본에 우호적인 감정을 가진 것으로 볼 수 있다.

다음으로 프랑스는 이토의 후기정책에 대해서는 어떻게 인식했는지를 분석했다. 프랑스는 이토가 '정미조약' 체결 뒤 가장 역점을 둔 사업을 사법개혁으로 규정했다. 프랑스 외교관은 이토의 사법개혁의 목표는 궁극적으로 치외법권의 폐지에 있다고 인식했으며, 기유각서 체결을 일본의 대한정책에 있어 중대한 전진이라고 평가했다. 프랑스는 기유각서 체결을 실질적인 한국 병합으로 간주한 것을 의미했다. 프랑스는 이토 통치하의 대표적인 식산흥업정책인 동양척식주식회사에 대해 주시했다. 프랑스는 동양척식주식회사의 주도자는 이토가 아니라 가쓰라로 보았고, 설립 목적은 식민지 개발과 전시 대비라고 분석했다.

이토의 자치육성책은 그 주체가 대부분 일본인이었으며, 또 일본인의 이익을 보호하는 방향으로 전개됐으므로 한국민의 강력한 저항에 부딪혔다. 미국, 영국 등 열강의 외교관들도 이토의 통치 행태에 대해 비판적이었다. 그러나 프랑스 외교관은 이토의 정책을 긍정적으로 평가했다. 프랑스는 영국의 수에즈 운하 통제가 인도 방어에 필요했던 것과 마찬가지로 일본의 한국 지배는 만주에 대한 영향력을 유지하기 위해 필수적이라고 보는 등 제국주의적 시각을 표출했다. 프랑스는 이토의 내정에 대해 구체제를 지지하는 황실과 외국인들에 맞서 행정을 개혁하고 재정을 관리했으며, 사법권의 기능과 배치를 통해 인권을 보장했다고 평가했다. 이토의 외정에 대해서는 외국인들의 요구 사안들을 우호적으로 처리하고 개항 원칙과 국제조약들을 엄격히 시행하도록 조치했다고 칭송했다. 그러므로 프랑스는 이토의 정책이 후임 통감들에게 계승되기를 기대했다. 이토는 한국민의 언론, 출판, 집회, 결사의 자유를 압살했다. 그러나 프랑스는 이토의 가혹한 반문명 통치에 대해 비판적인 입장을 표출하지 않았다.

3장은 프랑스 외교관은 이토의 한국병합의 입장에 대해 어떻게 인식했는지를 분석했다. 프랑스는 일본 지도층은 이토 중심의 시민파와 야마가타 중심의 군부파가 대립하고 있다고 인식했다. 프랑스는 이토가 군부와의 논쟁에서 승리하기는 했으나 그의 입지가 계속해서 동요하고 있다고 인식했다. 프랑스는 1907년 9월 통감부의 인사 개편에 대해 야마가타와 가쓰라의 영향력을 의미한다고 해석했다. 프랑스는 야마가타파는 이토의 소환과 군정의 실시를 추구하고 있다고 판단했다. 프랑스는 이토가 과업이 완성되기도 전에 사퇴한 것은 야마가타파와의 노선 갈등에서 패배했기 때문이라고 분석했다. 프랑스는 이토는 점진적으로 한국을 흡수하는 동화정책을 택한데 비해, 야마가타는 급진적인 방식으로 한국을 병합하는 방식을 택했다고 인식했다.

프랑스는 이토가 통감으로 부임한 직후의 한국통치 방식은 크로머가 이집트에서 실시한 통치방식을 모델로 삼았다고 평가했다. 프랑스는 통감으로 부임한 직후 이토의 정책을 보호국 체제의 유지로 보았고, 병합 추진에 대해서는 인식하지 못했다. 프랑스는 '정미조약' 체결 뒤 이토의 대한정책에 대해서는 보호국의 재편성으로 보는 견해와 병합 추진으로 보는 견해로 나뉘어졌다. 프랑스는 이토의 한국 병합 지지

시점에 대해 주미 외교관은 1907년 9월경, 주일 외교관은 1909년 1월경으로 인식했다.

8장
프랑스의 105인 사건 인식*

1. 머리말

일제는 1910년 8월 대한제국을 강제 병합했다. 일본의 육군대신 데라우치 마사타케(寺內正毅)는 병합 직후 초대 조선 총독에 취임했다. 데라우치가 수립한 조선총독정치는 장기적인 대륙정책, 곧 일본 국가의 대륙국가화라는 구상 속에서 이루어진 조선지배체제였다. 그에 따라 데라우치의 조선총독정치는 군사적 방비에 중점을 두었고, 군사적 방비의 기초는 조선의 치안질서의 확립에 있었다. 그러나 조선의 치안은 강제 병합으로 인해 매우 불안정했다. 그 결과 데라우치는 재직 기간 내내 치안 확보에 가장 역점을 두었다.[1] 105인 사건은 그 같은 상황에서 민족운동을 탄압하고자 날조된 사건이라 할 수 있다.

일제 경찰은 일부 조선인들이 압록강 철도 개통식에 참석하려는 데라우치 총독을 살해하려는 모의를 했다고 주장하며 123인을 재판에 회부했다. 경성지방법원은 그 중 105인에게 유죄를 선고했다. 유죄 판결을 받은 105인은 1심 판결에 모두 불복하여 상급법원인 경성복심법원

---

* 이 논문은 2016년 대한민국 교육부와 한국연구재단의 지원을 받아 수행된 연구임 (NRF-2016S1A5B5A07917769).

1) 데라우치의 조선 통치에 대해서는 전상숙, 『조선총독정치 연구』 참조.

에 상고했다. 경성복심법원 판결의 결과 99명이 석방되고 6명이 처벌을 받았다. 유죄 판결을 받은 6인은 모두 불복하여 경성고등법원에 상고했다. 경성고등법원은 파기 판결을 내리고 사건을 대구복심법원으로 보냈다. 윤치호 외 5인은 대구복심법원이 원심유죄판결을 유지하자 고등법원에 상고했다. 고등법원은 1913년 10월 윤치호와 5인이 제기한 상고를 기각했고, 대구복심법원의 판결을 그대로 확정했다. 결국 105인 사건에 대한 재판은 6명만을 처벌하는 것으로 종료됐다.

105인 사건은 국제적인 주목을 받은 사건이기도 했다. 구미 열강은 105인 사건에 선교사들과 다수의 기독교인들이 연루되자 비상한 관심을 보였다. 해외선교본부와 국제 언론은 105인 사건의 조작 가능성과 고문에 의한 자백 등을 보도했다. 그 결과 105인 사건은 국제적 사건으로 비화됐다. 열강은 일본이 조선을 통치하는 데 있어 공정한 법질서 운영 여부를 주시했다. 공정한 법의 집행은 한반도에서 자국의 이권 보호와 직결되었기 때문이었다. 열강은 105인 사건은 일본이 선교사들의 활동을 제한함으로써 한반도에서 자국의 이익을 제거하려는 의도라고 판단했다. 그 결과 105인 사건은 서구 열강의 한반도 인식 상에 있어서 결정적 변화를 가져다주었다. 즉 일본의 조선 통치에 대해 긍정적인 입장을 보였던 열강은 105인 사건을 계기로 부정적 입장으로 선회했다. 영국, 미국 정부는 105인 사건을 예의 주시하며 일본, 조선 주재 외교관들에게 그 진상을 보고할 것을 지시했다.[2] 이상과 같이 105인 사건은 조 · 일간의 문제로 국한되지 않고 국제적 사건으로 확대되었다. 그러므로 105인 사건을 국제적 시각에서 구명하는 연구가 필요하다고 할 수 있다. 또 105인 사건을 객관적으로 이해하기 위해서라

2) 구대열, 『한국 국제관계사 연구』 1, 역사비평사, 1996, 195~201쪽.

도 제3국의 시각에서 이 사건을 분석하는 것이 필요하다고 보여진다.

105인 사건에 대해서는 많은 연구 성과가 축적되었다.[3] 먼저 1991년 출간된『105인 사건과 신민회 연구』는 105인 사건에 대한 본격적인 연구라 할 수 있다. 이 연구는 105인 사건의 허구성, 법률 적용상의 문제점, 피의자들의 사회경제적 성향, 미국 선교본부 및 선교사들의 대응, 105인과 신민회와의 관계 등을 심층적으로 분석했다.[4] 이 연구의 결과 일제가 반일의식이 강한 서북지방의 기독교세력의 확장을 저지하고, 미국 선교사들을 축출하고자 105인 사건을 날조했다는 사실이 밝혀졌다. 이후의 연구들은 상기 연구의 문제의식을 심화시키는 방향으로 전개됐다. 즉 105인 사건에 대한 해외 선교본부 및 선교사들의 대응에 대한 연구[5], 105인 사건과 청년학우회와의 관계에 대한 연구 등이 있다.[6] 105인 사건 재판에 대해서는 경성지방법원 재판에 초점을 맞추었고, 경성복심법원, 경성고등법원, 대구복심법원의 재판에 대해서는 간과하는 경향이 있었다. 즉 재판 전과정에 대한 본격적인 연구는 없다고 할 수 있다.

조선 주재 프랑스 영사는 1912년 2월 처음으로 105인 사건의 피의자에 대한 체포를 인지했다. 프랑스 영사는 피의자들이 사면을 받는

3) 윤경로,『105인 사건과 신민회 연구』, 일지사, 1991; 키노시타 타카오,「105인 사건과 청년학우회 사건」, 숭실대학교 대학원 박사학위논문, 2011; 김승태,「105인 사건과 선교사의 대응」,『한국기독교와 역사』 36, 2012; 이성전,「미국 북장로회 해외선교본부의 동아시아 인식과 105인 사건 -미국 필라델피아 장로교사료보관소 자료와 일본의 연구를 중심으로」,『한국기독교와 역사』 36, 2012; 윤경로,「「105인 사건」 피의자의 사건 이후 행적과 활동 -국외에서 독립운동에 참여한 19인을 중심으로-」,『한국독립운동사연구』 42, 2012; 윤경로,『105인 사건과 신민회 연구: 개정증보판』, 한성대학교 출판부, 2012.

4) 윤경로,『105인 사건과 신민회 연구』.

5) 김승태, 앞의 글; 이성전, 앞의 글.

6) 키노시타 타카오, 앞의 글.

1915년 2월까지 본국 외무부 장관에게 105인 사건에 대해 심층적으로 보고했다. 프랑스와 일본은 식민통치에 도움을 받고자 서로 상대 국가의 식민통치방식을 참조했다. 특히 프랑스는 베트남의 민족운동 탄압에 몰두하고 있던 차여서 일본의 비밀경찰제도를 주목했다.[7] 그 같은 사실은 프랑스가 일본이 조선의 민족운동에 어떻게 대처하고 있는지를 주목한 것을 의미한다.

본 연구는 조선 주재 프랑스 영사는 105인 사건에 대해 어떻게 평가했는지를 분석하고자 한다. 먼저 본 연구는 조선 주재 프랑스 영사는 105인 사건의 연루자에 대해 어떻게 인식했는지를 분석하고자 한다. 구체적으로 조선인 피의자에 대한 인식과 미국인 선교사에 대한 인식으로 구분하여 분석하고자 한다. 다음으로 프랑스 영사는 105인 사건 재판에 대해 어떻게 인식했는지를 분석하고자 한다. 구체적으로 프랑스 영사는 경성지방법원, 경성복심법원, 경성고등법원, 대구복심법원의 재판과 변론에 대해 어떻게 평가했는지를 분석하고자 한다.

2. 105인 사건 연루자 인식

1) 조선인 피의자에 대한 인식

일제는 1910년 12월 데라우치 총독의 서순(西巡) 직후 서북지방에서 '총독살해모의'에 대한 풍설이 유포되고 있는 것을 포착했다. 일제 경찰은 1911년 10월 평안북도 선천(宣川)의 기독교계 학교인 신성중학교

[7] 윤대영, 「프랑스의 베트남 식민정책과 일본의 한국 식민정책 비교연구를 위한 시론」, 『일제 식민지지배의 구조와 성격』, 경인문화사, 2005, 422쪽.

학생을 검거했고, 뒤이어 이 지역 기독교계 학교의 교사, 학생들을 추가 구속했다. 총독부는 풍설을 실제의 사건으로 조작하고자 강도사건에 연루된 조선인 몇 사람에게 고문을 가하여 가공의 사건을 만들어냈다. 즉 총독부는 1910년 9월 경성(서울)의 서대문 임치정(林蚩正)의 자택에서 윤치호(尹致昊), 양기탁(梁起鐸), 옥관빈(玉觀彬) 등 신민회 지도인사들이 데라우치 총독을 살해하고자 모의했다고 날조했다. 총독부는 1912년 2월 9일 송도(松島)에 있던 신민회 회장이자 기독교청년회 부회장인 윤치호를 체포한 뒤 경성으로 이송했다.

조선 주재 프랑스 영사가 105인 사건을 인지한 시점은 윤치호를 체포한 때로 보여진다. 이 때부터 조선 주재 프랑스 영사는 105인 사건의 추이를 예의 주시하기 시작했기 때문이다. 즉 게랭(A. Guérin) 경성 주재 프랑스 영사는 푸엥카레(R. Poincaré) 프랑스 외무부 장관에게 105인 사건의 내용을 상세히 보고하기 시작했다.[8] 게랭은 윤치호의 체포 소식을 예의 주시했다. 게랭은 윤치호에 대해 "신교 목사로 송도 미션 스쿨 교장이며 수도의 '기독교청년회' 부회장이기도 합니다. 그가 동포들에게 누리는 권위는 대단한 것 같습니다. 뮈텔(Gustav Mutel) 주교는 윤치호를 조선 최고의 학자이자 지성인의 한 사람으로 간주합니다."라고 언급했다. 한편 게랭은 대부분 개신교도들인 선천의 조선인들이 총독을 살해하기 위해 모의를 꾸몄다는 혐의를 받고 있으며, 최소한 100여 명의 조선인들이 체포되어 심문을 받았다는 사실을 보고했다. 한편 게랭은 총독부의 사법 경찰들이 조선인들에 대해 증언과 자백을 받아내기 위해 구타를 서슴지 않는다는 정보를 입수했다. 그에 게랭은 이 사건의 심각성을 인식했고, 사건의 전개 상황을 본국 정부

---

8) 게랭은 1911년 9월 14일 조선에 프랑스 영사로 부임했다.

에 보고할 것을 결심했다.[9] 게랭은 105인 사건에 연루된 피의자에 대해 대부분 선천에 거주하는 개신교도들이라고 파악한 것을 보여준다.

뮈텔 주교는 1912년 6월부터 105인 사건을 주시하기 시작했다. 123명의 피고 가운데 이기당(李基唐)이라는 천주교인이 포함되어 있었기 때문이었다.[10] 뮈텔은 기소장을 보고 이기당이 그 사건에 엄중하게 연루된 것을 인지했다. 그런데 뮈텔은 이 사건에서 이상한 점을 발견했다. 즉 이기당은 사건이 일어난 시점, 즉 1910년 10월부터 12월까지 멩(Meng) 신부, 김윤근(金允根) 신부와 함께 있었고, 그들의 심부름으로 본당을 위한 집과 대지를 물색하고 있었다는 사실이었다. 뮈텔은 경무총감 아카시 모토지로(明石元二郎)를 만나 해당 재판에 대한 자신의 의견을 전달했다. 뮈텔은 아카시에게 기소장이 매우 졸열해 보인다고 지적했다. 즉 음모자들이 옷 속에 권총들을 숨기고 한손은 권총의 손잡이를 잡고 갔을 텐데, 여러 기차역에서 단 한명의 경찰도 그들을 검색할 생각을 하지 않았다는 사실을 지적했다. 그에 아카시는 음모를 발견한 뒤부터 용의자들을 검색하기 시작했다고 대답했다. 그러나 뮈텔은 이기당은 1909년부터 천주교 신자여서 잘 안다고 언급하며, 그의 기소장에 명백한 허위사실들이 있다고 반박했다.[11]

게랭은 뮈텔 주교가 이 사건에 대해 비판적인 입장을 가지고 있다고 인식했다. 즉 게랭은 "경무총감 아카시는 뮈텔을 방문했으며, 그 기회에 뮈텔의 생각을 물었습니다. 주교는 고소가 취약한 근거에 기반하고 있으며 체포가 너무 성급했던 것 같다고 대답했습니다. 이에 대해 아

---

9) 『근대 한불 외교자료』Ⅲ, 〈데라우치 백작 살해 음모와 중신 윤치호 체포에 대한 보고〉, 게랭 → 푸엥카레, 1912년 2월 18일, 245~246쪽.

10) 이기당은 평안북도에서 활동한 신민회의 주요 인사였다. 그는 105사건 이후 간도로 망명하여 독립운동에 헌신했다.

11) 『뮈텔 주교 일기』 5권, 1912년 6월 13일, 133~134쪽.

카시는 피고인들의 행동에 대한 엄밀한 증거를 가지고 있다고 반박했습니다. 뮈텔에 의하면, 경무총감은 소송의 형국에 대해 우려하는 것 같습니다."라고 보고했다.[12] 아카시는 105인 사건 연루자에 대한 고문을 진두지휘했다. 그는 제정 러시아 주재 무관으로 재직할 당시 폴란드 독립운동가에 대한 러시아의 고문 기술을 학습했으며, 고문 기술을 조선의 감옥에서 사용했다.[13]

일제 검찰은 1912년 4월 총독 살해를 모의한 죄로 조선인들을 기소했다. 그 중 프랑스 영사가 주목한 인물은 윤치호, 양기탁, 유동열(柳東說)이었다. 게랭은 윤치호를 조선의 저명한 중신으로 평가했으며, 유동열과 양기탁은 조선인들로부터 크나큰 신임을 받고 있는 양반이라고 보고했다. 게랭은 특히 유동열에 대해 일본 육사를 졸업하고 대한제국군의 장교로 복무하던 중 한일병합조약에 항의하기 위하여 상해로 망명한 인사라고 소개했다. 게랭은 데라우치는 유동열을 경성으로 불러들여 식민체제에 반대하는 저명 인사들을 일본 편으로 전향시키려는 공작을 담당하게 하려 했다고 보고했다.[14]

이후 총독부는 일본 국왕에게 윤치호의 남작 작위와 특권을 박탈한 뒤 법정 소환을 허락해주기를 건의했고, 일본 국왕은 그러한 청원을 수용했다. 게랭은 총독부는 윤치호를 모의의 핵심 지도자로 간주한다고 판단했다. 한편 게랭은 모의에 가담한 혐의를 받은 조선인들의 숫자는 백 명을 넘어설 것으로 추정했다. 그 때문에 총독부는 수많은 피의자와 청중을 수용하고자 북쪽의 옛 궁궐 근처인 경기도 관찰사의 집

12) 『근대 한불 외교자료』Ⅲ, 〈데라우치 백작 살해 기도에 연루된 123명에 대한 소송에 대한 보고〉, 게랭 → 푸엥카레, 1912년 7월 18일. 283~284쪽.

13) 구대열, 앞의 책, 198쪽.

14) 『근대 한불 외교자료』Ⅲ, 〈데라우치 백작 살해 음모에 관한 보고〉, 게랭 → 푸엥카레, 1912년 4월 18일, 260쪽.

무실 뒤의 부지에 임시 법정을 마련했다고 인식했다.[15)]

경성 지방법원은 1912년 6월 28일 데라우치 살해모의 혐의로 123명의 조선인 피고인들에 대한 공판을 개시했다.[16)] 일본인 검사는 기소문을 통해 모의자들은 수차례 총독을 살해하고자 했으나 그 때마다 경찰의 삼엄한 경비로 인해 계획을 실행에 옮기지 못했다고 주장했다. 게랭은 기소문에 보이는 이기당이라는 천주교 신자를 주목했다.[17)] 이기당은 평안북도 의주의 양실학교에서 유동열을 면담하고 총독 살해를 모의했다는 혐의를 받고 있었다. 게랭은 뮈텔을 통해 이기당에 대한 정보를 입수했다. 그에 따르면 이기당은 북서쪽 지역에 소재한 독립학교를 운영하고 있으며, 거액의 재산을 소유하고 있었다. 뮈텔은 이기당이 모의에 가담했었다는 것에 대해 매우 놀랐다고 토로했다. 그에 대해 게랭은 이기당은 폭넓은 인맥을 지닌 관계로 여행을 많이 다녔던 바, 바로 그것이 경찰의 의심을 샀을 것으로 판단했다. 그렇지만 이기당이 실제로 모의에 가담한 것에 대해서는 의문을 가졌다.[18)]

일진회의 일원이었던 김일준(金一濬)을 제외하고는, 다른 피의자들은 모의에 가담했다는 사실을 완강하게 부인했다. 그들은 검사와 경찰 앞에서 했던 자백들을 번복했다. 대부분의 피의자들은 자백이 협박과 고문에 의한 것이라고 역설했다. 주모자로 몰린 윤치호는 임치정의 집에서 총독 살해 모의에 가담했다는 사실을 부인했다. 윤치호는 자신이

---

15) 『근대 한불 외교자료』Ⅲ, 〈데라우치 백작 살해 음모에 관한 보고〉, 게랭 → 푸엥카레, 1912년 6월 8일, 274쪽.

16) 105인 사건의 재판 당시 공식 명칭은 '寺內總督謀殺未遂事件'이었다.

17) 『근대 한불 외교자료』에는 이기당을 이강으로 기술하고 있다. 그러나 기소된 천주교 신자는 이기당과 안성제 등 2명이다. 그리고 기소된 105인 중에 이강이라는 인물은 없다. 뮈텔과 게랭의 기록을 검토해 볼 때 이강은 이기당을 오기한 것으로 보여진다.

18) 근대 한불 외교자료』Ⅲ, 1912년 6월 18일, 게랭 → 푸엥카레, 277~278쪽.

피의자로 몰린 것은 경찰이 자신을 속였기 때문이라고 진술했다. 또 윤치호는 경찰은 피의자들이 자신을 모의의 주동자로 지목했다고 속였으며, 또 용의자들이 재판을 거쳐 처벌을 받았다고 속였다는 사실을 폭로했다. 윤치호는 자신은 그 같은 기만에 넘어가 공모에 가담했음을 시인한 것이라고 주장했다.[19] 게랭은 윤치호는 자신이 피의자로 지목된 것은 일제 경찰의 기만 때문이며, 자신은 총독 살해 모의에 가담하지 않았다고 강변한 것을 인지했다.

공판은 변호인단의 재판부 기피 신청문제로 일시 중단되었다가 8월 재개되었다. 게랭은 재판을 주시하던 중 다음과 같은 사실을 인지했다. 즉 안태국과 10여 명의 피의자들이 경찰이 행사한 폭력으로 인해 거짓 진술을 했다고 주장했다. 또 피의자들이 자신들의 알리바이를 내세웠고, 자신들의 말을 뒷받침해줄 증인들을 요구했지만 기각됐다. 일본인 검사는 범죄를 주도한 것은 신민회라는 비밀 단체이며, 윤치호를 이 모의의 주동자로 지목했다.[20] 게랭은 피의자들은 고문으로 거짓 자백을 했다고 일관성 있게 주장하고 있는 것을 주목했다. 또 총독부가 총독 살해를 모의한 단체를 신민회로 지목하고, 신민회 의장 윤치호가 모의를 주도했다고 단정하고 있음을 인지했다.

피의자들은 1심에서 유죄판결을 받자 상고했다. 피의자들은 11월 26일부터 개최된 복심에서 자백에 강압이 작용했음을 폭로했다. 즉 피의자들은 교도소 수감 당시 그들이 받았던 고통을 역설했다. 피의자들은 경찰은 자신들을 때리고 매달고 불로 지지고 밥을 굶기는 방법으로 거

---

19) 『근대 한불 외교자료』Ⅲ, 〈데라우치 백작 살해 기도에 연루된 123명에 대한 소송에 대한 보고〉, 1912년 7월 18일, 283~284쪽.

20) 『근대 한불 외교자료』Ⅲ, 〈데라우치 백작 살해 기도에 연루된 123명에 대한 소송에 관한 보고〉, 게랭 → 푸엥카레, 1912년 8월 26일, 289~290쪽.

짓 자백을 받아냈다고 폭로했다. 김일준도 자신이 1심에서 유죄를 인정했던 것은 순사들의 학대로 인해 정신 이상이 왔기 때문이라고 진술했다. 게랭은 다른 피의자들과는 달리 지방법원에서 경찰과 검사에게 했던 증언을 반복했던 김일준이 이번에는 무죄를 주장한 사실에 주목했다. 한편 게랭은 『재팬 크로니클』이 보도한 장관선(張寬善)의 법정 진술에 주목했다. 장관선은 경성신학교를 졸업하고 1909년부터 평안도 철산에서 개신교 목사로 활동 중인 저명 인사였다. 게랭은 『재팬 크로니클』의 기사 중에서 장관선이 일제 경찰의 고문을 폭로한 부분을 본국 정부에 보고했다.[21] 게랭은 김일준, 장관선의 진술을 통해 피의자들의 자백에 일제 경찰의 고문이 작용했음을 인정한 것으로 보여진다.

복심 판결의 결과 99명이 석방되고 6명이 처벌을 받았다. 경성 주재 프랑스 부영사[22]는 다음과 같이 조나르(Jonnart) 외무부 장관에게 조선인들의 반응을 보고했다.

> 조선의 대중들은 윤치호가 무죄 선고를 받을 것으로 기대한 것 같습니다. 외국인이든 조선인이든 그를 아는 사람들은 윤치호가 지적이고 섬세한 사람이라 그런 살해 모의에 가담할 리 없다는 견해를 보였습니다. 다른 한편으로 소송의 전 단계를 예의주시한 모든 사람들은 윤치호를 유죄로 본 모든 증거들을 근거가 없는 것처럼 여겼기 때문입니다. 하지만 윤치호가 피의자 대부분이 속한 신민회의 의장인 만큼, 법정은 그에게 무죄를 선고한다면 다른 피의자들에게도 무죄 선고를 하지 않을 수 없다고 여긴 게 분명합니다. (중략) 대중들은 이번 판결로 교도관들의 고문에 대한 피의자들의 고발이 묵시적으로 인정받았다는

21) 『근대 한불 외교자료』Ⅲ, 〈데라우치 백작 살해 음모에 대한 보고〉, 게랭 → 푸엥카레, 1912년 12월 16일, 318~320쪽.

22) 1913년 1월 31일 이후 프랑스외무부문서에는 부영사 겸 영사관장이라는 직책만 기재되어 있고 성함은 기재되어 있지 않다. 그 전까지는 게랭이 보고자였다.

> 결론을 내렸습니다. 무죄 선고를 받은 99명 중 어느 한 사람도 재판정에서 만족감을 나타내지 않았습니다. 다른 한편, 공판이 끝난 뒤 저는 한 가지 사실에 놀라지 않을 수 없었습니다. 그것은 그 99명이 무죄 선고를 받았음에도 결박당한 채 다시 교도소로 끌려갔다는 사실입니다. 하지만 그들 중 일부가 얼굴의 부끄러움을 가리도록 죄수들에게 주는 커다란 버드나무 모자를 손에 들고서 대중들을 똑바로 바라보며 몸을 꼿꼿이 세운 채 걷는 모습에서 그들에게서 변화가 생겼음을 짐작할 수 있었습니다.[23]

경성 주재 프랑스 부영사는 조선인들은 105인 사건을 고문에 의한 조작으로 단정하고 있으며, 그 때문에 무죄 판결을 받을 것으로 기대한다고 인식했다. 아울러 조선인들은 윤치호는 인격적으로 살해 모의를 할 사람이 아니라고 여기고 있으며, 윤치호가 유죄 판결을 받은 것은 신민회 의장이기 때문이라고 단정하고 있음을 인지했다. 또 프랑스 부영사는 무죄 선고를 받은 피의자들의 당당한 태도를 보고 취조 과정에서 고문이 작용했음을 인정한 것으로 보여진다.

프랑스 부영사는 105인 사건은 총독부의 강압적인 취조로 조작된 것을 인정했으며, 총독부의 선처는 그 같은 강압성을 자인한 데에서 나온 것으로 해석했다. 그리고 프랑스 부영사는 피의자들은 부당한 처벌에 대한 반발심에서 총독부의 선처를 거부할 것으로 예측했다.

105인 사건의 피의자들은 대부분 기독교세가 강한 평안도 선천, 정주 등지에 거주하던 사람들이었다.[24] 피의자들은 대부분 신민회의 서

---

23) 『근대 한불 외교자료』Ⅲ, 〈데라우치 백작 살해 음모로 기소된 105인 항소심 소송에 대한 보고〉, 서울 주재 프랑스 영사관장 겸 부영사 → 프랑스 외무부 장관, 1913년 3월 22일, 332~334쪽.

24) 105인 사건에 연루된 피의자들의 출신지역은 평안북도 출신이 약 66%, 평안남도 출신이 약 25%, 황해도 출신이 약 7%를 차지하는 등 98%가 서북지방 출신이었다. 일제는 서북지역의 반일세력을 제거하고자 105인 사건을 조작했다. 양성숙, 「105인 사건과 서대문형무소」, 『문명연지』 제8권 제1호, 한국문명학회

북지역의 조직원들이었다. 그러므로 일제는 105인 사건의 조작을 통해 서북지역의 기독교 세력과 신민회 조직을 와해시키려 했다.[25] 프랑스 영사도 총독부가 신민회를 총독 살해 모의 단체로 지목하고 신민회의 와해를 추구하고 있다고 분석했다.

2) 미국인 선교사에 대한 인식

미국은 105인 사건에 자국 선교사 20명이 연루되자 민감한 반응을 보였다. 미국은 특히 언더우드(Underwood)와 맥균(McCune)이 살해 모의에 주도적으로 개입했다고 알려지자 경악했다. 종래 미국 선교사들은 일제의 조선 통치를 인정했고, 나아가 조선인 신자들에게 일제의 식민통치에 충성할 것을 요구했었다. 그러므로 미국 선교사들은 일본 측이 미국 선교사들을 105인 사건에 연루시키자 크게 당황했다. 선천 신성학교 교장 맥균은 1911년 11월 23일 본국 해외선교본부에 그 사건에 대한 자신의 의견을 전달했다.

조선에 거주하는 미국 선교사들은 피의자 구명운동에 나섰다. 이들은 미국 해외선교본부에 총독부가 피의자들에게 고문을 가했다고 보고했다. 한편 미국 선교사들은 경무총감 아카시를 면담한데 이어 1912년 1월 23일에는 총독 데라우치를 면담하고 고문 의혹과 장기 구금의 부당성을 지적했지만 아무런 소득도 얻지 못했다.[26] 미국 본토에서도 미국 선교사들이 총독모살미수사건에 연루되자 관심을 표명했다. 미국인들은 개신교 신자들이 대거 체포되자 사건의 추이를 예의 주시하기

2007.

25) 윤경로, 『105인 사건과 신민회 연구』, 일지사, 1991, 29~30쪽.

26) 윤경로, 앞의 책, 144~151쪽.

시작했다. 특히 『뉴욕해럴드』 등의 미언론은 이 사건에 대해 연일 대서특필을 했다. 미 의원들은 윤치호가 체포되자 주미 일본대사관을 방문하여 일본의 의도를 문의하기도 했다.[27] 총독부는 미국인 개신교 선교사들을 축출하고자 획책했지만 미국의 여론이 비등해지자 개신교 선교사들을 기소에서 제외했다.[28]

경성 주재 프랑스 영사는 미국 선교사들이 피의자 구명운동에 나선 것을 인지했다. 게랭은 푸엥카레에게 "미국 선교사들은 윤치호 수감에 불만이 많으며 사법 당국이 소송을 오래 끌면서 죄없는 사람들에게 고통을 가한다며 비난하고 있다는 소문입니다. 또한 그들은 당국이 혐의자들에게서 자백을 얻어내려고 가혹한 수단을 동원한다고 항의하고 있습니다. 모의에 가담한 죄로 수감된 천주교 신자는 한 명뿐이라고 합니다."라고 보고했다.[29] 프랑스 영사는 미국 선교사들은 총독부가 조선 개신교단의 대표적 인사인 윤치호를 연행하고, 개신교도에 대한 고문을 자행하는데 대해 강력히 항의한다고 이해했다.

한편 기소된 105인의 종교는 장로교 81명, 감리교 6명, 천주교 2명, 천도교 2명 등으로서 장로교 신자가 압도적 다수를 차지했다. 이 무렵 장로교와 감리교는 개신교 교단을 대표하고 있었다. 그 중 감리교는 통감부 시기부터 일본에 협조적인 태도를 보인 바 있었다. 즉 1907년 감리교 간부는 통감에게 감리교 신자들은 일본과 한마음 한뜻이라고 영합하기도 했다.[30] 게랭은 장로교와 감리교는 총독부와 어떤 관계를 맺고 있는지에 대해 다음과 같이 보고했다.

---

27) 윤경로, 앞의 책, 154~156쪽.

28) 윤경로, 앞의 책, 25쪽.

29) 『근대 한불 외교자료』 Ⅲ, 1912년 2월 18일, 245~246쪽.

30) 『뮈텔 주교 일기』 4권, 1907년 6월 19일, 158쪽.

> 선천에 거주하는 장로교 소속 미국인 선교사 조지 맥큔이 수감되었다는 소식은 정확하지 않은 것 같습니다. 하지만 일본 경찰이 맥큔의 가택을 수색한 것은 확실합니다. 조선에서는 가택 방문이 종종 체포의 서곡이므로, 리포터들이 맥큔이 체포된 것으로 결론을 내린 것 같습니다. 맥큔 사건을 계기로, 저는 감리교 선교사들이 현지 당국에 대해 취하고 있는 태도가 장로교 선교사들이 취하는 태도와는 매우 다르다는 사실을 확인하게 되었습니다. 장로교 선교사들이 총독부에 적대적인데 반해, 감리교 측은 총독부를 우호적으로 대하는 것 같습니다. 조선 내 감리교 교회의 주요 대표자인 해리스 주교는 자기 포교단의 책임을 완전히 부인했습니다. 해리스는 기독교도들이 당국의 박해를 받은 일이 없으며, 당국은 선교사들과 만족스런 관계를 유지하고 있고, 그 자신은 당국이 수감 중인 기독교도들을 공정하게 대해주리라고 믿는다고 공개적으로 선언했습니다. 미국 개신교 포교관들 간의 이해 부족과 연대 결핍은 특기할 필요가 있습니다. 이는 그들의 위신을 약화시키고 그들의 포교 작업에 해가 될 뿐입니다. 바로 그 작업을 데라우치는 소문없이, 대단히 교묘하게, 조금씩 무너뜨리고 있습니다.[31]

게랭은 개신교 교단을 대표하는 장로교와 감리교는 총독부에 대해 상이한 태도를 보이고 있다고 인식했다. 그는 장로교 선교사들이 총독부에 적대적인데 반해, 감리교 측은 총독부를 우호적으로 대한다고 분석했다. 게랭은 총독부는 그 같은 개신교 교단의 분열을 활용하여 개신교 교단을 와해시키려 하고 있다고 인식했다. 그에 대해 푸엥카레 프랑스 외무장관은 장로교 신자들과 감리교 신자들이 일본 정부를 대하는 태도에서 어떤 차이를 보이고 있는지, 그러한 불화가 미국 측에 어떤 불이익으로 작용하는지에 대해 한층 주의를 기울일 것을 지시했다.[32] 게랭은 개신교단의 총독부에 대한 태도가 105인 사건에도 일정

---

31) 『근대 한불 외교자료』Ⅲ, 〈맥큔 선교사 사건 및 정부에 대한 개신교 포교관들(장로교와 감리교)의 상이한 태도에 대한 보고〉, 게랭 → 푸엥카레, 1912년 3월 2일, 247~248쪽.

32) 『근대 한불 외교자료』Ⅲ, 〈맥큔 선교사 사건 및 조선 내 일본 정부에 대한 개신교

한 영향을 준 것으로 파악한 것을 보여준다. 또 게랭은 일제 경찰이 총독부에 적대적인 장로교 신자들을 대거 체포했다고 인식했다.

미국 북장로회 해외선교부 총무 브라운(Brown)은 1912년 3월 뉴욕에서 주미 일본대사 진타(珍田捨己)를 면담하고 이 사건에 대한 자료를 요청했으며, 5월에는 미국 북장로회해외선교부 회의의 결의 사항을 진타에게 통보하는 한편 언론에 공개하여 공정한 재판을 유도했다. 일본 외무성에서도 6월 진타에게 이 사건에 대한 미국 언론의 기사에 대응하도록 지시하는 한편 일본 정부의 입장을 변호하는 성명을 발표했다. 그러나 재판과정에서 선교사 연루설이 유포되자 브라운은 7월 사건 관련 자료들을 미국 국무성에 제출하는 한편 진타를 방문하여 그에 대해 설명했다.[33] 브라운은 7월 태프트(Taft) 미대통령, 녹스(Knox) 미국무장관을 면담한 자리에서 이 사건에 대한 해외선교부의 의견을 전달했다.[34] 이에 미국 정부는 8월 서울 주재 자국 공관에 105인 사건에 대한 진상 보고를 지시했고, 일본 주재 영국 대사 맥도널드(MacDonald)는 일본 우치다(內田康哉) 외상에게 105인 사건 재판을 광대놀음이라고 비난했다.[35]

한편 조선에 거주하는 개신교 선교사들은 미국 장로교선교위원회에 총독부가 조선의 개신교 신자들을 체포한 것에 항의하는 서한을 보냈다. 그에 미국 장로교선교위원회는 1912년 6월 일본 정부에 조선에 종교의 자유가 없는 점, 명백한 고문을 자행한 점에 대해 항의하는 서한을 보냈다.[36] 조선 YMCA 회장 저다인(Gerdine)도 1912년 5월 에딘버러

포교관들의 태도에 대한 보고〉, 푸엥카레 → 미상, 1912년 3월 26일, 254쪽.

33) 김승태, 앞의 글, 14~19쪽.

34) 이성전, 앞의 글, 53쪽.

35) 구대열, 앞의 책, 199~200쪽.

36) 윤경로, 앞의 책, 164~165쪽.

세계선교대회 계속위원회 위원장 모트(Mott)에게 105인 사건에 대한 진정서를 전달했다. 모트는 일본 정부가 국제여론에 민감한 점을 지적하면서 각국 일본 대사관의 주의를 끌게 하여 그 재판에 영향을 끼치기를 기대했다.[37] 이상과 같은 서한이 공개되자 일본 언론과 기독교 인사들은 미국 선교사들을 거세게 비난했다. 게랑은 미국 선교사들과 일본의 갈등에 대해 다음과 같이 보고했다.

> 조선에 거주하는 개신교 선교사들은 에딘버러 세계선교대회의 계속위원회에 보낸 편지를 간행했습니다. 선교사들은 그 편지에서 문제의 사건은 일본 정부가 기독교 전파를 저지시키려고 꾸며낸 일이며, 행정당국이 개신교 교회에 반감을 품은 이유는 자신들의 통제 안에 들어오지 않기 때문이라고 진술했습니다. 그에 대해 조선 총독부의 기관지인 『The Seoul Press』의 편집장은 선교사들을 극렬하게 비난했습니다. 『The Seoul Press』는 편지를 쓴 선교사들의 규탄을 '터무니없는 일들'로 간주하는 한편 선교사들은 일본 당국이 지속적으로 보여준 호의를 오해하고 있다고 비난했습니다."[38]

게랑은 조선에 거주하는 개신교 선교사들은 105인 사건에 대해 일본 정부가 기독교 전파를 저지시키려고 조작한 것으로 규정하는 한편 일본 정부의 의도를 폭로하는 운동을 전개하고 있다고 인식했다. 그에 맞서 일본에서는 선교사들을 비난하는 여론이 일고 있다고 이해했다.

---

37) 김승태, 앞의 글, 28~31쪽.

38) 『근대 한불 외교자료』 Ⅲ, 〈데라우치 백작 살해 기도에 연루된 123명에 대한 소송에 대한 보고〉, 게랑 → 푸엥카레, 1912년 9월 1일, 291쪽.

3. 105인 사건 재판 인식

1) 경성지방법원 재판 평가

조선 주재 프랑스 영사가 105인 사건을 인지한 것은 1912년 2월 윤치호 체포가 계기가 됐다. 이 때부터 게랭 프랑스 영사는 푸엥카레 프랑스 외무부 장관에게 105인 사건의 내용을 상세히 보고하기 시작했다.[39] 게랭은 대부분 개신교도들인 조선인들이 데라우치 총독을 살해하기 위해 모의를 꾸몄다는 혐의를 받고 있으며, 최소한 100여 명의 조선인들이 체포되어 심문을 받았다는 사실을 보고했다. 게랭은 미국 선교사들은 윤치호 수감에 불만이 많으며, 사법 당국이 가혹한 수단을 사용하고 있다고 항의했다는 사실도 보고했다. 게랭은 증언, 자백을 받아내기 위해 구타를 자행하고 있다는 미국 선교사들의 주장이 일리가 있다고 보고했다. 게랭은 외무부 장관에게 사건의 전개 상황을 계속 보고하겠다고 언급했다.[40]

일제 경찰은 일부 조선인들이 압록강 철도 개통식에 참석하려는 데라우치를 살해하려는 모의를 했다고 주장하며 123인을 재판에 회부했다. 게랭은 1심 재판 과정을 자국 정부에 보고했다. 먼저 프랑스 영사는 1심인 경성지방법원의 재판을 어떻게 인식했는지를 분석하고자 한다.

경성지방법원은 1912년 6월 28일 데라우치 살해모의 혐의로 123명의 조선인 피고인들에 대한 재판을 개시했다. 경성지방법원의 재판 재판장은 쓰가하라(塚原友太郎), 검사장은 마츠데라(松寺竹雄), 검사는 사

39) 게랭은 1911년 9월 14일 조선 주재 프랑스 영사로 부임했다.
40) 『근대 한불 외교자료』Ⅲ, 1912년 2월 18일, 245~246쪽.

카이(境長三郎)였다. 변호인단은 김정목(金正穆), 박승빈(朴勝彬), 장도(張燾), 권혁채(權爀采), 박용태(朴容台), 윤방현(尹邦鉉), 태명식(太明軾), 이기찬(李基燦) 등의 조선인 변호사와 미야케(三宅長策), 오가와(小川平吉), 우자와(鵜澤總明), 나가이(永井), 나카무라(中村時章), 오쿠보(大久保雅彦), 다카하시(高橋章之助), 사이토(齋藤), 나카노(中野俊明), 카지(梶虎之助), 호시다(星田) 등의 일본인 변호사로 구성됐다.

사카이 검사는 기소문에서 윤치호 등은 과거 통감을 살해하고자 신민회를 결성했으며, 병합 이후 1910년 12월, 1911년 11월 두 차례 총독 살해를 모의했다고 주장했다. 그 중 유동열(柳東說)은 신의주에서 이기당에게 총독 살해를 지시했다고 주장했다. 나아가 피의자들은 수차례 총독을 살해하고자 모의했으나 경찰의 삼엄한 경비로 인해 실행에 옮기지 못했다고 주장했다.[41] 피의자들은 모의에 가담했다는 사실을 완강하게 부인하면서 검사와 경찰 앞에서 했던 자백들은 고문에 의한 것이라고 역설했다.

최종 심문이 끝나자 윤치호의 변호를 맡은 오가와는 피의자들의 경찰 진술 철회와 이에 관한 해명들이 있는 만큼, 실제로 피의자들에게 고문이 행사되었는지를 밝히기 위해 법정이 조사를 해야 한다고 요구했다. 오가와는 모든 변호인들의 이름으로 경찰관 쿠니토모(國友尙謙)를 증인으로 부를 것을 요구했다. 또 오가와는 법정 심의에서 자주 언급되었던 미국인 선교사 맥큔(McCune)과 모페트(Samuel A. Moffett)도 증인으로 부를 것을 요구했다. 그러나 재판부는 오가와의 요구를 기각했다.[42] 변호인단은 증인 신청 요구가 법원에 의해 기각되자 경악했

41) 『근대 한불 외교자료』Ⅲ, 1912년 6월 18일, 게랭 → 푸엥카레, 277~278쪽.

42) 『근대 한불 외교자료』Ⅲ, 〈데라우치 백작 살해 기도에 연루된 123명에 대한 소송에 관한 보고〉, 게랭 → 푸엥카레, 1912년 7월 18일, 283~284쪽.

다. 그들은 재판장과 배심원들이 피고인들에 대해 심한 편견을 갖고 있다고 판단했다. 그에 변호인단은 법원에 재판부 기피신청을 제출했고, 그 결과 1912년 7월 17일부터 8월 23일까지 재판이 중단됐다.[43)]

고등법원 재판관들은 변호인단의 기피신청에 대해 기각 결정을 내렸다. 기각 사유는 첫째, 판사들은 피고인들에게 유리한 증언들에 대한 심사만큼이나 그들을 심문하는 일에도 매우 공을 들이고 있다. 둘째, 다른 증인들을 송환했고 다른 증거들도 조사 중이다. 또 감옥에 갇힌 자들을 반드시 범죄자로 간주하지 않는다. 셋째, 변호사들 쪽에서 재판관들이 피고인들에 대해 반감을 가지고 있다고 주장한다면, 그것은 짐작일 뿐이며 소송 기피의 원인이 될 수 없다는 것이었다.[44)] 게랭은 변호인단과 재판부의 입장을 충실하게 보고했지만, 그에 대해 별다른 논평을 하지는 않았다. 다만 게랭은 기소문에 보이는 이기당이라는 천주교 신자를 주목했고, 이기당이 실제로 모의에 가담한 것에 대해 의문을 가졌다. 게랭은 이기당이 인맥이 넓어서 빈번히 여행을 다닌 것이 당국의 의심을 산 것 같다고 추측했다.[45)]

경성고등법원은 재판 기피 신청을 기각했고, 동일한 재판관들 주재로 8월 재판이 재개됐다. 피의자들은 무죄의 알리바이를 내세웠고, 증인들을 요구했다. 마츠데라 검사장은 총독 살해는 신민회가 주도했다고 주장하는 한편 고문을 구실로 진술을 번복하는 것은 조선 법정에서 흔한 일이라고 일축했다.[46)] 재판장은 피의자들의 요구를 기각했다. 조

43) 『근대 한불 외교자료』Ⅲ, 〈데라우치 백작 살해 기도에 연루된 123명에 대한 소송에 관한 보고〉, 게랭 → 푸엥카레, 1912년 7월 18일. 283~284쪽.

44) 『근대 한불 외교자료』Ⅲ, 〈데라우치 백작 살해 기도에 연루된 123명에 대한 소송에 관한 보고〉, 게랭 → 푸엥카레, 1912년 8월 1일, 285쪽.

45) 『근대 한불 외교자료』Ⅲ, 1912년 6월 18일, 게랭 → 푸엥카레, 277~278쪽.

46) 『근대 한불 외교자료』Ⅲ, 〈데라우치 백작 살해 기도에 연루된 123명에 대한 소

선인 변호사들과 일본인 변호사들은 8월 26일부터 30일까지 차례대로 법정에 나섰다.

프랑스 영사는 경성지방법원의 재판에 참여한 변호인단에 대해 주시했다. 게랭은 조선인 변호사들에 대해서는 자신들의 업무에 능력을 보이고 있다고 평가했다. 반면 일본인 변호사들에 대해서는 다음과 같이 피의자에게 불리한 변론을 하고 있다고 인식했다.

> 미야케는 일본이 기사도 정신을 보여야 한다고 믿으며, 그의 동료와 더불어 재판정이 피고인들에게 아량을 베풀기를 소망한다고 언급했습니다. 오가와는 '피의자들이 단지 범죄를 계획했을 뿐이며, 이어서 그러한 계획을 포기했다. 그러므로 피의자들은 용맹을 과시하기 좋아하는 겁쟁이들에 불과하다'라고 언급했습니다. 아울러 오가와는 윤치호에 대해서는 주모자로서만 처벌해야 한다고 제의하는 한편 재판정이 윤치호의 범죄 증거의 불충분성에 대해 최소한의 관용을 베풀어줄 것을 기대했습니다. 또 다른 일본인 변호사는 피고인들이 사실상 총독 살해를 공모했다는 점을 인정했습니다. 그러나 피고인들이 그들의 계획을 철회했으므로 처벌을 받지 않기를 제의했습니다. 우자와의 경우 그 사건의 법적 심리와 논쟁이 성실한 방식으로 진행되어 온 점을 칭찬했습니다. 그는 검찰이 내린 10년 징역형은 너무 가혹하다고 언급했습니다.[47]

게랭은 일본인 변호사들은 조선인 변호사들에 비해 피고인들의 무죄를 이끌어내려는 의지가 부족하다고 평가했다. 게랭은 일본인 변호사들은 피고인들을 유죄라고 전제한 상태에서 감형을 하는 방향으로 변론을 하고 있다고 평가했다. 게랭은 일본인 변호사들은 재판정이 관

송에 관한 보고〉, 게랭 → 푸엥카레, 1912년 8월 26일, 289~290쪽.

47) 『근대 한불 외교자료』Ⅲ, 〈데라우치 백작 살해 기도에 연루된 123명에 대한 소송에 관한 보고〉, 게랭 → 푸엥카레, 1912년 9월 2일, 297~298쪽.

용을 베풀어 검찰이 정한 것보다 약한 처벌을 내려줄 것을 기대한다고 인식했다. 게랭은 이기당의 경우 미야케, 오가와, 우자와의 변론에 강한 불신을 보였다고 이해했다. 게랭은 이기당은 자신의 변호를 맡은 나가이의 변론을 완강히 거부했고, 결국 나가이를 법정에서 내보냈다고 인식했다.[48] 검사는 피고인들이 총독을 살해하려고 모의했으므로 중형에 처해져야 하지만, 정상참작을 해야 하는 몇몇 상황을 고려해야 한다고 언급하면서, 윤치호, 이승훈(李昇薰), 양기탁, 임치정, 안태국(安泰國), 유동열 등 6명은 10년 형, 21명은 8년 형, 41명은 6년 형, 54명은 5년을 구형했다.[49] 경성지방법원 재판부는 9월 주모자로 간주된 윤치호, 양기탁, 임치정, 이승훈, 안태국, 유동렬은 10년 형, 18명은 7년 형, 39명은 6년 형, 42명은 5년 형을 선고했다. 1심 재판부의 판결은 검찰의 구형을 대부분 수용한 것으로 볼 수 있다.

프랑스 영사는 재판부가 105명에 대해 유죄를 선고한 것은 피의자들의 첫 번째 진술과 증거들을 인정한 결과이며, 17명에 대해서는 유죄를 인정하지 않았다고 평가했다. 게랭은 장로교 목사와 교사들은 모두 유죄를 받았다고 강조했다. 또 천주교 신자 이기당이 8년의 징역형을 받은 것은 법정에서의 불손한 태도, 식민지 체제를 반대하는 주요 인사로 간주됐기 때문으로 평가했다.[50] 게랭은 105인 사건의 표적은 장로교단이라고 인식했다. 게랭은 장로교도들이 대거 유죄 판결을 받은 것은 총독부와의 대립의 결과라고 평가했다.

---

48) 『근대 한불 외교자료』Ⅲ, 〈데라우치 백작 살해 기도에 연루된 123명에 대한 소송에 관한 보고〉, 게랭 → 푸엥카레, 1912년 9월 2일, 297~298쪽.

49) 『근대 한불 외교자료』Ⅲ, 〈데라우치 백작 살해 기도에 연루된 123명에 대한 소송에 관한 보고〉, 게랭 → 푸엥카레, 1912년 8월 26일, 289~290쪽.

50) 『근대 한불 외교자료』Ⅲ, 〈데라우치 백작 살해 기도에 연루된 조선인 공모자들에 대한 소송과 판결에 관한 보고〉, 게랭 → 푸엥카레, 1912년 10월 1일, 300쪽.

미국, 영국 등 구미 국가들은 1심의 재판 결과에 대해 전근대적 재판이라며 비판적 태도를 보였다. 미국 북장로회 해외선교부 총무 브라운은 1심 결과에 크게 실망하고, 대책 마련을 위한 비밀회의 소집을 제의했다. 그 결과 1912년 10월 11일 뉴욕의 올다인(Aldine Club) 클럽에서 '조선상황에 관한 비밀회의'가 열렸다. 이 회의에는 선교본부 인사는 물론 전 뉴욕시장, 전 국무장관, 전 하버드대학교총장 등 일본 측에 영향력을 행사할 수 있는 미국의 정계, 학계, 언론계의 저명인사가 참석했다. 브라운은 참석자들의 권고로 이 사건에 대한 보고서를 만들어 11월 20일 간행했다.[51] 올다인 클럽회의에 참석했던 일부 인사는 일본을 방문하여 105인 사건 재판이 향후 일본에 불리하게 작용할 수 있다고 경고했다.[52]

비슷한 시기 에딘버러 세계선교대회 계속위원회도 선교사들의 편지를 받자 10월 1일 105인 사건에 대한 보고서를 채택하고, 10월 4일 주미 일본대사에게 서한을 보냈다. 서한의 내용은 일본 정부가 재판이 불공정하다는 우려를 완화시킬 조치를 취하기를 희망한다는 것이었다. 에딘버러 세계선교대회 계속위원회와 관련을 가진 영국선교연합에서도 일본 정부에 압력을 가하기 위해 적극적인 활동을 전개했다. 선교연합회 회장을 맡고 있던 밸포아(Arthur J. Balfour)는 1912년 12월 14일 영국 하원 의원인 스파이서(Spicer)와 함께 영국 주재 일본 대사 가토 다카아키(加藤高明)를 면담했다. 밸포아는 1902년부터 1905년까지 영국의 총리를 지낸 영향력 있는 정치인이었다. 그는 가토에게 영국과 동맹 관계에 있는 일본을 존중하며 일본의 정치에 간여할 생각이 없다고 전제했다. 이어 그는 자신이 입수한 정보에 의하면 105인 사건

51) 김승태, 앞의 글, 20~24쪽,

52) 윤경로, 앞의 책, 167~170쪽.

의 피의자 다수는 고결한 기독교인들로서 법을 어기는 행동을 하지 않았다고 주장했다. 나아가 그는 피의자들의 자백은 대부분 고문에 의한 강요인데, 형량이 과중하다고 지적했다. 아울러 그는 이 사건은 지금 복심법원에 계류 중이므로 일본이 기독교도에 대한 공정한 재판을 해야할 것이라고 충고했다.[53]

2) 경성복심법원 재판 평가

105인은 1심 판결에서 유죄 판결을 받자 모두 불복하여 상급법원인 경성복심법원에 상고했다. 1912년 11월 28일 개시된 2심인 경성복심법원의 재판은 1심보다 신중하게 진행됐다. 복심법원은 증인 및 증거 신청을 수용했다. 20회에 그쳤던 1심 재판에 비해 2심 재판은 52회나 개최됐다.[54]

게랭은 경성복심법원의 재판부가 경성지방법원 재판부와 현격한 차이가 있다고 인식했다. 게랭은 재판장 스즈키(鈴木)는 '훌륭한 진짜 법관'이라는 평판을 얻고 있으며, 그의 심리 태도는 지방법원에서 심리를 주재한 판사의 태도와는 완전히 다르다고 평가했다. 게랭은 피의자들에게 냉랭한 어조로 말을 했던 지방법원 판사와는 달리, 스즈키는 피의자들을 친절하게 대하고 그들의 설명에 귀를 기울인다고 평가했다. 그 때문에 피의자들은 자신들의 심정을 자세히 설명할 수 있었고, 수감 당시 받았던 고통에 대해서도 호소할 수 있었다고 평가했다.

프랑스 영사관장[55]은 피의자들에 대한 두 재판장의 태도 차이, 즉

[53] 김승태, 앞의 글, 28~31쪽.
[54] 김승태, 앞의 글, 20~24쪽.
[55] 이하 원문에는 성함은 없고, 영사관장 겸 부영사로 기재되어 있다.

지방법원 재판장의 냉랭함과 복심법원 재판장의 친절함을 비교했다. 프랑스 영사관장은 다음과 같이 복심법원 재판부에 대한 자신의 의견을 피력했다.

> 재판소 전체가 품격있는 자유주의를 보여주었습니다. 이 자유주의는 1심 판사들의 완강한 태도와는 대조되는 것이자, 피의자들에게 자유로운 발언을 보장함으로써 정의를 구현하겠다는 확고한 의지를 드러내는 것이기도 합니다. 재판에서 재판장이 친절한 심문 태도를 보이자 피의자들은 용기를 내 여유있게 모든 진술을 하고 참고할 만한 여러 증인과 증거들—1심 재판소에서는 송두리째 거부당했던—을 적시했습니다. 모든 피의자들이 1심 재판소에서와 마찬가지로 사전 조사를 담당한 순사들의 위협과 고문 때문에 모의 가담을 시인했다는 주장을 유지했습니다. (중략) 검사는 조선인들이 보기에는 애국적인 범죄라 할 수 있는 죄를 범한 사람들에게 조선인들로서는 당연히 법정에서 그들에게 유리한 증언들만 하게 될 것이 염려되므로, 그들이 내세우는 증인과 증언들을 모두 거부해줄 것을 요청했습니다. 하지만 법정은 5일 후 변호인 측과 검찰 측 진술을 다시 한 번 경청한 뒤, 32명의 증인들 이름을 거명하며 그들을 법정에 소환하고, 피의자들이 내세운 여러 공적, 사적 자료들을 심리에 포함하며, 심리를 계속해나가는 동안 필요하면 다른 증인들을 또 소환한다는 결정을 철회하지 않았습니다. (중략) 법정은 이 달 15일부터 증인들을 소환했습니다. 어제 끝난 이 소환은 진정성 있는 최상의 여건에서 이루어졌고 변호인 측은 재판장을 통해 자신들이 바랐던 거의 모든 문제들을 제기할 수 있었습니다. 증언들은 대부분 날짜와 시간 같은 세부 사실과 관계된 것으로, 피의자들에게는 대단히 중요한 것들이지만 소송 당사자가 아닌 사람으로서는 그 정확한 가치를 평가하기가 어렵습니다. 하지만 피의자들의 요청으로 소환된 일본인 증인 9명 중에는 피의자들을 특히 심하게 고문한 자로 간주되는 구니토모 수사반장도 포함되었다는 사실을 특기합니다. 그와의 대질 심문은 이 특별한 논점에 대한 피의자들 진술이 근거가 있는지 없는지를 밝히는 데 별 도움이 되지 않은 듯합니다. 피의자들은 계속 자신들이 고문 대상이 되었다고 주장했지만, 그 수사관은 완강하게 부인했습니다. 법정은 피의자들이 증언을 요청한 다수의 미국인 개신교 목사들 중 어느 누구도 소환해서는 안 된다고 판단했습니

다. 이는 사법적 동기, 즉 "판결의 공정성을 의심할 만한 정당한 사유"에 대한 우려 때문일까요, 아니면 단지 정치적 동기, 즉 일본과 미국, 나아가서는 개신교 국가들 전체 사이에 마찰이 생기는 일을 피했으면 하는 희망 때문일까요? 모든 외국인을 의도적으로 심리에서 배제한 데는 이 두 가지 고려가 다 작용했다고 생각할 수 있을 것입니다.[56)]

이상을 통해 프랑스 영사관장은 경성복심법원 재판부에 대해 자유주의 원칙하에 피의자들에게 자유로운 발언을 보장함으로써 정의를 구현하겠다는 확고한 의지를 드러냈다고 평가한 것을 보여준다. 프랑스 영사관장은 재판부의 호의로 피의자들은 경찰들의 위협과 고문 때문에 모의 가담을 시인했다는 주장을 할 수 있었다고 이해했다. 그리고 프랑스 영사관장은 재판부는 피의자들이 내세우는 증인과 증언들을 모두 거부해줄 것을 요청한 검찰의 제의를 수용하지 않은 것에 대해 높이 평가했다. 그 결과 피의자들이 고문 경찰로 지목한 쿠니토모도 증인으로 소환됐다는 사실을 강조했다. 프랑스 영사관장은 복심법원 재판부에 대해 공정한 재판에 대한 의지를 보여주었다며 높은 평가를 내린 것을 보여준다. 한편 프랑스 영사관장은 재판부가 피의자들이 증언을 요청한 미국인 개신교 목사들에 대한 소환을 거부한 사실에도 주목했다. 프랑스 영사관장은 재판부의 이러한 조치에 대해 일본이 미국, 영국 등 구미 국가들과 마찰을 회피하려는 의도로 해석했다.

2심 재판이 1심 재판과 현격한 차이를 보인 것은 일본 정부가 취한 대미, 대영 외교와 연관이 있다고 보여진다. 이 시기 일본은 영국과는 1911년 제3차 영일동맹을 체결하는 등 우호적 관계였다. 그러나 미국

---

56) 『근대 한불 외교자료』Ⅲ, 〈데라우치 백작 살해 음모-고등법원 심리에 대한 보고〉, 서울 주재 프랑스 영사관장 겸 부영사 → 프랑스 외무부 장관, 1913년 1월 31일, 323~325쪽.

과는 만주 시장 문제, 일본인 이민 문제 등으로 관계가 악화된 상태였다. 그런 중 영·미는 앞서 언급했듯이 105인 사건의 재판에 대해 문제점을 지적했다. 일본으로서는 영·미의 지적을 외면하기는 어려웠을 것으로 보여진다. 그러므로 2심 재판이 1심에 비해 피고인들을 크게 배려한 것은 영·미와의 마찰을 회피하려는 일본 정부의 의지를 반영한 것으로 해석된다.[57]

프랑스 영사관장도 복심재판부가 구미 국가들과 마찰을 의식했을 가능성을 지적하기는 했다. 그러나 프랑스 영사관장은 전반적으로 2심 재판부의 태도에 대해 재판부의 정의 구현 차원으로 평가한 것으로 보여진다. 그것은 뒤에 고등법원 재판이 개최됐을 때 고등법원 재판부에 대해서도 비슷한 평가를 내린 것과 같은 맥락이라 할 수 있다.

다음 프랑스 영사관장은 경성복심법원 재판에 참여한 변호사들에 대해 어떤 평가를 내렸는지를 검토하기로 한다. 복심재판 때는 1910년 일본의 '대역사건'의 변호를 담당했던 우자와, 하나이(花井卓藏)가 주로 변론을 맡았다. 미국 북장로회 해외선교부에서는 현지 선교사들을 통해 재판 과정을 감시하는 한편 피의자들의 변호사 선임을 적극 지원했다.[58] 장로회와 감리회는 1심 재판 때 우자와를 윤치호의 변호사로 선임했다. 우자와는 일본의 저명한 법률가로서 메이지대학의 총장을 역임한 바 있었다.[59] 하나이는 복심 재판 때부터 변론을 담당하기 시작했다. 게랭은 하나이에 대해 일본에서 명성이 자자한 범죄학자라고 평가했다.[60] 프랑스 영사는 하나이와 우자와에 대해 도쿄 변호사협회

57) 이에 대해서는 총독부가 미국 등의 항의를 받자 재판부와 변호인단을 온건한 인물로 교체하여 공정한 재판을 세계에 선전했다는 시각도 있다. 키노시타 타카오, 앞의 글.

58) 김승태, 앞의 글.

59) 이성전, 앞의 글, 57쪽.

의 가장 명성 있는 변호사들이라고 평가했다.

변호사들은 총독모살미수사건 재판의 허구성 내지 부당성을 지적했다. 먼저 법률적 부당성으로 첫째, '관할위(管轄違)'문제를 지적했다. 즉 1심에서 이 사건은 '모살미수죄'에 해당한다고 판시했는데, 그럴 경우 이는 형법 제77조, 제79조에 해당하는 '내란죄'로서 당연히 재판소 구성법 제50조 제2항에 따라 최고법원인 고등법원의 관할 하에서 진행되어야 했다는 점을 들어 재판 관할상의 위법을 지적했다. 변호사들은 이 사건에 대한 검사 측의 공소 자체가 잘못된 것이라고 주장하며 재판부측에 '공소불수리신청'을 제기했다.[61]

프랑스 영사관장은 변호인들이 종전에 제기되지 않았던 무관할 문제를 제기하여 이 사건을 상고심으로 보내려 한다고 인식했다. 프랑스 영사관장은 하나이와 우자와가 아래와 같이 '관할위' 문제를 제기한 것을 인식했다.

> 지금 우리가 다루고 있는 사안은 1심 재판소가 선언한 바의 계획적인 살해미수사건(법률 제473, 86, 137조)이 아니라 제77~79조에 규정된 다수 인사들의 폭력적인 연합 행동에 의한 봉기사건입니다. 국가의 독립 회복이 목표이며, 살인, 신체적 가혹 행위, 방화, 절도 등은 그 수단들입니다. 만약 이 피의자들이 실제로 살해 모의를 했다면 그 모의는 개인 데라우치를 겨냥한 것이 아니라 조선총독부 총독을 겨냥한 것입니다. 한데 행정부를 대상으로 한 "다수 인사들의 폭력적인 연합 행동—이 사건의 경우는 피의자들 모두가 가입한 신민회—에 의한 봉기 사건"은 조선총독부 사법령 제3조 1항, 사법재판소 개편법 제50조 2항, 조선 형사재판령 제2조에 따라 고등법원 관할이므로, 우리는 재판장님께서 무관할을 선언해주실 것을 요청하는 바입니다.'[62]

---

60) 『근대 한불 외교자료』Ⅲ, 〈데라우치 백작 살해 음모에 대한 보고〉, 게랭 → 푸엥카레, 1912년 12월 16일, 318~320쪽.

61) 윤경로, 앞의 책, 55~58쪽.

재판부는 변호인단이 제기한 관할 문제에 대해 이 사건은 단순히 총독 개인에 대한 살해미수사건으로 그친 것이기에 보통의 모살죄에 해당된다고 지적하며 기각했다. 그러나 프랑스 영사관장은 변호인단은 법률적 부당성을 제기하여 재판이 잘못된 방향으로 가고 있음을 환기시켰다고 평가했다. 프랑스 영사관장은 복심재판에는 중량감이 있는 변호사들의 참여로 인해 1심과는 다른 모습을 보이고 있다고 평가했다.

경성복심법원은 1913년 3월 결심 재판을 개최했다. 프랑스 영사관장은 복심법원의 선고 때 영사들에 대한 특별 배려로 마련된 법정 구성원들의 뒷자리에 앉아 참관했다. 경성복심 재판부는 99명의 피의자들에 대해서는 증거 불충분으로 무죄를 선고했고, 윤치호 외 5인에 대해서는 유죄를 선고했다. 프랑스 영사관장은 판결에 대해 자신의 의견을 피력했다.

> 판결의 선고는 실제로 모의가 있었다는 증거, 즉 윤치호의 주재로 경성에서 있었던 몇 차례 밀담이나 1심 예심 때 윤치호가 한 진술의 조서, 그리고 심리 때 일부 피의자들의 일치하는 진술과 수사관 구니토모 및 다른 두 증인의 증언 일부 등의 증거를 바탕으로 했습니다. 윤치호가 유죄가 된 것은 피의자 대부분이 속한 신민회의 의장이기 때문입니다. 법정이 만약 윤치호에게 무죄를 선고한다면 다른 피의자들에게도 무죄 선고를 하지 않을 수 없다고 판단했을 것입니다. 게다가 피의자들에게 무죄를 선고하는 것은 총독부 경시청, 그리고 1심 재판소 판사들에 대한 모독으로 생각될 수 있는 만큼, 항소심 판사들이 아무리 정의감과 독립 정신에 고취된 사람들일지라도 감히 그런 선고를 내리지는 못했을 것입니다. 조선인들은 윤치호의 유죄 증거는 근거가 없으며, 신민회 의장이라 유죄 판결을 받은 것이라 생각합니다. 또 피의자들의 호소가 묵시적으로 인정받았다며 안도하고 있습니다. 무죄 판결

62) 『근대 한불 외교자료』Ⅲ, 〈데라우치 백작 살해 음모-고등법원 심리에 대한 보고〉, 서울 주재 프랑스 영사관장 겸 부영사 → 프랑스 외무부 장관, 1913년 1월 31일, 323~325쪽.

> 로 석방된 사람들은 기뻐하지 않습니다. 1심의 형량이 완화된 바, 총독에 의한 사면 혜택으로 이어질 것입니다. 피의자들은 사면조치를 받으려면 그들에게 내려진 판결을 받아들일 필요가 있습니다. 그러나 윤치호와 다른 5명이 고등법원에 상고할 것이라는 정보가 있습니다. 피의자들은 보다 공정한 재판을 받게 될 것입니다. 그 근거로 경성고등법원 재판장은 덕이 높고 프랑스 교육을 받은 법관 와다우치라는 사실을 제시합니다. 경성고등법원은 와다우치가 기피할 경우 두 번째 재판장과 부재판장으로 프랑스법의 영향을 받은 인물들을 고려하고 있습니다.[63]

프랑스 영사관장은 복심 재판에서 피의자 대부분이 무죄 판결을 받은 것은 정의감이 강한 재판부와 역량 있는 변호사들 덕분이라고 평가했다. 그러나 윤치호 등 6인에게 유죄 판결을 내린 것은 피의자 대부분이 속한 신민회에 대한 처벌, 그리고 총독부 및 1심 재판부에 대한 배려로 분석했다. 그리고 1심보다 형량이 완화된 것을 보고 추후 총독의 사면을 예측했다. 프랑스 영사관장은 6인이 불복하여 고등법원에 상고할 경우 공정한 재판을 받게될 것이라 전망했다. 그 근거로 고등법원 재판장이 수준 높은 프랑스법의 영향을 받은 인물임을 강조했다.

3) 경성고등법원 재판 평가

윤치호 외 5인은 유죄 판결을 받자 경성고등법원에 상고했다. 고등법원 재판에서 변호사들은 치열한 변론을 전개했다. 프랑스 영사관장은 자국 정부에 고등법원 재판 때 변호인단의 변론에 대해 다음과 같이 보고했다.

63) 『근대 한불 외교자료』Ⅲ, 〈데라우치 백작 살해 음모로 기소된 105인 항소심 소송에 대한 보고〉, 서울 주재 프랑스 영사관장 겸 부영사 → 프랑스 외무부 장관, 1913년 3월 22일, 332~334쪽.

> 하나이와 오가와는 범죄의 모의와 동시에 그것의 실행을 위한 준비 작업에 있어 조선의 형사법 제86조 범죄의 구성요건에 관해 변론했습니다. 법원이 오로지 공모 행위만을 통해 피고인들을 처벌하려 했으니, 전술한 조항을 제대로 해석하지 못한 것이 되므로 판결 파기를 할 수 있다는 것이었습니다. 미국 개신교 선교사들도 청중으로 참석한 가운데 법정 논쟁이 재개되었습니다. 변호인단은 법원이 조선의 오래된 형사법 제86조를 잘못 해석했다는 것과, 법에 근거한 판결을 위해서는 모의 과정 외에 그것의 실행 준비가 있어야만 함을 주장했습니다. 또 그 문제에 대한 법원의 판결이 그러한 준비가 있었는지 없었는지를 결론내린다는 것은 어렵다고 주장했습니다.[64]

프랑스 영사관장은 변호인단은 피고들이 모의, 결정이라는 행위를 한데 그치고, 그것을 실행할 준비 행위를 한 것은 아니었음에도 불구하고, 미수범의 법조문을 적용한 것은 법리해석상의 오류라고 주장했음을 인식했다. 나아가 변호사들이 이 사건에 대해 『형법대전』의 제86조 '모살죄'를 적용한 것은 오류라고 변론했음을 인지했다.

경성고등법원은 모살미수죄를 인정하지 않았다. 고등법원은 1913년 5월 24일 원판결을 파기하고 대구복심법원에서 재심하도록 판결했다. 경성고등법원이 원판결을 파기한 것은 피고인들이 재판에서 승리한 것을 의미했다. 프랑스 영사관장은 자국 정부에 고등법원 재판부의 태도에 대해 다음과 같이 보고했다.

> 고등법원은 종전의 판결을 파기했고, 사건을 대구복심법원으로 되돌려 보냈습니다. 프랑스 문화행정관인 이와노가 의장을 맡고 있는 고등법원은 이 사건의 검토에 있어 최대한의 책임감과 공정성을 보였습니다. 파기를 통해 윤치호와 동료들은 반쯤 석방됐습니다. 대구복심법원은

64) 『근대 한불 외교자료』Ⅲ, 〈데라우치 살해 음모 관련 윤치호와 5명의 조선인 처벌에 대한 경성고등법원의 판결 파기에 대한 보고〉, 서울 주재 프랑스 영사관장 겸 부영사 → 프랑스 외무부 장관, 1913년 5월 28일, 340~341쪽.

> 피의자들이 모의를 실행하기 위해 준비 작업을 시작했는지에 대해 결론을 내릴 것입니다. 그리고 피의자들이 실제로 공모를 했다 해도 대구복심법원에서 있을 논쟁에서 그러한 증거가 나오지 않을 경우 6명은 무죄 석방될 것입니다.[65]

프랑스 영사관장은 고등법원은 피의자들에게 『형법대전』의 '모살죄' 적용을 인정하지 않았다고 평가했다. 프랑스 영사관장은 고등법원이 종전의 판결을 파기한 것은 역량있는 변호인단의 변론이 주효했다고 평가했다. 또 프랑스 영사관장은 고등법원이 공정한 재판을 한 것은 프랑스의 공직을 겸직하고 있는 인물이 재판을 담당했기 때문으로 평가했다. 즉 수준 높은 프랑스법을 수용한 재판부가 공정하게 심리한 것이 원심 파기를 가져왔다고 본 것이다. 프랑스 영사관장은 6인이 모살미수죄의 누명을 벗은 것은 수준 높은 재판부의 공정한 심리와 저명한 변호인단의 훌륭한 변론 덕분으로 인식했다.

그러나 경성고등법원의 판결은 경성고등법원장 와타나베 노부(渡辺暢)의 영향력이 크게 작용한 측면이 있었다고 보여진다. 1910년 9월부터 경성고등법원장에 재직 중인 와타나베는 장로교회의 장로였으며, 1910년 세계선교대회에서도 일본의 대표적 기독교 지도자에 선정되기도 했다. 그는 105인 사건 재판 중 영국, 미국을 시찰했다. 이 때 영·미 등 기독교 국가들은 105인 사건에 중재적 역할을 자임했다. 미국 기독교계는 1912년 11월 미국을 방문한 와타나베와 105사건에 대한 의견을 교환했다.[66] 와타나베는 105인 사건 재판 중 영·미를 순방했고,

---

65) 『근대 한불 외교자료』Ⅲ, 〈데라우치 살해 음모 관련 윤치호와 5명의 조선인 처벌에 대한 경성고등법원의 판결 파기에 대한 보고〉, 서울 주재 프랑스 영사관장 겸 부영사 → 프랑스 외무부 장관, 1913년 5월 28일, 340~341쪽.

66) 이성전, 앞의 글, 56~58쪽.

영 · 미 인사와 105인 사건에 대한 의견을 교환했다. 그 직후인 1913년 3월 고등법원이 5인의 유죄 부분을 파기한 것은 와타나베가 영향을 준 것으로 보여진다. 즉 구미 국가들의 개입이 고등법원의 판결에 큰 영향을 주었다는 것을 의미한다.

4) 대구복심법원 재판 평가

대구복심법원은 1913년 7월 1일부터 경성법원 판결에서 명백하게 드러나지 않았던 피고인들이 모의의 실행을 위한 준비작업을 시작했는지를 심리했다. 대구복심법원 재판부는 7월 15일 판결을 내리고, 모의 실행 준비에 대한 피고인들의 책임을 인정했다. 6인의 주범자는 6년의 징역형에 처해졌다. 윤치호, 이승훈, 양기탁, 임치정, 안태국 등은 형량에 변화가 없는 반면, 옥관빈은 1년의 징역이 더 늘어났다. 프랑스 영사관장은 대구복심법원의 재판에 대해 다음과 같이 보고했다.

> 변호인들은 피고인들에게 주어진 혐의들을 풀어주기 위해 치열하게 변론을 전개했습니다. 또 변호인들은 피고인들이 경찰관들로부터 모진 고문을 당했음을 강조했습니다. 재판부는 처벌을 정당화시키기 위해 모의 실행 준비에 대한 피고인들의 책임을 열거했습니다. 피고인들은 모의를 계획한 신민회의 회합에 참석했으며, 행동대원들을 모집하여 데라우치가 지나는 여러 열차 행선지에 배치했다고 지적했습니다. 재판부는 살해 계획이 실행되지 않은 것은 마지막 순간에 결단력이 부족했기 때문이라고 보았습니다. 이 중요한 사건은 여러 재판 단계를 거치면서 그 근간이 조금씩 퇴색해버렸습니다. 조선인들은 피고인들이 무죄 석방되기를 바라고 있습니다. 조선인들은 피고인들이 무죄 석방이 되지 않는 것은 총독부와 대구의 판사들이 고등경찰의 체면을 지켜주려고 했기 때문으로 보고 있습니다. 조선인들은 총독부가 윤치호와 그의 동료들을 사면시킬 것이라 전망하고 있습니다. 그 근거로 재

판의 종결과 판결 사이 경무총감 아카시가 헌병대 시찰을 사유로 대구를 방문한 것을 들고 있습니다.[67]

프랑스 영사관장은 대구복심법원 재판부는 모의 실행 준비에 대한 피고인들의 책임을 인정함으로써 피고인들에 대한 처벌을 정당화했다고 평가했다. 그는 조선인들은 피고인들의 무죄를 확신하고 있다는 것을 인식했다. 그는 대구의 판사들이 경찰의 체면을 지켜주려고 무죄를 인정하지 않는 것이라는 조선인들의 여론을 주시했다. 그리고 조선인들은 경무총감 아카시가 대구를 방문한 것에 대해 피의자들의 사면과 연관시키고 있다고 인식했다.

해외의 기독교 인사들도 조선인들과 비슷한 견해를 피력했다. 브라운은 6인이 모두 무죄이지만 재판부가 유죄를 선고한 것은 일본 정부의 체면을 유지하기 위한 정치적 결정이라고 평가했다. 언더우드도 6인은 무죄이며, 유죄 판결을 받았지만 정치범 사면으로 곧 석방될 것으로 전망했다.[68] 프랑스 영사관장은 105인 사건은 여러 재판 단계를 거치면서 그 근간이 조금씩 퇴색해버렸다고 인식했다. 프랑스 영사관장은 총독부의 사면설을 예시하며 105인 사건 재판이 사법적 판단에서 정치적 판단으로 변질됐다고 평가했다.

윤치호 외 5인은 대구복심법원이 원심유죄판결을 유지하자 고등법원에 상고했다. 고등법원은 변호인들의 변론과 검사의 심문을 마친 뒤 10월 9일 최종 판결을 내렸다. 고등법원은 윤치호와 5인이 제기한 상고를 기각했고, 대구복심법원의 판결을 그대로 확정했다. 고등법원은

---

67) 『근대 한불 외교자료』Ⅲ, 〈데라우치 백작 살해 기도에 연루된 123명에 대한 소송에 관한 보고〉, 서울 주재 프랑스 영사관장 겸 부영사 → 프랑스 외무부 장관, 1913년 7월 17일, 348~349쪽.

68) 김승태, 앞의 글, 24~25쪽.

윤치호, 양기탁, 이승훈, 안태국, 임치정은 징역 6년 형, 옥관빈은 징역 5년형을 선고했다.

프랑스 영사관장은 마지막 재판이 끝나자 자국 정부에 105인 사건 취조 과정에서 일제의 강압이 작용했음을 보고했다. 즉 그는 조선에 있는 모든 유럽 공관들은 총독부가 피의자들의 자백을 받아내기 위해 어떤 심문을 전개했는지를 알고 있으며, 일본 당국의 유죄 판결에 대해 사법 정의를 고려한 것이 아니라, 조선인들과 외국인들에 대해 체면을 세우기 위한 자기만족이라고 비판하고 있다고 보고했다. 프랑스 영사관장은 총독부가 건국기념일 때 피의자들에 대한 선처를 베풀 것이라는 정보를 입수했다. 그는 일본 정부가 사면하더라도 피의자들이 그러한 선처를 받아들일 것인지에 대해 의문을 표했다.[69] 일본 국왕은 1915년 2월 13일자 칙령으로 윤치호 외 5명을 사면 조치했다.

프랑스 영사관장은 재판부가 105인 사건 재판에서 피고인들의 유죄를 인정한 것에 대해 사법적 판단보다는 정치적 판단이 작용한 것으로 평가했다. 그는 조선인들이 피고인들의 무죄를 믿고 있고, 조선 주재 유럽 공관들도 정의롭지 않은 판결로 인식한 것을 중시했다. 즉 그는 조선인들과 유럽 공관들의 부정적 여론을 언급함으로써 재판에 대한 자신의 비판적 평가를 강조하고자 했다.

---

69) 『근대 한불 외교자료』Ⅲ, 『근대 한불 외교자료』Ⅲ, 〈데라우치 백작 살해 음모에 대한 최종 판결에 대한 보고〉, 서울 주재 프랑스 영사관장 겸 부영사 → 프랑스 외무부 장관, 1913년 10월 11일, 360~361쪽.

4. 맺음말

1장은 프랑스 영사는 105인 사건의 연루자에 대해 어떻게 인식했는지를 분석했다. 경성(서울) 주재 프랑스 영사가 105인 사건을 인지한 것은 1912년 2월 윤치호 체포가 계기가 됐다. 이 때부터 게랭 프랑스 영사는 프랑스 외무부 장관에게 대부분 개신교도들인 조선인들이 데라우치 총독을 살해하기 위해 모의를 꾸몄다는 혐의로 심문을 받았다는 사실을 보고하기 시작했다. 게랭은 105인 사건에 연루된 피의자에 대해 대부분 선천에 거주하는 개신교도들이라고 파악했다. 프랑스 영사는 증언, 자백을 받아내기 위해 구타를 자행하고 있다는 미국 선교사들의 주장이 일리가 있다고 보고했다.

경성 지방법원은 1912년 6월 데라우치 살해모의 혐의로 123명의 조선인 피고인들에 대한 공판을 개시했다. 게랭은 기소문에 보이는 이기당이라는 천주교 신자를 주목했다. 게랭은 이기당은 여행을 많이 다녀 경찰의 의심을 샀고, 실제로 모의에 가담하지는 않았다고 판단했다. 게랭은 피의자들은 고문으로 거짓 자백을 했다고 일관성 있게 주장하고 있는 것을 주목했다. 또 총독부가 총독 살해를 모의한 단체를 신민회로 지목하고, 신민회 의장 윤치호가 모의를 주도했다고 단정하고 있음을 인지했다. 프랑스 영사는 총독부가 신민회의 와해를 추구하고 있다고 인식했다.

게랭은 김일준, 장관선의 진술을 통해 피의자들의 자백에 일제 경찰의 고문이 작용했음을 인정한 것으로 보여진다. 경성 주재 프랑스 부영사는 조선인들은 105인 사건을 고문에 의한 조작으로 단정하고 있으며, 그 때문에 무죄 판결을 받을 것으로 기대한다고 인식했다. 또 프랑스 부영사는 무죄 선고를 받은 피의자들의 당당한 태도를 보고 취조 과정에서 고문이 작용했음을 인정한 것으로 보여진다.

조선에 거주하는 미국 선교사들은 미국 해외선교본부에 총독부가 피의자들에게 고문을 가했다고 보고했다. 프랑스 영사는 미국 선교사들은 총독부가 조선 개신교단의 대표적 인사를 연행하고, 개신교도에 대한 고문을 자행하는데 대해 강력히 항의한다고 이해했다. 기소된 105인은 장로교 신자가 압도적 다수를 차지했다. 게랭은 개신교단의 총독부에 대한 태도가 105인 사건에 영향을 준 것으로 파악했다. 게랭은 개신교 교단을 대표하는 장로교와 감리교는 총독부에 대해 상이한 태도를 보이고 있다고 인식했다. 그는 장로교 선교사들이 총독부에 적대적인데 반해, 감리교 선교사들은 총독부를 우호적으로 대한다고 분석했다. 게랭은 총독부는 그 같은 개신교 교단의 분열을 활용하여 개신교 교단을 와해시키려 하고 있다고 인식했다. 게랭은 조선에 거주하는 개신교 선교사들은 105인 사건에 대해 일본 정부가 기독교 전파를 저지시키려고 조작한 것으로 규정하는 한편 일본 정부의 의도를 폭로하는 운동을 전개하고 있다고 인식했다.

2장은 프랑스 영사는 105인 사건 재판에 대해 어떻게 인식했는지를 분석했다. 경성지방법원은 1912년 6월 데라우치 살해모의 혐의로 123명의 조선인 피고인들에 대한 재판을 개시했다. 프랑스 영사는 기소문에 보이는 이기당이라는 천주교 신자를 주목했고, 이기당이 실제로 모의에 가담한 것에 대해 의문을 가졌다. 프랑스는 변호인단은 피의자들에게 고문이 행사되었는지를 밝히기 위해 법정이 조사를 해야 한다고 요구했으나, 재판부는 그들의 요구를 기각했다고 인식했다. 프랑스는 경성지방법원 재판부는 조선인 피의자들을 냉랭하게 대했다고 평가했다. 프랑스는 조선인 변호사들에 대해서는 긍정적으로 평가한 반면 일본인 변호사들에 대해서는 부정적으로 평가했다. 프랑스는 일본인 변호사들은 조선인 변호사들에 비해 피고인들의 무죄를 이끌어내려는 의지가 부족하고, 피고인들을 유죄라고 전제한 상태에서 감형을 하는 방향으로 변론을 하고 있다고 평가했다. 프랑스 영사는 일본인 변호사들은 재판정이 관용을 베풀어 검찰이 정한 것보다 약한 처벌을 내려줄 것을 기대한다고 인식했다. 그 때문에 이기당 같은 인사는 일본인 변호사들의 변론에 강한 불신을 보이며 변론을 거부했다고 이해했다.

경성지방법원 재판부는 105인에게 유죄를 선고했다. 1심 재판부의 판결은 검찰의 구형을 대부분 수용한 것으로 볼 수 있다. 프랑스는 재판부의 105명에 대한 유죄 선고는 피의자들의 첫 번째 진술과 증거들을 인정한 결과라고 평가했다. 프랑스 영사는 장로교 목사와 교사들이 모두 유죄를 받았다는 사실에 주목했다. 그는 장로교도들이 대거 유죄 판결을 받은 것은 총독부와의 대립의 결과라고 평가했다. 이기당이 징역형을 받은 것은 법정에서의 불손한 태도, 식민지 체제를 반대하는 주요 인사로 간주됐기 때문으로 평가했다.

1912년 11월 개시된 경성복심법원의 재판은 증인 및 증거 신청을 수용했으며, 재판 횟수도 크게 늘어났다. 프랑스 영사는 경성복심법원의 재판과 경성지방법원 재판의 현격한 차이를 인식했다. 프랑스는 피의자들에 대한 경성복심법원 재판장의 친절함을 강조했다. 프랑스는 경성복심법원 재판부에 대해 자유주의 원칙하에 피의자들에게 자유로운 의견 개진을 보장함으로써 정의를 구현하겠다는 확고한 의지를 드러냈다고 평가했다. 프랑스는 재판부의 호의로 피의자들은 경찰들의 위협과 고문 때문에 모의 가담을 시인했다는 주장을 할 수 있었다고 이해했다. 또 프랑스 영사는 복심 재판부는 피의자들이 내세우는 증인과 증언들을 모두 거부해줄 것을 요청한 검찰의 제의를 거부했음을 주목했다. 그 결과 프랑스 영사는 복심 재판부에 대해 공정한 재판에 대한 의지를 보여주었다며 높은 평가를 내렸다. 프랑스 영사는 피의자들이 일제 경찰의 고문을 폭로하자 자국 정부에 진술 내용을 상세히 보고하는 등 비상한 관심을 기울였다.

프랑스 영사는 2심 변호사들에 대해 일본에서 가장 명성 있는 변호사들이라고 평가했다. 프랑스 영사는 변호인들이 무관할 문제를 제기하여 이 사건을 상고심으로 보내려 한다고 인식했다. 프랑스 영사는 경성복심법원 재판은 유능한 변호사들의 참여로 인해 1심과는 다른 모습을 보이고 있다고 평가했다. 경성복심법원 재판부는 99명의 피의자들에 대해서는 무죄를 선고했고, 윤치호 외 5인에 대해서는 유죄를 선고했다. 프랑스 영사는 피의자 대부분이 무죄 판결을 받은 것은 정의감이 강한 재판부와 역량 있는 변호사들 덕분이라고 평가했다. 그러나 윤치호 등 6인에게 유죄 판결을 내린 것은 피의자 대부분이 속한 신민회에 대한 처벌, 그리고 총독부 및 1심 재판부에 대한 배려로 분석했다. 2심 재판이 1심 재판과 현격한 차이를 보인 것은 영 · 미와의 마찰을 회피하려는 일본 정부의 의지가 반영된 것이었다. 이에 비해 프랑스 영사는 그 차이를 재판부와 변호인단의 수준 차이, 즉 개인적 자질 때문으로 평가했다.

프랑스 영사는 6인이 경성고등법원에 상고할 경우 공정한 재판을 받게될 것이라 전망했다. 그 근거로 경성고등법원 재판장이 수준 높은 프랑스법의 영향을 받은 인물임을 강조했다. 윤치호 외 5인은 유죄 판결을 받자 경성고등법원에 상고했다. 프랑스 영사는 변호인단이 미수범의 법조문을 적용한 것과 '모살죄'를 적용한 것은 오류라고 변론했음을 강조했다.

경성고등법원은 원판결을 파기하고 대구복심법원에서 재심하도록 판결했다. 경성고등법원이 원판결을 파기한 것은 피고인들이 재판에서 승리한 것을 의미했다. 프랑스 영사는 고등법원은 피의자들에게 '모살죄' 적용을 인정하지 않았다고 평가했다. 프랑스 영사는 고등법원이 원심을 파기한 것은 프랑스의 공직을 겸직하고 있는 인물이 공정한 심리를 했기 때문으로 평가했다. 또 프랑스 영사는 6인이 누명을 벗은 것은 저명한 변호인단의 훌륭한 변론 덕분으로 평가했다. 그러나 경성고등법원의 판결은 구미 국가의 권고가 작용한 측면이 있었다. 경성고등법원장 와타나베는 105인 사건 재판 중 영 · 미를 순방했고, 영 · 미 인사와 105인 사건에 대한 의견을 교환했다. 그 직후 고등법원이 유죄 부분을 파기한 것은 구미 국가들의 개입이 작용했다는 것을 의미한다.

프랑스 영사는 경성고등법원 판결로 6인은 절반은 석방된 것이라고 인식했다. 프랑스 영사는 대구복심법원은 피의자들이 모의를 실행하기 위해 준비 작업을 시작했는지에 대해 결론을 내릴 것이라고 전망했다. 그리고 피의자들이 공모를 했다 해도 증거가 나오지 않을 경우 6명은 무죄 석방될 것으로 예측했다. 대구복심법원 재판부는 7월 판결을 내리고, 모의 실행 준비에 대한 피고인들의 책임을 인정했다. 6인의 주범자는 6년의 징역형에 처해졌다. 프랑스 영사는 대구복심법원 재판부는 모의 실행 준비에 대한 피고인들의 책임을 인정함으로써 피고인들에 대한 처벌을 정당화했다고 평가했다. 경성고등법원은 10월 윤치호와 5인이 제기한 상고를 기각하고, 대구복심법원의 판결을 그대로 확정했다.

프랑스 영사는 105인 사건 재판 초기부터 재판이 총독 정치에 비판적인 개신교 교단과 인사에게 타격을 주려는 의도가 내재되었다고 인식했다. 그는 피의자들에 강압이 가해졌음을 의식했으며, 공정한 재판으로 피의자들이 석방되기를 기대했다. 프랑스 영사는 경성고등법원

판결로 6인이 무죄 석방될 것이라 예측했다.

프랑스 영사는 재판이 모두 끝나자 자국 정부에 105인 사건 재판에 대한 의견을 보고했다. 즉 프랑스 영사는 조선인들의 여론에 대해 피고인들의 무죄를 확신하고 있으며, 경찰의 체면을 지켜주려고 유죄판결을 내린 것으로 이해한다고 보고했다. 또 조선 주재 유럽 공관들이 105인 사건 재판에 대해 가혹한 심문과 정의롭지 않은 판결로 규정하고 있다고 보고했다. 아울러 105인 사건 재판은 여러 단계를 거치면서 그 근간이 퇴색해버렸다고 평가했다. 프랑스 영사는 유죄 판결에 대해 사법적 판단보다는 정치적 판단이 작용한 것으로 평가했다.

참 고 문 헌

『고종실록』.
『독립신문』.
『매일신문』.
고려대학교 아세아문제연구소 편, 『구한국외교문서』〈日案〉, 1968.
고려대학교 아세아문제연구소 편, 『구한국외교문서』〈法案〉, 1968.
고려대학교 아세아문제연구소 편, 『구한국외교문서』〈俄案〉, 1968.
고려대학교 아세아문제연구소 편, 『구한국외교문서』〈美案〉, 1968.
국사편찬위원회, 『프랑스외무부문서』 1, 2002.
국사편찬위원회, 『프랑스외무부문서』 2, 2003.
국사편찬위원회, 『프랑스외무부문서』 3, 2004.
국사편찬위원회, 『프랑스외무부문서』 4, 2005.
국사편찬위원회, 『프랑스외무부문서』 5, 2006.
국사편찬위원회, 『프랑스외무부문서』 6, 2007.
국사편찬위원회, 『프랑스외무부문서』 7, 2008.
국사편찬위원회, 『프랑스외무부문서』 8, 2009.
국사편찬위원회, 『프랑스외무부문서』 9, 2010.
『근대 한불 외교자료』Ⅰ, 선인, 2018.
『근대 한불 외교자료』Ⅱ, 선인, 2018.
『근대 한불 외교자료』Ⅲ, 선인, 2018.
『러시아문서 번역집』 1, 선인, 2008.
『러시아문서 번역집』 2, 선인, 2011.
『러시아문서 번역집』 3, 선인, 2011.
동광출판사 편, 『영국외무성 한영외교사관계자료집』, 1997.
Spencer J. Palmer, *Korean-American Relations VOLUME Ⅱ*, University of California Press, 1963.
Scott. S. Burnett, *Korean-American Relations VOLUME Ⅲ*, University of Hawaii Press, 1989.
일본외무성 편, 『일본외교문서』, 일본국제연합협회, 1985.
국사편찬위원회 편, 『주한 일본 공사관기록』 8권, 9권, 10권, 11권, 12권, 13권, 14권, 15권, 17권, 18권, 20권, 21권, 26권, 1995.

한국교회사연구소 역, 『뮈텔 주교 일기』 2권, 3권, 1993.
한국교회사연구소 역, 『뮈텔 주교 일기』 4권, 5권, 1998.
송병기, 『통감부법령자료집』 1권, 2권, 3권, 국회도서관, 1972.
국사편찬위원회 편, 『韓民族獨立運動史資料集』 1, 105人事件公判始末書Ⅰ, 1986.
국사편찬위원회 편, 『韓民族獨立運動史資料集』 33, 獨立軍資金募集Ⅱ, 1998.
윤경로 역, 『105인 사건 재판 참관기(The Korean Conspiracy Trial, 1912)』, 한국기독교역사연구소, 2001.
신복룡 역, 『조선비망록』, 집문당, 1999.

강창석, 『조선통감부 연구Ⅱ』, 국학자료원, 2004.
강창일, 「1901년의 제주도민 항쟁에 대하여」, 『제주도사연구』 1, 1991.
강효숙, 「제2차 동학농민전쟁시기 일본군의 동학농민군 진압」, 『한국민족운동사연구』 52, 2007.
구대열, 『한국 국제관계사 연구』 1, 역사비평사, 1996.
김경록, 「청일전쟁기 일본군의 경복궁 침략에 관한 군사사적 검토」, 『군사』 93, 2014.
김민규, 「조일수호조규의 역사적 의미」, 『한일수교 50년 상호 이해와 협력을 위한 역사적 재검토 2』, 경인출판사, 2017.
김승태, 「105인 사건과 선교사의 대응」, 『한국기독교와 역사』 36, 한국기독교역사연구소, 2012.
김영수, 「아관파천, 1896」, 『사림』 35, 2010.
김종헌, 「러시아 외교관 베베르와 아관파천」, 『역사비평』 86, 2009.
김현숙, 「구한말 고문관 데니(O. N. Denny)의 『淸韓論』 분석」, 『이화사학연구』 23·24합집, 1997.
김흥수, 「조일수호조규 부속 조약의 겉과 속」, 『조일수호조규, 근대의 의미를 묻다』, 청아출판사, 2017.
류대영, 『개화기 조선과 미국 선교사』, 한국기독교역사연구소, 2007.
박수연, 「통감 이등박문의 대한정책과 이에 대한 애국계몽파의 인식」, 『한국민족운동사연구』 20, 1998.
박찬식, 『1901년 제주민란 연구』, 각, 2013.
서영희, 『대한제국 정치사연구』, 서울대학교 출판부, 2003.
손정숙, 『한국 근대 주한 공사 연구』, 한국사학, 2005.
신용하, 『독립협회연구 (하)』, 일조각, 2006.

임경석 편, 『한국근대 외교사전』, 성균관대학교 출판부, 2012.
유재곤, 「일제 통감 이등박문의 대한침략정책(1906~1909)」, 『청계사학』 10, 1993.
윤경로, 『105인 사건과 신민회 연구: 개정증보판』, 한성대학교 출판부, 2012.
윤대영, 「프랑스의 베트남 식민정책과 일본의 한국 식민정책 비교연구를 위한 시론」, 『일제 식민지지배의 구조와 성격』, 경인문화사, 2005.
윤소영, 「조일수호조규의 역사적 위치」, 『한일관계사연구』 18, 2003.
이구용, 「대한제국의 칭제건원 논의에 대한 열강의 반응」, 『최영희선생 화갑기념 한국사학논총』, 탐구당, 1987.
이민원, 「칭제논의의 전개와 대한제국의 성립」, 『청계사학』 5, 1988.
이성환, 이토 유키오 편, 『한국과 이토 히로부미』, 선인, 2009.
이승일, 『조선총독부 법제정책』, 역사비평사, 2008.
이왕무, 「대한제국기 순종의 서순행 연구」, 『동북아역사논총』 31, 2011.
이윤상, 「대한제국기 내장원의 황실재원 운영」, 『한국문화』 17, 1996.
이태훈, 「일진회의 보호통치 인식과 합방의 논리」, 『역사와 현실』 78, 2010.
전상숙, 『조선총독정치 연구』, 지식산업사, 2012.
최혜주, 「근대 한일관계사 연구의 현황과 과제」, 『일본의 한국침략과 주권 침탈』, 경인문화사, 2005.
한명근, 『한말 한일합방론 연구』, 국학자료원, 2002.
현광호, 「프랑스 공사의 독립협회운동 인식」, 『인문학연구』 46, 조선대학교 인문학연구원, 2013.
현광호, 「대한제국기 주한 일본군의 활동」, 『인문학연구』 48, 조선대학교 인문학연구원, 2014.
현광호, 『새로운 시각으로 보는 개항기 조선』, 유니스토리, 2015.
현광호, 「프랑스의 시각에서 본 1901년 제주민란」, 『한국민족운동사연구』 83, 2015.
현광호, 「통감부시기 프랑스의 이토 히로부미 인식」, 『숭실사학』 40, 숭실사학회, 2018.

Peter Duus, *The Abacus and the sword: The Japanese Penetration of Korea, 1895-1910*, University of California Press, 1995.
모리야마 시게노리, 『근대한일관계사연구』, 현음사, 1994.
이영미/김혜정, 『한국 사법제도와 우메겐지로』, 일조각, 2011,
운노 후쿠쥬, 『한국병합사』, 논형, 2008.
운노 후쿠쥬, 『일본 양심이 본 한국 병합』, 새길아카데미, 2012.

오가와라 히로유키, 『이토 히로부미의 한국 병합 구상과 조선 사회』, 열린책들, 2012.
이토 유키오, 『이토 히로부미』, 선인, 2014.
中塚明, 『日清戰爭の硏究』, 靑木書店, 1968.
藤原彰 · 嚴秀鉉 역, 『日本軍事史』, 時事日本語社, 1994.
박종근, 『청일전쟁과 조선』, 일조각, 1989.
장 끌로드 알랭, 「아관파천기의 프랑스」, 『한국정치외교사논총』 18, 1998.